अपने खिलौने

[उपन्यास]

अपने खिलौने

भगवतीचरण वर्मा

लोकभारती प्रकाशन

लोकभारती प्रकाशन
पहली मंजिल, दरबारी बिल्डिंग, महात्मा गांधी मार्ग
प्रयागराज-211 001

वेबसाइट : www.lokbhartiprakashan.com
ईमेल : info@lokbhartiprakashan.com

शाखाएँ : 1-बी, नेताजी सुभाष मार्ग, दरियागंज
नई दिल्ली-110 002
अशोक राजपथ, साइंस कॉलेज के सामने
पटना-800 006
1, अनमोल सोराबजी संतुक लेन, धोबी तलाव,
मरीन लाइंस, मुम्बई-400 002

पहला संस्करण : 1958
वर्तमान संस्करण : 2011
पहली आवृत्ति : 2024

मूल्य : ₹ 595

बी.के. ऑफसेट
नवीन शाहदरा, दिल्ली-110 032
द्वारा मुद्रित

APNE KHILAONE
by Bhagwati Charan Verma

ISBN : 978-81-8031-569-5

अपने खिलौने

[1]

मीना !

आप कहेंगे, नाम कुछ ऊँची कोटि का, कुछ आधुनिक ढंग का, कुछ सुरुचि की नई परिभाषा की कसौटी पर कसा हुआ-सा है। और मैं अत्यन्त विनयपूर्वक यह सब स्वीकार भी करता हूँ; लेकिन मैंने यह कब कहा कि यह लड़की निम्न वर्ग की है, या फिर पुरानी परम्पराओं में पली हुई है ? विलायत से लौटे हुए, शान-शौकत से युक्त एक ऊँचे सरकारी अफसर की लड़की को जैसा होना चाहिए, उससे कम तो यह मीना हो नहीं सकती। अगर कुछ हो सकती है तो उससे कुछ इक्कीस ही निकलती हुई; यानी जब दिखती है, तब रेशमी साड़ी में।

जहाँ तक रेशमी कपड़ों का प्रश्न है, वहाँ मैं केवल इतना ही जानता हूँ कि रेशम तीन तरह का होता है। पहला निहायत सस्ता। पतला इतना कि पाँच-पाँच तहों से भी शरीर की आभा साफ झलके। रंग-बिरंग का; फूल, पत्ती, कुत्ता, बिल्ली, बन्दर, आदमी तक की शक्लें भी आपको उसपर छपी हुई मिलेंगी; लेकिन लोगों का कहना है कि यह रेशम असली नहीं होता। एक दफे धुलाइए तो रंग-वंग क्या, कपड़ा गायब; ऐसी हालत में मीना इस सस्ते और नकली रेशम को तो पहन नहीं सकती; कम-से-कम मैंने उसे इस प्रकार के रेशम को पहनते नहीं देखा।

दूसरे किस्म का रेशम, रेशम इसलिए कहा जा सकता है कि वह रेशम है और सूती कपड़ों से कुछ अधिक महँगा पड़ता है, देशी होता है, इसलिए उसका प्रचार है, और रेशम होने के नाते कुछ मजबूत भी होता है। खादी-भंडारों में जोरों के साथ बिकता है; छपाई-सफाई भी अच्छी ही होती है।

तीसरे किस्म का रेशम ही रेशम कहला सकता है। यानी आँख न ठहरे वह चमक, और उँगली फिसल जाए वह मुलायमियत। इसके बाद मुझे रेशम के सम्बन्ध में कोई बात ज्ञात नहीं, सिवा इसके कि इस किस्म का रेशम विलायत में बनता है और नाम भी विलायती होते हैं, यानी जैसे—क्रेप, जॉर्जेट, शिफॉन आदि-आदि। वैसे लोगों का कहना है कि हमारे देश में भी यह रेशम बनने लगा है और यहाँ का बना रेशम विलायती रेशम से अधिक सस्ता होता है और इसपर मुझे बड़ी प्रसन्नता है; लेकिन मैं कभी भी देशी-विलायती रेशम की शिनाख्त न कर सकूँगा और कौन सस्ता है और कौन महँगा है, इसकी तमीज़ मुझे न आज तक है और न भविष्य में होने की सम्भावना है।

तो आप समझ लीजिए कि मीना इस तीसरे किस्म का रेशम ही घर के बाहर पहनती है और घर के अन्दर वह दूसरे किस्म के रेशम से काम चलाती है।

गहनों के सम्बन्ध में आप मेरा ज्ञान नहीं के बराबर समझिए; लेकिन इसके ये अर्थ नहीं कि मीना गहने पहनती ही नहीं। हाँ, इतना कह सकता हूँ कि मीना के गहने भारी नहीं होते, यानी अगर आप कभी सेर सवा सेर सोना या पंसेरी-अढ़इया चाँदी उसके शरीर पर देखना चाहें, तो आपको निराश होना पड़ेगा; पर लोगों का कहना है कि उसके गहने बड़े कीमती होते हैं—हीरा, माणिक, पन्ना, नीलम, मोती। बस समझ लीजिए, उसके गहनों में इनकी ही भरमार है। जहाँ तक मेरा सवाल है, मुझे उसके गहने अच्छे लगते हैं, हलके-फुलके, रंग-बिरंगे, नई धज के।

मीना के पास एक छोटी-सी उसकी निजी कार भी है और उस कार को वह स्वयं चलाती है। कार सेकंड-हैंड और किसी क़दर पुराने मॉडल की है, जैसी कि बड़े सरकारी अफसर की लड़की की कार होनी चाहिए, लेकिन रंगी-पुती, साफ-चौकस है, जिससे मीना की सुरुचि का पता चलता है। मैंने उसकी कार बिगड़ती हुई नहीं देखी, वह कार चलाना ही नहीं, कार की छोटी-मोटी मरम्मत करना भी जानती है।

मीना के पास उसकी निजी कार इसलिए है कि उसे सामाजिक एवं सांस्कृतिक कार्यक्रमों में भाग लेना पड़ता है। एक तरह से वह इन सांस्कृतिक एवं सामाजिक समारोहों की शोभा के रूप में ही दिखती है। और यह सब इसलिए कि वह सुशिक्षिता है, यानी उसने एम.ए. पास किया है और एम.ए. पास किया है हिन्दी साहित्य में। वैसे उसका अंग्रेज़ी साहित्य का ज्ञान भी अच्छा है। दुनिया-भर के उपन्यास उसने पढ़े हैं। कविताएँ उसे कंठस्थ हैं। कविता, साहित्य-संगीत इनके साथ-साथ चलता है। तो मीना को संगीत का ज्ञान भी थोड़ा-बहुत है। ग़ज़ल और ठुमरी के भेद को वह जानती है। ख़याल और ध्रुपद की प्रशंसा भी वह कर देती है। वैसे अपने घर में वह रेडियो-सीलोन से फिल्मी गाने सुना करती है; लेकिन मीना का खास विषय है—साहित्य !

इतना कह लेने के बाद, मीना के रूप की बात और रह जाती है। वैसे मैं न जाने कितनी लड़कियों को निष्कलंक रूपवती कहकर उन्हें प्रसन्न कर चुका हूँ, इसलिए मीना को अद्वितीय रूपवती कहकर मैं उन लड़कियों को नाराज़ करने का दुःसाहस तो न करूँगा; लेकिन—जी हाँ, आप मेरा मतलब तो समझ ही गए होंगे। दूध का-सा सफेद रंग और उस पर चेहरा गोल-गोल, लम्बा-लम्बा; यानी गोल और लम्बे के बीच में; जो गोल चेहरा पसन्द करनेवालों को गोल दिखे और लम्बा चेहरा पसन्द करनेवालों को लम्बा दिखे। आँखें बड़ी-बड़ी, कुछ खोई हुई-सी और कुछ सोई हुई-सी, या तो कहीं ठहरें ही नहीं और अगर कहीं ठहर जाएँ, तो जिस पर ठहरें, उसका काम तमाम ! चेहरे पर स्वास्थ्य की एक लालिमा, जो चेहरे पर गुलाबीपन की झलक पैदा कर देती है। अक्सर लोगों को शक हो जाता है कि उस चेहरे पर लिपाई हुई है। जी, पेंट के लिए हिन्दी में लिपाई शब्द का प्रयोग हो सकता है; क्योंकि लेप लगाने की प्रथा हमारे प्राचीन काल

में भी प्रचलित थी, लेकिन लोगों का ख़याल गलत है। चेहरे पर लिपाई-पुताई पढ़ी-लिखी लड़कियाँ नहीं करतीं—ऐसा एक पढ़ी-लिखी लड़की ने मुझे बतलाया है। वैसे कुछ अन्य लोगों का अनुभव इससे विपरीत भी हो सकता है।

जी, तो मैं मीना का नख-शिख बखान रहा था न ! हाँ, नाक नुकीला और सुडौल। होठ लिपस्टिक से लाल, इसलिए बिम्बाफल आदि की उपमा बेकार। दाँत मोती जैसे। जब हँसती है, तब बिजली-सी कौंध जाती है। कद न बहुत ऊँचा, न बहुत नीचा, यही जिसे हम मँझोला कद कह दिया करते हैं, यानी पाँच फुट से कुछ निकला हुआ। शरीर न हाड़-मांस का ढाँचा और न मोटापे से थुल-थुल, यही जिसे हम गठा हुआ एकहरा बदन कह सकते हैं। और उम्र ! भई औरतों की उम्र तो भगवान ही बतला सकते हैं। वैसे, सोलह-सत्रह-अठारह साल की तो नहीं है; क्योंकि एम.ए. पास किए हुए दो साल से ऊपर हो चुके हैं और आजकल सोलह-सत्रह साल की नायिकाओं का फैशन भी नहीं रहा।

तो यह हैं मीनाजी, जैसा उनके मित्र या उनको अच्छी तरह जाननेवाले कहते हैं। नाम अधूरा है; लेकिन पूरा नाम मैं सही-सही किसी हालत में नहीं बतलाऊँगा, वरना लोग-बाग उसके मकान के इर्द-गिर्द चक्कर काटना शुरू कर देंगे। फिर आजकल जात-पाँत का ज़माना भी नहीं रहा, इसलिए आप समझ लीजिए कि उसका पूरा नाम है मीना भारती।

भारतवर्ष का हरेक आदमी अपने को भारती कह सकता है, चाहे वह ब्राह्मण हो, या अछूत हो। यही नहीं, सरस्वती का दूसरा नाम भारती होने के कारण, हर पढ़ा-लिखा या पढ़ने-लिखने से शौक रखनेवाला आदमी अपना नाम भारती रख सकता है; इसलिए, अगर मीना के पिता महोदय ने, जो भारत सरकार के एक ऊँचे अफसर हैं, और इतना तय है कि बेपढ़ा-लिखा आदमी भारत सरकार का ऊँचा अफसर नहीं बन सकता, चाहे वह मिनिस्टर, डिप्टी मिनिस्टर या पार्लियामेंट का मेम्बर भले ही बन जाए ! तो अगर मीना के पिता महोदय ने अपनी जात-पाँत प्रकट न करने के लिए अपने को श्री जयदेव भारती कहलाना पसन्द किया, तो इसमें किसी को आपत्ति ही क्या हो सकती है ! श्री जयदेव भारती सुलझे हुए दिमाग के आदमी हैं, भारत सरकार के सेक्रेटरी, और उस पर आई.सी.एस.। अपने काम में चौकस। बाकी दुनिया में क्या हो रहा है, क्या होना चाहिए, इसके झँझट से दूर। छोटी-सी ज़िन्दगी, मौज-मजे में कटती जाए। लड़के-बच्चे ऊँची शिक्षा प्राप्त करके ऊँची नौकरियाँ प्राप्त कर लें, इसके आगे न वह देखते हैं और न देखने की आवश्यकता समझते हैं।

मीना की माता का नाम है—श्रीमती ज्ञानेश्वरी भारती। श्रीमती ज्ञानेश्वरी अपने ज़माने में, यानी आज से पच्चीस-तीस साल पहले, सुन्दरी समझी जाती थीं। उम्र के साथ सुन्दरता घटती गई और सुन्दरता को सही-गलत तरीके से कायम रखने के प्रसाधन बढ़ते गए। और अब तो उनकी उम्र भी प्रायः पचास वर्ष की होने आई। शरीर पर स्थूलता आ गई है। बुद्धि दुबली-पतली कभी भी नहीं रही। धर्म-कर्म में रुचि है, सद्गृहस्थ हैं।

घर अच्छी तरह से सजा हुआ। हर चीज़ ठीक तरह से ठीक जगह पर। बिलकुल मशीन की भाँति घर का संचालन। बच्चों का पूरा ध्यान। उनके भविष्य-निर्माण की पूरी चिन्ता।

श्रीमती ज्ञानेश्वरी के एक भाई हैं, या थे, उन भाई से मुझे कोई मतलब नहीं; इसलिए वह इस लोक के वासी हैं अथवा गोलोकवासी हो चुके, इसका पता लगाने की कोई आवश्यकता नहीं हुई। मुझे तो मतलब है श्री रामप्रकाश से, जो श्रीमती ज्ञानेश्वरी के भाई के पुत्ररत्न हैं। छरहरे बदन के लम्बे से नवयुवक हैं। रंग गोरा। हमेशा सूट पहनते हैं। यह रामप्रकाश महोदय तीन साल पहले जयदेव भारती के यहाँ अनायास ही आ टपके। एम.ए. पास किया था, थर्ड डिवीज़न में। तीसरी श्रेणी में एम.ए. पास करना, न करने के बराबर है; इसलिए कोई अच्छी नौकरी बिना सिफारिश मिल नहीं सकती थी। फूफा सरकार के बड़े अफसर हैं, अगर उनका ज़ोर लग जाए तो बेड़ा पार। तो जो वह तीन साल पहले श्री जयदेव भारती के यहाँ डटे आकर, तो आज तक डटे हुए हैं। उनके अस्तित्व को लेकर कभी-कभी श्री जयदेव और श्रीमती ज्ञानेश्वरी में झड़प भी हो जाया करती है, लेकिन आश्चर्य की बात यह है कि रामप्रकाश का विरोध श्रीमती ज्ञानेश्वरी करती थीं और रामप्रकाश का पक्ष जयदेव भारती लिया करते थे। जहाँ तक मीना का प्रश्न है, समवयस्क होने के नाते मीना को रामप्रकाश के साथ सहानुभूति थी।

श्री जयदेव भारती को रामप्रकाश पसन्द आया, इसका कारण यह था कि रामप्रकाश को गला सुरीला मिला था और वह अच्छा गा लेता था। बात यह है कि श्री जयदेव भारती को कभी संगीत में कुछ रुचि थी। अगर उनके पिता ने उन्हें बेंतों के ज़ोर से पढ़ाया-लिखाया न होता, तो वे भारतवर्ष के एक सुप्रसिद्ध संगीतज्ञ होते—ऐसा जयदेव भारती का मत है। इस मत की पुष्टि रामप्रकाश से उन्हें मिलती है, जो दिल्ली के पढ़े-लिखे समाज में अच्छा संगीतज्ञ माना जाता था। रामप्रकाश को एम.ए. में थर्ड डिवीज़न मिला, वह इसी संगीत-प्रेम के कारण—श्रीमती ज्ञानेश्वरी का यह निश्चित मत था। जयदेव ने रामप्रकाश को कलाकार बने रहने तथा कला की साधना करने की सलाह दी। इसका एक कारण यह भी था कि बड़ी नौकरियों के लिए पब्लिक सर्विस कमीशन बने हुए हैं। छोटी-मोटी नौकरियों के लिए न रामप्रकाश तैयार था और न ज्ञानेश्वरी हामी भरती थीं। तो रामप्रकाश रेडियो में गाता था, सभा-सोसाइटियों में गाता था, जयदेव के साथ बैठकर गाता था, यानी उसने संगीत को ही अपना पेशा बना लिया था। ज्ञानेश्वरी को रामप्रकाश का संगीतज्ञ बनना सख्त नापसन्द था, वह इन गाने-बजानेवालों को आवारा ही समझती थीं, लेकिन जयदेव कला और संस्कृति की बढ़ती हुई लहर को स्पष्ट देख रहे थे।

रामप्रकाश में संगीत को छोड़कर और किसी दूसरे प्रकार का खराब शौक नहीं था। न बीड़ी, न सिगरेट, न चरस, न गाँजा, न भाँग, न शराब। चाय और कॉफी से ही सब्र कर लेता था। पान कभी खा लिया, कभी न खाया। और रामप्रकाश एक शिष्ट विनम्र युवक था।

[2]

उमस में कुछ अजीब प्रखरता थी। बिजली के पंखे की चाल में कुछ अजीब शिथिलता थी और उस मोटे-से अंग्रेज़ी उपन्यास में, जो मीना के हाथ में था, कुछ अजीब रोचकता थी। इसका परिणाम यह हुआ कि जब रामप्रकाश ने ड्राइंगरूम में प्रवेश किया, मीना ने अपनी दृष्टि उपन्यास पर गड़ाए हुए ही कहा, "प्रकाश ! क्या बाहर भी इतनी ही गर्मी है ?"

रामप्रकाश ने दूर रखे हुए सोफे की तरफ बढ़ते हुए उत्तर दिया, "जी, गर्मी ! क्या कहा तुमने, गर्मी ?"

मीना ने किताब से अपनी आँख उठाई, "हाँ, गर्मी-गर्मी-गर्मी ! सुन लिया ?"—इसके बाद उसने अपने मत्थे के स्वेद-बिन्दुओं को रूमाल से पोंछते हुए कहा, "बैठने के पहले ज़रा पंखा तेज कर दो, कुछ हवा तो मिले।"

रामप्रकाश इस समय तक सोफे पर बैठ चुका था। उसने अपने पैर फैलाकर बड़ी निश्चिन्तता के साथ छत पर नजर डाली और बिजली के पंखे को ग़ौर से देखा, "वाकई बहुत धीमा चल रहा है। तुमने इसके पहले इसे तेज़ क्यों नहीं किया ? स्विच तुम्हारी बगल में ही है, ज़रा उठकर तेज कर दो।"

मीना ने किताब पर अपनी नज़र गड़ाते हुए कहा, "देख नहीं रहे कि मैं पढ़ रही हूँ, नहीं तो मैंने इसे पहले ही तेज़ कर दिया होता।"

"जी, तो आप पढ़ रही हैं ! मुझे तो कुछ ऐसा लगता है कि आप पढ़ने का बहाना कर रही हैं, और इसका कारण यह है कि आप आलस कर रही हैं। जी हाँ, और यह आलस बड़ी बुरी आदत है।" रामप्रकाश टाँग फैलाए हुए इतमीनान के साथ बोला।

"क्या कहा ! मैं आलसी हूँ ?" मीना का स्वर रामप्रकाश को सुनाई पड़ा और रामप्रकाश ने देखा कि मीना की किताब एक झटके के साथ बन्द हो गई। रामप्रकाश को मीना के स्वर में खतरे का भी कुछ आभास मिला। उठते हुए उसने कहा, "कहा यही था। वैसे मैं पंखा तेज़ किए देता हूँ; लेकिन मुझे यह कहना ही पड़ता है कि तुम आज की नहीं हमेशा की आलसी रही हो।"

रामप्रकाश के कान ने सुना, "देखो, मैं कितनी आलसी हूँ।" और रामप्रकाश की आँखों ने देखा कि मीना के हाथवाली मोटी किताब बड़ी तेज़ी के साथ रामप्रकाश के सिर से टकराने को दौड़ रही है। रामप्रकाश ने एक कुशल अभ्यासी की भाँति किताब को अपने हाथ से रोकने का प्रयत्न किया, लेकिन किताब वज़नी थी और उसका वेग काफी तेज़ था, किताब उसके हाथ से छिटककर ज़मीन पर गिरी। रामप्रकाश ने झुककर किताब उठाई, "बड़ा अफसोस है मीनाजी ! हाथ चूक गया। अरे ! इसकी तो जिल्द ही निकल गई ! तुम्हारा नुकसान हो गया !"

"क्या कहा ? जिल्द निकल गई !" मीना ने रामप्रकाश के हाथ से किताब लेकर उलटी-पलटी, "लाइब्रेरी की किताब है, अब क्या होगा ?"

"होगा क्या ? किसी अच्छे जिल्दसाज़ से मरम्मत करा दूँगा, करीब दो रुपयों का खर्च है !"

"अभी मरम्मत करा लाओ, मेरे अच्छे प्रकाश भैया ! शर्बत बनाए देती हूँ। शर्बत पीकर सीधे चले जाओ। आज शाम मिस चोपड़ा को यह किताब लौटाने का वादा है।"

"अच्छी बात है। गर्मी तो बहुत है, लेकिन तुम कहती हो तो जाना ही पड़ेगा, गोकि जाने की तबीयत नहीं है। अच्छा, जल्दी से शर्बत बना दो। और देखो, शर्बत में पानी का हिस्सा ज़रा कम ही हो।"

शर्बत पीकर रामप्रकाश ने कहा, "और इस जिल्द की मरम्मत कराई डेढ़ रुपया लगेगा। आठ आने बस के हुए। तो दो रुपये भी हवाले कीजिए।"

मीना ने आश्चर्य से रामप्रकाश को देखा, फिर उसने गम्भीरतापूर्वक कहा, "दो रुपये ? वह तो तुम दोगे, क्योंकि किताब तुम्हारे हाथ से छूटकर ज़मीन पर गिरी थी।"

प्रकाश आराम के साथ सोफे पर बैठ गया, "जी, किताब तुम फेंको, वह भी अपनी नहीं, बल्कि मँगनी की और उसकी मरम्मत के रुपये मैं दूँ ! तुमने बेवकूफ कैसे समझ लिया ?"

"बेवकूफ नहीं, मेरे अच्छे प्रकाश भैया ! तुम बड़े अक्लमन्द हो; लेकिन यह तो मानोगे कि इस किताब की जिल्द निकलने में तुम्हारा हाथ है। अब सीधे-सीधे मरम्मत करा लाओ।"

"इसकी मरम्मत में पैसों का खर्च है, यह तो तुम भी मानोगी, और वह पैसे तुम्हें देने होंगे।"

"मैं पैसे नहीं दूँगी, किसी हालत में नहीं दूँगी !" मीना ने दृढ़तापूर्वक कहा।

"किताब की मरम्मत नहीं होगी, किसी भी हालत में नहीं होगी !" रामप्रकाश ने उसी दृढ़ता के साथ उत्तर दिया।

इधर इन दोनों का झगड़ा हो रहा था और उधर टेलीफोन की घंटी बज रही थी। श्रीमती ज्ञानेश्वरी, जो भोजन के बादवाला विश्राम कर रही थीं, चौंककर उठीं। उन्होंने ड्राइंगरूम में जाकर इन दोनों को देखा। "शर्म नहीं आती तुम दोनों को ! बच्चों की तरह झगड़ रहे हो और उधर टेलीफोन की घंटी बज रही है।" यह कहकर उन्होंने टेलीफोन का रिसीवर उठाया, "हलो ! हाँ, मीना है। अभी बुलाती हूँ।" और ज्ञानेश्वरी ने पुकारा, "मीना !"

मीना का पारा इस समय तक काफी चढ़ चुका था, "कह दो घर पर नहीं हूँ; मैं नहीं बात करती। पूछ लो, कौन है और क्या काम है।"

ज्ञानेश्वरी ने आश्चर्य से मीना को देखा, "यह क्या ऊटपटाँग बक रही है !" और ज्ञानेश्वरी ने फिर फोन पर कहा, "मुझसे कह दो क्या काम है, मैं उससे कह दूँगी।"

दूसरी ओर से सुनाई पड़ा, "अरे तुम नहीं समझोगी, मीना को बुला दो ना, बहुत ज़रूरी काम है !"

इस बार ज्ञानेश्वरी के भड़कने की बारी थी, "मैं नहीं समझूँगी, और वह कल की लौंडिया समझेगी। तुमने उसे सिर पर चढ़ा रखा है न ! न गुन न ढंग, दिन-रात लड़ा करती है। अभी बुलाया तो कह दिया कि बात नहीं करूँगी।"

ज्ञानेश्वरी के चढ़ते हुए स्वर से मीना घबराई। उसने दौड़कर टेलीफोन का रिसीवर अपनी माँ के हाथ से छीन लिया, "हलो ! अरे पापा ! ज़रा दूसरे कमरे में थी और पढ़ रही थी, मम्मी तो झूठ-मूठ बिगड़ जाती हैं। कहिए, क्या काम है ?"

मीना को श्री जयदेव भारती का स्वर सुनाई पड़ा, "बड़ी मुश्किल में पड़ गया हूँ मीना ! मिनिस्ट्री से बुलावा आ गया है। सीधे वहाँ जा रहा हूँ।"

मीना ने घबड़ाई हुई आवाज़ में पूछा, "क्यों, कुशल तो है पापा ? क्या मुसीबत आ पड़ी ?"

"कह रहा हूँ। युवराज वीरेश्वर प्रताप का प्लेन ठीक पाँच बजे पहुँच रहा है।"

"जी, यह तो आपने परसों बतलाया था, कल बतलाया था, आज सुबह बतलाया था। इसमें मुसीबत की क्या बात है ?"

जयदेव की आवाज़ में अब साफ झल्लाहट आ गई थी, "पूरी बात तो कहने दो ! मुसीबत की बात यह है मिनिस्ट्री में मुझे शायद छह बज जाएँ।"

मीना ने कहा, "तो मिनिस्ट्री में मत जाइए; मिनिस्टर साहब से कह दीजिए कि आपको ज़रूरी काम है, मीटिंग कल रख लें—चलिए, मुसीबत दूर !"

"यह नहीं हो सकता।" जयदेव का स्वर सुनाई पड़ा, "अब एक ही बात हो सकती है कि तुम एयरोड्रम चली जाओ। युवराज का कमरा इम्पीरियल होटल में तय हो गया है। उन्हें वहाँ पहुँचा देना। मैं मीटिंग के बाद ही मिनिस्ट्री से सीधा इम्पीरियल होटल पहुँच जाऊँगा। और देखो, पाँच बजे के पहले एयरोड्रम पहुँच जाना। देर न हो। अशोक की कार माँग लेना, मुझे अपनी कार की ज़रूरत पड़ेगी।"

"लेकिन..." मीना और कुछ आगे न कह सकी, क्योंकि जयदेव ने रिसीवर रख दिया था।

मीना ने घड़ी देखी। दो बजकर पच्चीस मिनट हो चुके थे। ज्ञानेश्वरी ने पूछा, "क्या बात है ?"

"बात क्या है, युवराज को लेने पापा न पहुँच सकेंगे। उन्हें मिनिस्ट्री से बुलावा आ गया है। मुझसे एयरोड्रम जाने को कहा है। कार के लिए बोले कि अशोक से मँगवा लूँ।"

ज्ञानेश्वरी ने टेलीफोन उठाकर डायल किया, "हलो, अशोक ! हाँ, मैं बोल रही हूँ, तुम्हारी मम्मी, मिसेज़ भारती। मेरे अच्छे अशोक, एक कार भेज दो, वह अपनी बड़ीवाली ब्यूक कार। युवराज वीरेश्वर प्रताप आ रहे हैं। साहब को तो मिनिस्टर साहब ने ज़रूरी काम से बुला लिया है, मीना से उन्होंने एयरोड्रम जाने का कहा।...हाँ-हाँ, बड़ा अच्छा है। अकेली से दुकेला अच्छा है। तुम चले आना, चार बजे के पहले। ज़रूर-ज़रूर, वह तुम्हारा इन्तज़ार करेगी।"

मीना ने कहा, "मम्मी, अशोक को क्यों बुला लिया ? ड्राइवर कार ले आता।"

"मैंने क्यों बुलाया, वह बेचारा खुद आने को तैयार हो गया। कहता था कि तुम्हें अकेले जाना शोभा न देगा। कितना सीधा और भला लड़का है !"

"बिलकुल बैल की तरह सीधा और भला !" मीना ने कहा।

ज्ञानेश्वरी चिल्ला उठी, "मी—ना ! खबरदार, अब ऐसा न कहना। राम ! राम ! कितना बुरा समय आ गया है ! पढ़ाई-लिखाई का यही नतीजा ! जाओ कपड़े बदल लो !"

मीना चुपचाप ड्राइंगरूम में चली गई। ज्ञानेश्वरी ने कुरसी पर बैठकर अपनी नज़र रामप्रकाश पर डाली, जो अभी तक चुपचाप खड़ा यह सब देख-सुन रहा था। ज्ञानेश्वरी ने कहा, "प्रकाश ! मिस्टर चोपड़ा से मिले थे ?"

"बड़ा खबीस आदमी है बुआजी ! कुल दस रुपये चन्दे में लिखे। मजाल है ग्यारह कर देता, और टिकट माँग लिए तीन ! तीन टिकट के ही तीस रुपये होते हैं !"

"कैसा टिकट और कैसा चन्दा ?" ज्ञानेश्वरी ने पूछा।

"अरे, वही कला-भारती का डांस-ड्रामा। आजकल दिन-रात उसी में लगा हूँ।"

"वह तो जानती हूँ, लेकिन मिस्टर चोपड़ा से वह फॉरेन-स्कॉलरशिप की बात करनी थी न !"

"वह तो मैंने की। कहने लगे कि सरकार सिर्फ आधा खर्चा देगी और आने-जाने का किराया। दो सौ रुपया घर से देना पड़ेगा, वह भी तीन साल तक। फूफाजी राज़ी हो गए हैं दो सौ रुपया महीना देने को। स्कॉलरशिप बस तय ही समझिए !"

ज्ञानेश्वरी एकाएक उबल पड़ी, "तुम्हारे फूफाजी राज़ी होनेवाले कौन होते हैं ? यह दो सौ रुपया महीना आएगा कहाँ से ? मैं अभी पूछती हूँ।" और ज्ञानेश्वरी फोन करने को उठ खड़ी हुईं।

रामप्रकाश ने ज्ञानेश्वरी को रोकते हुए कहा, "अरे-अरे बुआजी, यह गज़ब न कीजिएगा। फूफाजी मिनिस्ट्री चले गए होंगे। जब घर आवें, तब उन्हें डाँट लीजिएगा। और वैसे मैंने खुद वह फॉरेन स्कॉलरशिप लेना अस्वीकार कर दिया है। मैंने अशोक को वचन दे दिया है कि मैं कला-भारती के संगठन की ज़िम्मेदारी अपने ऊपर ले लूँगा। मेरे देश के बाहर जाने से यह काम अधूरा रह जाएगा न !"

"कला-भारती, कला-भारती ! मैं तो परेशान हो गई हूँ सुनते-सुनते। इस कला-भारती से तुम्हारी कुछ आमदनी तो होने की नहीं।"

"अरे काम तो शुरू होने दीजिए बुआजी ! सरकार से ग्रांट करीब-करीब मिल चुकी है। जैसे ही ऑर्डर आया मेरी तनख्वाह बाँध दी जाएगी, पाँच सौ रुपया महीना। लाखों का वारा-न्यारा है !"

ज्ञानेश्वरी ने इस बात का कोई उत्तर नहीं दिया। वह अपनी नींद पूरी करने अपने कमरे में चली गईं।

ठीक चार बजे अशोक गुप्ता की कार पोर्टिको में रुकी। अशोक गठे हुए बदन का, मँझोले-से कद का नवयुवक था। उसकी अवस्था चौबीस-पच्चीस साल की रही होगी।

रंग साँवले से कुछ खुलता हुआ, यानी जिसे हम गेहुँआ रंग कह दिया करते हैं। चेहरा न लम्बोतरा न गोल, न सुन्दर न बेडौल, यानी बिलकुल साधारण। नाक-नक्शा ठीक। क्लीन शेव, बाल बड़े-बड़े और घुँघराले। महीन खादी का चूड़ीदार पैजामा, महीन खादी का कुर्ता और उस पर दूध-सी सफेद रेशमी जवाहर जैकेट। पैरों में बकस्किन का सफेद सलीमशाही जूता। चाल में एक अजीब तरह की लापरवाही से भरी मस्ती; जो एक लम्बे अभ्यास के कारण नितान्त स्वाभाविक दिखने लग गई थी। गहरे नीले रंग का धूपवाला चश्मा, जिसके पीछे चौकन्नी-सी तेज़ नज़रवाली दो छोटी-छोटी आँखें।

अशोक ने ड्राइंगरूम में प्रवेश करते हुए कहा, "हलो मीना रानी ! तुम्हारा दासानुदास सेवा में उपस्थित है। ठीक चार बजे हैं।"

मीना इस समय बिलकुल बदली हुई दिखती थी। सिर से पैर तक हलके पीले रंग का शृंगार। अशोक ने अपना धूप का चश्मा उतारकर मीना का रूप देखा और देखता ही रह गया। उसकी नज़र से उकताकर मीना ने कहा, "क्यों इस तरह मुझे देख रहे हो अशोक ? बैठो न !"

अशोक के मुख पर एक प्रकार की तन्मयता आ गई—मुग्ध भाव से उसने कहा—

नारी निसर्ग, उत्सर्ग,
उल्लास, उच्छ्वास,
तम में प्रकाश, पीत कली गुलगेंदे की !

अशोक कहता जा रहा था और रामप्रकाश लिखता जा रहा था। अशोक जब तीन पंक्तियाँ कहकर रुका, रामप्रकाश ने आवाज़ लगाई, "और आगे ? कविता अभी अधूरी ही है अशोकजी !"

अशोक रामप्रकाश की ओर देखकर मुस्कराया, "अच्छा, तो तुम लिख रहे हो, तो फिर लिखो :

सृजन और स्पन्दन के बन्धन का जाल
सम्मुख सुन्दरता शोभा-सुषमा का ताल
और उसमें खेलती, मचलती, कुहकती, फिसलती
नारी—एक भोली मछली !

मीना ने रामप्रकाश के हाथ से काग़ज़ छीनने का प्रयत्न किया; लेकिन रामप्रकाश सतर्क था। उसने कहा, "अशोकजी, कविता पूरी हो गई। अब आप वस्तुजगत् में आ जाइए।" यह कहकर उसने वह काग़ज़ अपनी जेब में रख लिया।

"वस्तुजगत में आ जाऊँ, मीना रानी ! मुझे सहायता दो, मेरा हाथ पकड़कर मुझे हिलाओ-डुलाओ, मीना रानी !" अशोक ने नाटकीय भाव से कहा।

मीना ने अशोक का हाथ पकड़कर झटकते हुए कहा, "तुम उल्लू हो !"

"तुम्हारे मानस की गहराइयों में विचरण करनेवाला यह तुम्हारा पुजारी उलूक है ! लक्ष्मी-स्वरूपा मीनाकुमारी को वहन करने की साधना में रत यह तुम्हारा भक्त उलूक है !" और अशोक ने रामप्रकाश की ओर देखा कि वह यह भी लिख ले।

रामप्रकाश ने कहा, "याद हो गया है, लिख लूँगा, अभी नहीं; क्योंकि मीना इस काग़ज़ को फाड़ डालेगी।"

मीना ने घड़ी देखी। सवा चार बज रहे थे। बोली, "अच्छा, यह सब अभिनय छोड़ो। सवा चार बज रहे हैं। एयरोड्रम चलना है !"

अशोक ने उत्तर दिया, "एयरोड्रम पहुँचने में कुल बीस मिनट लगेंगे। दस मिनट पहले वहाँ पहुँच जाना काफी होगा। पन्द्रह मिनट के अन्दर एक प्याला कॉफी पी जा सकती है। मैं ऑफिस से बिना चाय पिए चला आ रहा हूँ।"

मीना और अशोक जिस समय एयरोड्रम पहुँचे, हवाई जहाज़ उतर रहा था। हवाई जहाज़ से उतरनेवाले यात्रियों को मीना देखने लगी। सातवें नम्बर में एक लम्बा-सा और सुन्दर-सा युवक उतरा। मीना ने अशोक के कान में कहा, "यही युवराज वीरेश्वर प्रताप मालूम होते हैं।"

अशोक ने हँसते हुए कहा, "इस बला की गर्मी में ऊनी सूट पहननेवाला सिवा युवराजों के कौन हो सकता है ! तुम उन्हें पहचानती हो न ?"

"छह साल हो गए हैं उन्हें देखे हुए, लेकिन वही हैं। देखो न, इधर-उधर देख रहे हैं; शायद पापा को ढूँढ़ रहे हैं।" यह कहकर मीना हवाई जहाज़ की ओर बढ़ी। वीरेश्वर प्रताप के पास पहुँचकर उसने नमस्कार करते हुए कहा, "श्री भारती तो नहीं आ सके, उन्हें मिनिस्टर साहब ने बुला लिया है। आपका स्वागत करने को उन्होंने मुझे भेजा है।"

"आपको भेजा है ? अरे मीना—मी—ना—तुम ! मैं तो सोच रहा था, कौन परी उतर आई मेरा स्वागत करने। रास्ते में इतने-इतने सुन्दर शकुन हुए, दाईं आँख फड़की, सफेद हंसों का झुंड मिला, कोयल की प्यारी-प्यारी मीठी कूक सुनने को मिली। मैं सोच रहा था कि कौन मिलनेवाला है, मेरे जीवन में कौन-सी मधुरिमा आनेवाली है ! मीना—मेरी प्यारी, दुलारी—मी—ना !"

"चुप भी रहो युवराज—ये मेरे मित्र अशोक गुप्ता हैं, मिल-ओनर ! और यह हैं युवराज वीरेश्वर प्रताप सिंह, यशनगर के। पापा यशनगर के दीवान थे न !"

वीरेश्वर प्रताप हँस पड़ा, "अब केवल श्री वीरेश्वर प्रताप सिंह, फर्स्ट सेक्रेटरी टू इंडियन एम्बेस्डर टू फ्रांस। आपसे मिलकर बड़ी प्रसन्नता हुई श्री अशोक गुप्ताजी। आप तो कवि दिखते हैं। अरे, शायद आप पारसाल पेरिस पधारे थे !"

"जी हाँ !" अशोक ने बड़े उत्साह के साथ कहा, "वहाँ के साहित्यिकों से मिला था। मैंने फ्रांस के साहित्यिकों को एक बहुत बड़ा भोज दिया था, जिसकी बड़ी चर्चा हुई थी।"

"हाँ ! हाँ ! बहुत अच्छी तरह याद है मुझे, आपने मुझे भी उस भोज में बुलाया था।" वीरेश्वर प्रताप की आँखों में अब शरारत की चमक आ गई थी, "जब कुछ ज़्यादा पी जाने के कारण आप बेहोश हो गए थे, तब मैंने ही आपको आपके कमरे तक पहुँचाया था। याद होगा आपको !"

वीरेश्वर प्रताप की इस बात से अशोक का मुँह उतर गया, "जी, मैं पीने का आदी नहीं हूँ। उस दिन लोगों में मुझे ज़बर्दस्ती पिला दी थी।"

"बिलकुल ठीक, बिलकुल ठीक !" वीरेश्वर प्रताप ने अपना सूटकेस सँभालते हुए कहा, "आपके फिर दर्शन हुए, बड़ी प्रसन्नता की बात है।" इस बार उसने मीना से कहा, "तो मीनाजी, आप मेरा नेतृत्व करें। मैं आपके पीछे-पीछे हूँ।"

अशोक को मीना का वीरेश्वर प्रताप के साथ पिछली सीट पर बैठना कुछ अखरा, लेकिन वह जानता था कि यह शिष्टाचार है और इसलिए वह गाड़ी को चुपचाप इम्पीरियल होटल ले आया। श्री जयदेव भारती उस समय तक होटल इम्पीरियल पहुँच चुके थे।

[3]

विलायती शार्क-स्किन का नया सूट पहनकर अशोक ड्रेसिंग टेबिल के सामने अपनी शक्ल पर मन-ही-मन प्रसन्न हो रहा था कि डॉली ने दौड़ते हुए उस पर छलाँग मारी। डॉली पानी से तर लॉन पर चहलकदमी करके लौट रहा था और किसी क़दर मौज में था। नतीजा यह हुआ कि बर्फ जैसे सफेद सूट पर पंजों के दाग पड़ गए। अशोक का पहला काम हुआ डॉली को ज़मीन पर पटक देना और इसके पहले कि डॉली उठकर भागे, अशोक ने उसकी गरदन पकड़कर घूँसों और मुक्कों से उसकी मरम्मत शुरू कर दी। परिणाम यह हुआ कि डॉली ने बड़ी जोर से किकियाकर मदद बुलाई, और डॉली की मददगार के रूप में अन्नपूर्णा देवी ने अशोक के कमरे में प्रवेश किया।

अन्नपूर्णा अशोक की बुआ थी। दुबली-पतली, लम्बी-सी स्त्री। किसी क़दर सुन्दर। चेहरे पर एक तरह का तनाव। चाल में एक तरह की अकड़। अन्नपूर्णा ने आते ही कहा, "अशोक ! डॉली को क्यों मार रहे हो ?"

"मार नहीं रहा हूँ, मैं इसकी हत्या कर रहा हूँ। देखा आपने मेरा यह नया सूट, अमेरिका से लौटकर आज ही पहली बार पहना है, और इसकी यह हालत बना दी है इसने।" यह कहते-कहते अशोक ने डॉली को दो घूँसे और जमाए।

"तुम्हें शर्म नहीं आती, नासमझ कुत्ते को इस निर्दयता के साथ मार रहे हो ! ड्राई-क्लीनिंग करा लो इसकी, मेरे हिसाब में।"

"आपके हिसाब में तो ड्राई-क्लीनिंग होगी ही इसकी, लेकिन आजवाला मेरा जो प्रोग्राम चौपट हो गया, उसका क्या होगा ?" अशोक ने डॉली को छोड़ते हुए कहा।

अन्नपूर्णा ने अशोक के सूट पर धब्बे देखे, फिर उसने डॉली को गोद में उठाते हुए कहा, "बहुत बुरी आदत है डॉली, अशोक का इतना अच्छा सूट खराब कर डाला।" फिर उसने अशोक से कहा, "क्या प्रोग्राम है तुम्हारा ? सूट बदल लो !"

"कुछ पोलिश कवि और कलाकार आए हुए हैं। उन्हें वोल्गा में चाय पर बुलाया है।"

"तुमने मुझे क्यों नहीं बतलाया ? बेचारे पोलिश कवि और कलाकार ! तुम जानते ही हो कि ऐसे स्वागतों में स्त्रियों का प्रमुख हाथ रहता है।"

"मैंने मीना से कह दिया है, वह आ जाएगी।"

"मीना !"—अन्नपूर्णा की भौंहों पर बल पड़ गए, "वह मीना, वह कल की छोकरी ! उसे बात करने की क्या तमीज़ ? क्यों उन पोलिश कवियों और कलाकारों के सामने अपनी नाक कटवाना चाहते हो ? तुम अपना सूट बदल लो, मैं अभी दस मिनट में तैयार होकर चलती हूँ।"

"आप बुआजी ! आपने तो अभी तीन दिन पहले होटलों में पैर न रखने की कसम खा ली थी !" अशोक ने आश्चर्य के साथ कहा।

"बको मत ! मैंने यह कब कसम खाई थी कि मैं विदेशी कवियों और कलाकारों का भी स्वागत नहीं करूँगी ? बेचारे पोलिश कवि और कलाकार !"—और यह कहते-कहते अन्नपूर्णा देवी मय डॉली के कमरे से गायब हो गईं।

अशोक ने जल्दी-जल्दी अपना सूट बदला। इतने में उसे लाला पंचमलाल का स्वर सुनाई पड़ा, "अशोक !"

"आया लालाजी !" अशोक ने वहीं से कहा और फिर वह बड़ी निश्चिन्ततापूर्वक कमरे के बाहर निकला। लाला पंचमलाल बरामदे में बैठे हुए हुक्का गुड़गुड़ा रहे थे। लाला पंचमलाल के सामने अशोक का मँझला भाई किशोर मुँह बनाए बैठा था। अशोक के आते ही लाला पंचमलाल ने कहा, "अशोक ! यह कला-भारती को पन्द्रह हज़ार का चन्दा ! तुम्हारा दिमाग खराब हो गया है ?"

अशोक ने किशोर को देखा, "क्यों किशोर भाई, लालाजी से शिकायत करने दौड़े आए ?"

किशोर ने तमककर कहा, "हम लोग मेहनत करते-करते पिसे जाते हैं और तुम बेरहमी के साथ रुपया उड़ाते हो और मौज करते हो ! प्रभास भाई ने मुझसे कहा कि लालाजी को तो इसकी खबर कर ही दी जाए।"

"तो फिर लालाजी को इसकी खबर हो गई !"—अशोक ने मुँह बनाते हुए कहा, "और कुछ कहना है आपको ?"

"इन्हें नहीं कहना है, मुझे कहना है !"—लाला पंचमलाल ने डाँट के स्वर में कहा, "कला-भारती को यह पन्द्रह हज़ार का चन्दा कैसा ?"

"यह इसलिए कि दो महीने के अन्दर ही मुझे कला-भारती से डेढ़ लाख रुपये का मुनाफा वसूल करना है।"

किशोर की आँखें फैल गईं, "डेढ़ लाख रुपया ! कला-भारती से ?"

"जी हाँ ! सरकार से उसे पाँच लाख रुपये की ग्रांट मिल रही है। बम्बई, कलकत्ता, मद्रास, पटना, लखनऊ, नागपुर, जयपुर, इन्दौर, जलन्धर, अजमेर, हैदराबाद और

शिलांग—बारह शाखाएँ खोली जा रही हैं इसकी। इन बारह शाखाओं में चार लाख रुपये के वाद्य-यन्त्र खरीदे जाएँगे।"

"चार लाख रुपये के वाद्य-यन्त्र !"—आश्चर्य के साथ लाला पंचमलाल बोले।

"जी हाँ, साठ सारंगियाँ, बहत्तर तानपूरे, छत्तीस सितार, चौबीस इसराज, छत्तीस क्लैरियोनेट, बहत्तर वायलिन, एक सौ बीस जोड़े तबले..."

लाला पंचमलाल को वाद्य-यन्त्रों के नाम से कोई दिलचस्पी नहीं थी। उन्होंने अशोक की बात काटते हुए कहा, "नाम गिनाने की कोई ज़रूरत नहीं, काम की बात पर आओ। डेढ़ लाख का मुनाफा कैसे होगा ?"

"वही तो कह रहा था। इन वाद्य-यन्त्रों की कीमत चार लाख रुपये होगी। बम्बई में मैंने 'स्वरारोह' नामक एक वाद्य-यन्त्र विक्रेता फर्म खोल ली है। उसके नाम इन चार लाख रुपयों के वाद्य-यन्त्रों का आर्डर दे दिया गया है। चार लाख में डेढ़ लाख का मुनाफा है।"

लाला पंचमलाल ने उठकर अशोक की पीठ ठोंकी, "शाबाश ! यही मैं कह रहा था कि मेरा अशोक ऐसा गावदी नहीं हो सकता।" फिर उन्होंने किशोर से कहा, "बिना अशोक के पूछे-ताछे तुम लोग मुझसे अशोक की शिकायत करने चले आते हो, यह अच्छी बात नहीं है !"

इतने में अन्नपूर्णा देवी तैयार होकर बरामदे में आ गईं। हीरे के जगमगाते हुए गहने। चेहरे पर पेंट का सुन्दर गुलाबीपन। लाला पंचमलाल ने अन्नपूर्णा को देखते ही कहा, "अनु ! कहाँ जा रही हो ?"

अन्नपूर्णा ने उत्तर दिया, "क्या बताऊँ, अशोक के कुछ विदेशी मित्र आ गए हैं, उनको पार्टी दी है इसने। मुझे ज़बर्दस्ती अपने साथ लिए जा रहा है। कला-भारती का कोषाध्यक्ष बनाकर इसने मेरी जान आफत में डाल दी, बेचारा अशोक !" और इसके पहले कि लाला पंचमलाल और कुछ पूछें, अन्नपूर्णा अशोक का हाथ पकड़कर बाहर निकल गईं। अशोक ने चलते हुए किशोर से कहा, "किशोर भाई, ज़रा एक मिनट के लिए मेरे साथ कार तक आइए।"

कार के पास पहुँचकर अशोक ने किशोर से कहा,"लाइए सौ रुपये का नोट !"

"किसी हालत में नहीं दूँगा। तुमने मेरे साथ जालसाज़ी की है।" किशोर ने उत्तर दिया।

अन्नपूर्णा ने पूछा, "क्या बात है किशोर ?"

उत्तर अशोक ने दिया, "बुआजी, मेरी किशोर भाई से शर्त लगी थी कि अगर लालाजी मुझे डाँटें, तो मैं सौ रुपये इन्हें दूँ। और अगर न डाँटें, तो यह सौ रुपये मुझे दें। लालाजी ने मुझे नहीं डाँटा।"

किशोर ने सफाई दी, "बुआजी, यह अशोक पूरी बात मुझसे छिपा गया था; इसलिए मैंने शर्त बद ली थी। यह तो धोखाधड़ी का मामला है।"

अन्नपूर्णा ने अपना निर्णय दिया, "शर्त बदना जुआ खेलना है। जुआ खेलना बुरा है; क्योंकि जुआ के माने हैं—जला-फरेब, धोखाधड़ी। लेकिन, जब जुआ खेला ही, तो हारकर पैसा न देना और भी बुरा है। तुम्हें रुपये दे देने चाहिए किशोर !"

"बड़ी आई आप यह सब निर्णय करनेवालीं ! मैं किसी हालत में रुपये नहीं दूँगा।"

अन्नपूर्णा ने अपने पर्स से सौ रुपये का नोट निकालकर अशोक को देते हुए कहा, "यह लो। किशोर के मेरे ऊपर पाँच सौ रुपये हैं, अब चार सौ रह गए। चलो, देर हो रही है।"

अशोक ने जब वोल्गा के सामने अपनी कार रोकी, रामप्रकाश बाहर खड़ा उसकी प्रतीक्षा कर रहा था। रामप्रकाश ने कार के पास बढ़कर कहा, "मुझे बड़ा दुख है अशोकजी, जब मैं घर से चल रहा था, तब कोरोस्की का फोन आया कि पोलिश कवि और कलाकार ताजमहल देखने आगरा जा रहे हैं, वे आज शाम की पार्टी में सम्मिलित न हो सकेंगे।"

इसके पहले कि अशोक इस खबर पर अपनी प्रतिक्रिया प्रकट करे, अन्नपूर्णा ने कड़े स्वर में कहा, "बदतमीज़ कहीं के ! प्रकाश, वे लोग आगरे के लिए रवाना हो गए, या होनेवाले हैं ?"

रामप्रकाश ने बात करने की व्यग्रता में अन्नपूर्णा को नहीं देखा था, "अरे आप रानीजी ! मेरा नमस्कार स्वीकार कीजिए। कितनी सुन्दर दिख रही हैं आप ?"

अन्नपूर्णा ने रामप्रकाश को डाँटा, "बको मत ! मैंने पूछा कि वे लोग रवाना हो गए या होनेवाले हैं, इसका उत्तर दो।"

"जी, मैं यह कैसे बता सकता हूँ रानीजी, लेकिन मेरा ख़याल है कि वे लोग रवाना हो गए होंगे। कोरोस्की जल्दी कर रहा था, कह रहा था कि बाहर कार खड़ी है।"

"क्यों, क्या बात है बुआजी ? आप चाहती क्या हैं ?" अशोक ने पूछा।

मैं उन लोगों को खरी-खरी सुनाना चाहती हूँ कि वे बदतमीज़, असभ्य और झूठे हैं। अशोक, कार की टंकी न खोलो, उन लोगों की कार का पीछा करना है। एक घंटे में हम लोग उन्हें पकड़ लेंगे। इसके बाद जब मैं उन्हें अपनी बात सुना लूँगी, तब हम लोग यहाँ वापस आ जाएँगे।

रामप्रकाश ने कहा, रानीजी, कल शाम तक तो वे लोग खुद यहाँ लौट आएँगे। आज पूर्णिमा है न; इसलिए अनायास ही प्रोग्राम बन गया। कल-परसों जब वे मिलें, आप उन्हें अपनी बात सुना दीजिएगा।

अन्नपूर्णा ने एक ठंडी साँस लेकर कहा, "कल-परसों तक तो मेरा क्रोध उतर जाएगा। उफ् अशोक ! सिर में अचानक ही बड़ा तेज़ दर्द उठ पड़ा है। मैं घर जाऊँगी।"

रामप्रकाश ने कहा, "रानीजी, अब आप यहाँ आई हैं, तो एक कोल्ड कॉफी पीजिए। शायद उससे आपके सिर का दर्द दूर हो जाए। मीना और वीरेश्वर प्रताप भीतर बैठे हैं।"

अशोक के मत्थे पर बल पड़ गए, "वीरेश्वर प्रताप सिंह भी यहाँ आ गए ?"

अन्नपूर्णा ने पूछा, "प्रकाश, यह वीरेश्वर प्रताप कौन है ?"

रामप्रकाश ने कहा, "अरे, आप उन्हें नहीं जानतीं रानीजी ? ओह, ठीक है, अभी तीन-चार दिन तो हुए ही हैं उन्हें यहाँ आए। यशनगर के भूतपूर्व युवराज और आजकल फ्रांस के एम्बेस्डर के फर्स्ट सेक्रेटरी।"

अन्नपूर्णा जैसे अपने सिर का दर्द भूल गई। वह अशोक से बोली, "चलो अशोक, वह पाजी पोलिश कवि और कलाकार नहीं आए तो न सही, हम लोग क्यों न कॉफी पिएँ।"

अशोक और अन्नपूर्णा के आते ही वीरेश्वर प्रताप उठ खड़ा हुआ। उसने अशोक से कहा, "तुमने वह निराशाजनक खबर तो सुन ही ली होगी; खैर कोई बात नहीं, हम लोग तो हैं।" और उसने अन्नपूर्णा की ओर इस प्रकार देखा, जैसे वह अन्नपूर्णा से नमस्कार करने की इच्छा रखते हुए भी बिना परिचय प्राप्त किए नमस्कार नहीं कर सकता। पर अशोक कुछ खोया-सा कुछ झल्लाया-सा परिचय कराने के शिष्टाचार को मानो भूल ही गया था। और मीना इस चिन्ता में थी कि अशोक वीरेश्वर प्रताप के साथ कोई असभ्यता न कर बैठे। रामप्रकाश काउंटर पर खड़ा हुआ टेलीफोन कर रहा था। हारकर वीरेश्वर प्रताप को ही कहना पड़ा, "अशोक ! आपका परिचय नहीं कराया ! तुम्हारी छोटी बहिन हैं क्या ?"

अन्नपूर्णा के मुख पर मुस्कराहट आ गई, "आप गलती करते हैं, मैं अशोक की बुआ हूँ—अन्नपूर्णा बंसल।"

"और मेरा नाम है वीरेश्वर प्रताप सिंह। मैं आपका अभिवादन करता हूँ मिस बंसल !"

अन्नपूर्णा इस बार ज़ोर से हँस पड़ी, "मिस नहीं, मिसेज़ बंसल। या आप मुझे अन्नपूर्णाजी, या फिर जैसा मीना कहती है, आंटी कह सकते हैं।"

वीरेश्वर प्रताप ने बड़ी गम्भीरतापूर्वक कहा, "मैं आपको आंटी कहूँ, अन्नपूर्णाजी कहूँ, यह असम्भव। अपने से कम उम्र वाली लड़कियों को आदर-सूचक सम्बोधन देना, यह एकदम गलत है। कम-से-कम यह मेरी प्रकृति में तो नहीं है, मिसेज़ बंसल !"

अन्नपूर्णा ने वीरेश्वर प्रताप को डाँटा, "क्या बच्चों की-सी बातें कर रहे हैं आप वीरेश्वर प्रतापजी, मैं अशोक से छह साल बड़ी हूँ। आपसे भी बड़ी ही हूँगी, या फिर समवयस्क हूँगी। अच्छा बैठिए, और मेरे वास्ते एक कोल्ड कॉफी मँगवाइए।"

श्रीमती अन्नपूर्णा बंसल की अवस्था तीस साल की थी। यद्यपि वह अपनी अवस्था से छोटी दिखती थीं। वह अपने विवाह के दो साल बाद ही विधवा हो गई थीं, जब उनकी अवस्था अठारह साल की थी। तब से वह अपने पिता के घर में रहने लगीं। ससुराल से वह जो पचास लाख रुपया नकद लाई थीं, उनसे उनके पिता ने एक मिल उनके नाम खरीद दी थी। उस मिल की वह मैनेजिंग डॉयरेक्टर अवश्य थीं, पर उसकी देख-भाल उनके भाई और भतीजे किया करते थे।

अन्नपूर्णा का जब विवाह हुआ था, तब इंटरमीडिएट में पढ़ती थीं। विधवा होने के बाद उन्होंने बी.ए. पास किया, एम.ए. पास किया। अपने भाई के साथ वह दो बार कांटीनेंट घूम आई थीं।

कोल्ड कॉफी पीते हुए उन्होंने गौर से वीरेश्वर प्रताप को देखा—एक सुन्दर, हँसमुख और स्वस्थ नवयुवक।

"आप कब तक ठहरेंगे यहाँ ?" अन्नपूर्णा ने वीरेश्वर प्रताप से पूछा।

"इरादा तो जल्दी जाने का था; लेकिन फॉरेन ऑफिसवालों ने मुझे एक महीने के लिए रोक लिया है। अजीब उलझन में पड़ गया हूँ। समझ में नहीं आता, क्या करूँ।" वीरेश्वर प्रताप ने एक ठंडी साँस भरते हुए कहा।

"अगर आप अनुचित न समझें, तो क्या मैं आपकी उलझन का कारण जान सकती हूँ ?"

वीरेश्वर प्रताप के मुख पर एक करुण मुस्कान आई, "जी, मैं विवाह करना चाहता हूँ; लेकिन ये लोग विवाह करने की इजाज़त देने में आनाकानी करते हैं।"

"क्या सरकार शादी-विवाह जैसे व्यक्तिगत मामलों में भी हस्तक्षेप कर सकती है ?" अन्नपूर्णा ने पूछा।

"जी, मेरा मामला ही कुछ अजीब उलझन का है। मैं एक फ्रांसीसी लड़की से प्रेम करता हूँ, और उसी से विवाह भी करना चाहता हूँ अन्नपूर्णाजी ! आप कल्पना नहीं कर सकतीं कि वह कितना प्रेम करती है मुझसे और फिर कितनी सुन्दर है !"

वीरेश्वर प्रताप की बात से अन्नपूर्णा देवी के मुख पर कुछ धुँधलापन आ गया।

रेस्तराँ की हलकी-सी रोशनी में वीरेश्वर प्रताप को अन्नपूर्णा के मुख के धुँधलेपन का पता नहीं चला। वह कहता जा रहा था, "जहाँ तक मेरा सवाल है, मुझे उससे विवाह करने की कोई विशेष इच्छा नहीं है। एक तो उसका मिज़ाज कुछ जरूरत से ज़्यादा तेज़ है। अभी पन्द्रह दिन पहले मुझसे एक ज़रा-सी बात पर मार-पीट कर बैठी। दूसरे, अब मैं इस निर्णय पर पहुँचा हूँ कि शादी-विवाह में समाज और संस्कृति का ध्यान रक्खा जाना चाहिए, नहीं तो आगे चलकर मुसीबत खड़ी हो सकती है।"

अन्नपूर्णा की समझ में अभी तक यह नहीं आया कि वीरेश्वर प्रताप उस फ्रांसीसी लड़की से विवाह करना चाहते हैं, या नहीं करना चाहते। उन्होंने मीना को बुलाया, "मीना, मैं तो तुम्हारे युवराज की बात समझी नहीं, तुम इनसे समझकर मुझे समझा दो।"

मीना का इस समय अशोक के साथ मान-मनौता चल रहा था। यह कहना कठिन है कि कौन किसे मना रहा था। दोनों ही अपने को गलती पर घोषित कर रहे थे। दोनों ही एक-दूसरे से माफी माँग रहे थे; लेकिन दोनों में मान कोई न रहा था। अन्नपूर्णा ने दोनों को गौर से देखा, फिर उसने आवाज़ दी, "प्रकाश, ज़रा यहाँ आना।"

रामप्रकाश अभी तक काउंटर पर खड़ा था और उसके हाथ में टेलीफोन था। वह कह रहा था, "जी हाँ, अशोकजी का नाटक ! उस नाटक के मुकाबजे का नाटक अभी तक हिन्दी में लिखा नहीं गया है। रंगमंच पर देखिएगा..." और अन्नपूर्णा की आवाज़ सुनते ही उसने कहा, "बाकी बात मिलने पर होगी।" यह कहकर उसने रिसीवर रख दिया और बड़ी तेज़ी के साथ अन्नपूर्णा के पास आया, "कहिए रानीजी, क्या आज्ञा है ?"

"मेरे प्रकाश, मुझे घर ले चलो। मेरे सिर में बड़े ज़ोर का दर्द हो रहा है ?"

वीरेश्वर प्रताप ने आश्चर्य से कहा, ''अभी-अभी तो आप अच्छी-खासी बात कर रही थीं, यह एकाएक सिर में दर्द कैसे हो गया ?''

"तुम्हारी बातचीत से।" अन्नपूर्णा ने रूखे स्वर में कहा और वह एक झटके के साथ उठ खड़ी हुईं।

अन्नपूर्णा के खड़े होते ही अशोक और मीना इस ओर घूमे। अन्नपूर्णा ने मीना से कहा, "मीना, तुम्हारे अतिथि को सीधे-सादे ढंग से सीधी बात करना भी नहीं आती। इस क़दर उलझी हुई होती है इनकी बात कि उसे समझने के प्रयत्न में सिर-दर्द पैदा हो जाए !"

अशोक ने स्थिति बहुत सँभाली, "वीरेश्वर प्रतापजी, मेरी बुआजी के स्नायु ज़रा कुछ खिंचाव पर रहते हैं। इनसे बात बहुत सोच-समझकर और नाप-तौलकर की जानी चाहिए।" और उसने अन्नपूर्णा का हाथ पकड़कर बिठलाते हुए कहा, "आप भी तो ज़रा-सी बात दिल में ले बैठती हैं। यह कोई ज़रूरी है कि आपकी समझ में हर बात आ ही जाए ?"

अन्नपूर्णा ने बैठते हुए कहा, "मैं क्या करूँ अशोक, न जाने क्यों मुझे युवराज के प्रति कुछ सहानुभूति पैदा हो गई है, और इसलिए मैं इनकी बात समझना चाहती थी। बेचारे युवराज !" और अन्नपूर्णा ने एक ठंडी साँस ली।

"आपकी सहानुभूति के लिए अनेक-अनेक धन्यवाद ! लेकिन मैं अब आपको कष्ट न दूँगा कि आप मेरी बात समझें ही।" वीरेश्वर प्रताप ने ज़रा रूखाई के साथ कहा।

अब रामप्रकाश के बोलने की बारी थी, "क्या आपकी बात शिष्टता की सीमा को तो नहीं तोड़ रही है युवराज ?"

वीरेश्वर प्रताप हँस पड़ा, "जिस समाज में मैं पला हूँ, मैं ही क्यों, हम सब पले हैं, शिष्टता-अशिष्टता का भेद-भाव कभी रहा ही नहीं, और न रह सकता है।"

अशोक ने गम्भीरतापूर्वक वीरेश्वर प्रताप को देखा, "आपने जो बात कही, विवादग्रस्त हो सकती है, लेकिन उससे एकदम इनकार नहीं किया जा सकता। यह बात हमारे समाज को एक वास्तविक चुनौती है। क्या आपने अपने विचारों को लिखने का भी कभी प्रयत्न किया है ?"

रामप्रकाश ने जेब से नोट-बुक निकालकर फाउंटेनपेन अपने हाथ में ले लिया। वीरेश्वर प्रताप ने कौतूहल के साथ अशोक को देखा, "आपका मतलब ? यानी क्या मैं लेखक हूँ ?"

अशोक ने उत्तर दिया, "मेरा मतलब पेशेवर लेखक से नहीं है, क्योंकि पेशेवर लेखक में एक प्रकार की विचार-शून्यता मिलेगी। उसके कोई निजी विचार नहीं होते, वह तो जो कुछ दूसरे उससे लिखाना चाहते हैं, वही लिखता है। मैं आपके अन्दर मौलिक कलाकार और विचारक के तत्त्व देखता हूँ, लेकिन मैं इतना और कह देना उचित समझूँगा कि आपके विचार बिखरते हुए से, उखड़े हुए से, बिना किसी क्रम के हैं; क्योंकि

आपने कभी उन्हें एकत्रित करने का, सजाने का और रगड़-घिस करने का प्रयत्न नहीं किया।"

जो कुछ अशोक ने कहा उसे लिखते हुए रामप्रकाश बोल उठा, 'रगड़-घिस'! अहा-हा! क्या प्यारा और मौलिक शब्द है, रगड़-घिस! आप वास्तव में महान साहित्यकार हैं अशोकजी। रगड़-घिस! आपने हिन्दी के शब्द-भंडार को एक सुन्दर शब्द प्रदान किया, आप धन्य हैं। क्यों रानीजी, आपकी क्या राय है?

अन्नपूर्णा अपने भतीजे की साहित्यिक प्रतिभा पर हमेशा मुग्ध रहती थीं। उन्होंने कहा, "रगड़-घिस! थोड़ा-सा कर्ण-कटु अवश्य है, लेकिन इस शब्द का मतलब साफ है। उसे समझने में कम-से-कम सिर का दर्द तो नहीं उठ खड़ा होता।"

मीना अभी तक चुपचाप कौतूहल के साथ यह सब देख-सुन रही थी, लेकिन इस बातचीत से उसे भी कुछ उत्साह हो आया, "अशोक! जो नहीं हो, वह बनने की आवश्यकता क्या? साहित्य में और तुममें जन्मजात शत्रुता रही है, यह मैंने माना; लेकिन मौके-बेमौके साहित्य की टाँग तोड़ने से तुम्हें क्या मिल जाता है?"

बात अशोक से कही गई थी, लेकिन अन्नपूर्णा ने उसे अपने ऊपर व्यक्तिगत आक्षेप समझा। "तुमने हिन्दी में एम.ए. क्या पास किया, मानो साहित्य की रक्षा करने का सारा उत्तरदायित्व तुम पर ही आ गया है! अशोक का नाटक 'गरल-तरल' स्कूलों में पढ़ाया जाता है। तो, अशोक की साहित्य से शत्रुता है, और तुम्हारा बड़ा प्रेम है! मैं कहती हूँ कि तुम्हें अभी अशोक वर्षों साहित्य पढ़ा सकता है! मेरा अशोक, प्यारा अशोक!"

मीना अब एकदम आपे से बाहर हो गई, "मुझे मालूम है, कैसे इनका 'गरल-तरल' नाटक टेक्स्ट बुक बना। तीन हज़ार की रिश्वत दी थी इन्होंने कमेटी के मेम्बरों को।"

अशोक ने शान्त भाव से कहा, "मैंने रिश्वत नहीं दी, मैंने केवल सहायता की थी, और सहायता करना मेरा धर्म है। मीना, तुम मेरे ज्ञान पर, साहित्य पर, मेरी प्रतिभा पर जितना चाहो आक्षेप कर सकती हो, लेकिन तुम मेरे धर्म पर आक्षेप मत करो। धर्म मेरा जीवन है, धर्म मेरा अस्तित्व है!" और अशोक ने रामप्रकाश की ओर देखा।

रामप्रकाश ने कहा, "लिख लिया है, रुकिए मत, कहते जाइए। आज बड़े रंग में हैं आप!"

अन्नपूर्णा ने कड़े स्वर में कहा, "प्रकाश!"

प्रकाश ने नोट-बुक बन्द करके अपनी जेब में रख ली, "लीजिए, बन्द कर दिया।"

अन्नपूर्णा वीरेश्वर प्रताप की ओर घूमी, "युवराज! तुमसे मिलकर मुझे बड़ी प्रसन्नता हुई, और तुम्हारी प्रेमिका की बात सुनकर मुझे बड़ा दुख भी हुआ। बेचारे युवराज! तुम इस तरह चुप और उदास मत बैठो। मुझे तुम्हारी यह हालत देखकर तुम पर बड़ी दया आती है। मुस्काओ! हँसो! यही जीवन है। चलो, मेरे यहाँ चलो। मुझसे अपनी बात कहो। शायद कोई हल निकल आए।"

अशोक ने कहा, "हाँ, युवराज, मेरे यहाँ खाना खा लेना। तुम्हें कोई आपत्ति तो नहीं है ? प्रकाश, मम्मी को फोन कर दो कि मीना और तुम मेरे यहाँ खाना खा रहे हो।" फिर उसने वीरेश्वर प्रताप से कहा, "देखिए, बुआजी कभी किसी को खाने पर निमन्त्रित नहीं करतीं। आप इन्हें निराश मत कीजिएगा।" और सब लोग एक साथ उठ खड़े हुए।

[4]

टेलीफोन के पास से ज्ञानेश्वरी ने पुकारा, 'मीना ! मीना ! तुम्हारा फोन है !'

मीना अशोक, रामप्रकाश और जयदेव के साथ बैठी हुई कला-भारती की रूपरेखा बना रही थी। मीना ने वहीं से कहा, "मम्मी, पूछ लो कि किसका फोन है और क्या काम है, कह देना, अभी मुझे फुर्सत नहीं है।" इसके बाद उसने कहा, "रामप्रकाश अब वैतनिक मन्त्री होंगे, यह तो ठीक है; लेकिन उन्हें आरम्भ से ही 500 रु. प्रतिमास की तनख्वाह, मैं समझती हूँ कि यह कुछ अधिक दिखता है। सरकार इस पर आपत्ति कर सकती है।"

रामप्रकाश ने थोड़ा-सा बिगड़कर कहा, "सरकार अपनी अकादमियों के मन्त्रियों को हज़ार-पन्द्रह सौ रुपया महीना दे, यह तो ठीक है और अगर कला-भारती के मन्त्री को पाँच सौ रुपया मिलें, तो इस पर आपत्ति हो जाए !"

जयदेव ने मीना से कहा, "इसकी चिन्ता मत करो। यह मेरे ज़िम्मे रहा कि सरकार की ओर से इस वेतन पर किसी तरह की आपत्ति न होगी।"

ज्ञानेश्वरी की आवाज़ फिर सुनाई पड़ी, "ऐसा कौन-सा ज़रूरी काम है कि उठकर टेलीफोन पर बात भी न कर सको ! अरे, युवराज का फोन है, ओर वह तुमसे ही बात करना चाहते हैं।"

जयदेव ने कहा, "जाओ मीना, बात कर लो। तुम्हारे आने पर हम लोग दूसरा मसला लेंगे।"

मीना ने टेलीफोन का रिसीवर कान में लगाते हुए कहा, "हलो, मैं मीना भारती हूँ।"

दूसरी ओर से सुनाई पड़ा, "मीना, मेरी अच्छी मीना रानी ! मैं नमस्कार करता हूँ। आप अच्छी तरह तो हैं ?"

मीना ने कहा, "बहुत अच्छी तरह से हूँ युवराज ! इधर कई दिन से दर्शन नहीं हुए आपके, मालूम होता है बहुत व्यस्त रहे !"

"क्या बताऊँ गीना रानी ! इन फॉरेन ऑफिराबालों ने गुरीबत गें डाल रखखा है। फिर अपने दोस्तों से भी मुझे फुर्सत नहीं मिलती। क्या कर रही हो इस समय ?"

"कला-भारती की रूपरेखा बना रही हूँ। उसका काम आगे बढ़ाना है न। आपका फोन आया तो उठकर चली आई। सब लोग मेरी प्रतीक्षा कर रहे हैं।"

वीरेश्वर प्रताप का स्वर सुनाई पड़ा, "वही कला-भारती, जिसका कल शाम मुझे मिसेज़ बंसल ने संरक्षक बनाया ?"

मीना एकाएक चौंक पड़ी, "तो क्या आंटी कल आपसे मिली थीं ? वह तो परसों कार से मसूरी गई हैं ?"

इस बार वीरेश्वर प्रताप की हँसी सुनाई पड़ी, "हाँ, मुझे मसूरी ले गईं थीं, घुमाने के लिए। कल रात फ्रेंच एम्बेसी में मेरा डिनर था; इसलिए कल शाम को ही हम दोनों वापस आ गए। मीना, यह अन्नपूर्णाजी कुछ सनकी भले ही हों, लेकिन बड़ा लुभावना व्यक्तित्व है इनका !"

वीरेश्वर प्रताप की इस मुक्त हँसी से, उसकी इस बात से, मीना को एक कचोट-सी लगी, 'हाँ-हाँ, बड़ा मोहक व्यक्तित्व है अन्नपूर्णाजी आंटी का। अच्छा बतलाइए, क्या काम है ? मुझे जल्दी है, लोग मेरी प्रतीक्षा कर रहे हैं।''

वीरेश्वर प्रताप का स्वर सुनाई पड़ा, "मीना, अगले रविवार को मैं यहाँ एक पार्टी देना चाहता हूँ विभिन्न दूतावासों के लोगों को। उस उत्सव की प्रमुख अतिथि तुम्हें होना है।"

मीना के मुँह से निकल पड़ा, "मुझे क्षमा कीजिए युवराज ! परसों मेरे कुछ मित्र आ रहे हैं, मुझे उनसे साथ रहना है। आप अन्नपूर्णा आंटी को प्रमुख अतिथि बना लीजिए।" और मीना ने बिना वीरेश्वर प्रताप के उत्तर की प्रतीक्षा किए रिसीवर रख दिया।

मीना जब ड्राइंगरूम में पहुँची, शान्त और गम्भीर थी। उसने आते ही अशोक से पूछा, "अशोक, क्या यह सच है कि श्री वीरेश्वर प्रताप सिंह कला-भारती के संरक्षक बन गए हैं ?"

अशोक के मत्थे पर बल पड़ गए, "कल शाम बुआजी उन्हें कला-भारती का संरक्षक बना लाई थीं और साथ में एक हज़ार का चेक ले आई थीं। लेकिन आज सुबह जब मैं घर से चलने लगा, तब मुझे युवराज का फोन मिला। उन्होंने कहा कि उन्होंने जो एक हज़ार का चेक दिया है, वह अपने नाम से नहीं, बल्कि तुम्हारे नाम से। वह संरक्षक नहीं बनना चाहते।"—इस बार उसने जयदेव की ओर देखा, "पापा, आप ही बतलाइए, यह कैसे सम्भव है कि रुपया वह दें और नाम मीना का हो ? लोग क्या कहेंगे ?"

अशोक की इस बात से मीना चौंक पड़ी, "पापा ! युवराज को कोई अधिकार नहीं कि वह मेरे नाम से चन्दा दें। समझ क्या रक्खा है उन्होंने ! मुझे जो कुछ भी चन्दा देना होगा, वह पापा देंगे। क्यों पापा ?"

ज्ञानेश्वरी भी इस समय तक मीटिंग में शामिल हो गई थीं। ज्ञानेश्वरी ने बिगड़ते हुए कहा, "बड़े तुम्हारा चन्दा देने आए हैं तुम्हारे पापा ! युवराज ने तुम्हारे नाम से चन्दा देकर कौन-सी ऐसी बुराई कर दी ? वह भी मेरे बच्चे की तरह है।"

अशोक ने जयदेव को देखा, ज्ञानेश्वरी को देखा, फिर उसने मीना से कहा, "वह चेक मुझे आज ही बैंक में जमा करना है; लेकिन अब तो एक अजीब झमेला उठ खड़ा हुआ, बिना बुआजी को बताए मैं यह चन्दा तुम्हारे नाम से जमा कर दूँ—भला यह कैसे हो सकता है ? बुआजी को तो मुझे यह बताना ही पड़ेगा। लेकिन इस सब जालसाज़ी से उन्हें कौन-सा फायदा पहुँचता है ?"

"कैसी जालसाज़ी अशोक ?" मीना ने फटनेवाले ज्वालामुखी का रूप धारण करते हुए पूछा। अशोक ने अनुभव किया कि 'जालसाज़ी' शब्द थोड़ा-सा कड़ा हो गया। उसने सफाई देते हुए कहा, "मुझसे गलत शब्द का प्रयोग हो गया है। शायद 'खिलवाड़' शब्द अधिक उचित होता। मैं कहता हूँ, यह सब बच्चों का-सा खिलवाड़ है।"

ज्ञानेश्वरी ने हँसते हुए कहा, "तो इसमें कौन-सी ऐसी बात हो गई, तुम लोग बच्चे ही तो हो !"

पर मामले ने जो रूप धारण कर लिया था, वह ज्ञानेश्वरी की इस हँसी से बदलनेवाला नहीं था। मीना ने कहा, "चुप रहो मम्मी, ज़रा मुझे इस बात को साफ कर लेने दो।" अब वह अशोक की ओर मुड़ी, "अशोक, तुम एक अनुपस्थित आदमी की निन्दा करके अपनी सुरुचि का परिचय नहीं दे रहे हो, मैं यह साफ-साफ और तुम्हारे मुँह पर कह रही हूँ।"

अशोक ने शान्त भाव से उत्तर दिया, "मैं वीरेश्वर प्रताप की निन्दा नहीं कर रहा हूँ। जो कटु और कुरूप सत्य है, उसे प्रकट करना अगर कुरुचि है, तो मैं उस पाप का भागी अवश्य हूँ। दूसरों से छिपाकर कोई काम करना क्या शराफत है ? आखिर तुम्हारे नाम से चन्दा देने की युवराज को ऐसी क्या आवश्यकता आ पड़ी ? यह तो तुम्हें बदनाम करना है। आपका क्या ख़याल है पापा ?"

श्री जयदेव भारती चुप बैठे अशोक और मीना के झगड़े का मज़ा ले रहे थे। उस झगड़े में घसीटा जाना उन्हें थोड़ा-सा अखरा। उन्होंने गला साफ करते हुए कहा, "हाँ, तुम्हारी बात ठीक हो सकती है अशोक, लेकिन उसका दूसरा पहलू भी है। अगर इसमें बदनामी की कोई बात न देखी जाए, तो इससे भी काम चल सकता है। युवराज हमेशा से कुछ सनकी रहे हैं। युवराज अथवा राजा होने के लिए आदमी को कुछ सनकी होना ही चाहिए। फिर बदनामी या नेकनामी किसके सामने होगी ? यहाँ तो यह सब मामला अपना ही है।"

श्री जयदेव भारती की इस बात से अशोक निरुत्तर हो गया और मीना के लिए अपनी बात बढ़ाने का मौका नहीं रहा। कला-भारती का कार्यक्रम और आगे बढ़ा; पर मीना को कला-भारती के कार्यक्रम में कोई रुचि नहीं रह गई थी। अभी कुछ देर पहले उसने वीरेश्वर प्रताप के साथ रूखाई का जो बर्ताव किया था, बिना बातों को ठीक तरह समझे, इसका उसे दुख हो रहा था। उसके अन्दर से कोई कह रहा था, 'मीना, युवराज बहुत ऊँची कोटि के आदमी हैं। तुमने उन्हें गलत समझकर उनके ही साथ बहुत बड़ा अन्याय नहीं किया है, बल्कि स्वयं बहुत बड़ा पाप किया है। वह क्या सोचते होंगे तुम्हारे

सम्बन्ध में। तुमने असभ्यता की पराकाष्ठा कर दी। तुम्हें क्षमा-याचना करनी चाहिए।' और मीना ने एकाएक कहा, "अशोक, मैं जरा एक ज़रूरी काम से आध घंटे के लिए जा रही हूँ। मिस कपूर से मिलने का वादा था आज इसी समय। उसे मैं भूल ही गई थी। तुम लोग तब तक रूपरेखा बना डालो।"

"कौन मिस कपूर ? इनकी बाबत तो मैंने पहले कभी कुछ सुना ही नहीं !" अशोक ने प्रश्न किया।

"यह कोई आवश्यक है कि तुम मेरी हर एक मित्र के सम्बन्ध में कुछ सुनो ?" मीना ने तमककर कहा और वह उठ खड़ी हुई। वह सीधे बाहर निकलकर अपनी कार की तरफ बढ़ी।

मीना अपनी कार तक न पहुँच पाई थी कि एक अन्य कार ने बँगले में प्रवेश किया। यह कार अन्नपूर्णा की निजी कार थी; लेकिन कार पर अन्नपूर्णा के स्थान पर श्री वीरेश्वर प्रताप विराजमान थे। वीरेश्वर प्रताप को देखते ही मीना पोर्टिको की ओर लौट आई।

वीरेश्वर प्रताप ने कार से उतरते हुए कहा, "मीना रानी ! क्या तुम मुझसे नाराज़ हो गईं, मैं तो तुम्हें मनाने दौड़ा आया हूँ। कौन-सा अपराध हो गया है मुझसे ?"

मीना ने बनावटी क्रोध के साथ कहा, "आप बड़े वैसे हैं युवराज ! आपने कला-भारती में मेरे नाम से चन्दा क्यों दिया ?"

"इसलिए कि चन्दा देना पड़ा। मैं तो यहाँ रहता नहीं और न यहाँ रहने का कोई इरादा है, तब फिर मेरे नाम का चन्दा बेकार होता। तो मैंने सोचा कि किसी अपने के नाम ही चन्दा दिया जाए।" वीरेश्वर प्रताप ने 'अपने' शब्द पर ज़ोर देते हुए कहा।

कितना सुन्दर दिख रहा था वीरेश्वर प्रताप ! कितना मुक्त, कितना निर्द्वन्द्व ! मीना ने मन-ही-मन अशोक के साथ उसकी तुलना की, और अनायास ही उसकी नज़र अन्नपूर्णा की जागौर कार पर पड़ी, जिस पर वीरेश्वर प्रताप आया था। मीना ने कहा, "यह कार तो शायद अन्नपूर्णा आंटी की है ?"

वीरेश्वर प्रताप ज़ोर से हँस पड़ा, "ओह, यह कार ! अन्नपूर्णाजी ने ज़बर्दस्ती मेरी सेवा में भेज दी। मैंने बहुत कहा कि मेरा काम तो टैक्सी से ही चल जाता है, लेकिन भला वह कब माननेवालीं ! उनके घर में पाँच मोटरें हैं और उनको कहीं आना-जाना भी नहीं होता।"

"आंटी इतना प्रसन्न कभी किसी पर नहीं होतीं कि उसे अपनी प्यारी जागौर कार दें, इस कार को कोई दूसरा छू नहीं सकता। चाहे वह अशोक हों, या अशोक के लालाजी हों। आप बड़े भाग्यशाली हैं।" मीना ने मुस्कराते हुए कहा।

यह सब सुनकर वीरेश्वर प्रताप का मुख एकाएक आच्छन्न हो गया, "क्या कहा मीना ? क्या तुम समझती हो कि मुझे कुछ खतरा है ?"

मीना हँस पड़ी, "युवराज, यह तो इस बात पर निर्भर है कि आपकी खतरे की

परिभाषा क्या है ?" और मीना ने गम्भीर होते हुए कहा, "युवराज, मेरा ख़याल है कि खतरे में अन्नपूर्णा आंटी हैं, आप नहीं हैं। चलिए, अब आप कला-भारती के संरक्षक बन चुके हैं, तब उसकी मीटिंग में सम्मिलित हो लीजिए।"

"लेकिन मीना रानी, वह जो मैंने टेलीफोन पर कहा था, अगले रविवार की पार्टी के बाबत। उस उत्सव की अतिथि तुमको ही होना है और इसलिए मैंने अभी उसी पार्टी को स्थगित कर दिया है, यह समझ लो कि बिना तुम्हारे वह पार्टी नहीं होगी।"

मीना मुस्कराई, "युवराज, जिस समय आपने टेलीफोन किया था, मैं ज़रा उलझन में थी। आप अगले रविवार के बाद और कोई दिन ठीक कर दीजिए, उसके आगेवाला रविवार। मैं आ जाऊँगी।"

वीरेश्वर प्रताप ने ताली बजाते हुए कहा, "चियरियो ! तो मीना रानी, अब चलो, तुम्हारी कला-भारती की बैठक में भी कुछ थोड़ी देर बैठ लूँ। अंकल तो होंगे ही ?"

मीटिंग से मीना के उठ जाने के बाद मानो कला-भारती की मीटिंग का काम ही रुक गया था। वीरेश्वर प्रताप के आते ही जयदेव ने ज्ञानेश्वरी से कहा, "मेमसाहब, युवराज के लिए चाय होनी चाहिए, और उनके बहाने हम लोगों को भी एक-एक दौर और मिल जाएगा।"

फिर जयदेव ने युवराज से कहा, "मालूम होता है, इन दिनों तुम बड़े व्यस्त रहे।"

"जी, ऐसा कोई खास काम भी नहीं रहा। मीना रानी से तो अक्सर मुलाकात हो जाती है। आप ही को इतनी फुर्सत नहीं है कि मैं आपसे मिल सकूँ। सोचा, आज रविवार है, आप घर पर ही होंगे, तो आपके दर्शन कर लूँ। और यहाँ आने पर अशोकजी के भी दर्शन हो गए। यह मेरा सौभाग्य है।"

"बड़ा अच्छा किया जो चले आए। क्या बतलाऊँ, एक मिनट की भी छुट्टी नहीं मिलती। आज छुट्टी थी, तो सुबह से ये अशोक साहब कला-भारती का पचड़ा ले बैठे। हाँ, सुना है, तुम कला-भारती के संरक्षक बन गए ?"

"मैं क्या बना अंकल, श्रीमती अन्नपूर्णा बंसल ने मुझे जबर्दस्ती बना लिया। मैंने बहुत कहा कि मैं फ्रांस में हूँ, वहाँ से और किसी देश में भेज दिया जाऊँगा, लेकिन वह ज़िद पकड़ गईं।"

"अच्छा किया, अच्छा किया ! आखिर अखिल भारतीय सांस्कृतिक संस्था है। कला और कलाकारों को प्रोत्सहित करना इसका उद्देश्य है। तुम कलाकारों को तो इसमें सहयोग देना ही चाहिए। हाँ युवराज ! तुम्हारी चित्रकला के इन दिनों क्या हाल हैं ?"

एक अजीब तरह की करुण मुद्रा बनाकर वीरेश्वर प्रताप ने कहा, "अंकल, इन दिनों रुपये-पैसे की कुछ तंगी रही है।"

"रुपये-पैसे की तंगी से चित्रकला का क्या सम्बन्ध ?" जयदेव ने आश्चर्य के साथ पूछा।

"जी, आजकल की कला तो प्रचार की है। क्यों आशोक, है न ? अंकल, अशोक से मेरी बात का समर्थन हो जाएगा। और प्रचार के माने है पैसा। तो अंकल, फ्रांस बड़ी

महँगी जगह है और वहाँ का प्रचार उससे भी अधिक महँगा पड़ता है। और एक मैं हूँ कि पैसे की हमेशा तंगी रहती है।"

बात वीरेश्वर प्रताप ने पते की कही थी। जयदेव मुस्कराए, "बड़े मुँहफट आदमी हो। खैर, तुम अपनी कुछ पेंटिंग्स तो अपने साथ हिन्दुस्तान लाए होगे ?"

"जी, अभी दो महीने पहले मैंने चित्रकला अकादमी के मन्त्री के नाम अपने दो सौ चित्रों के चार पैकेट भेजे थे, वैसे ही बन्द-के-बन्द पड़े हैं वे पैकेट। सेक्रेटरी कहते हैं कि उठा ले जाओ, उनके पास इन्हें रखने का स्थान नहीं है, नहीं तो वह फेंक देंगे।"

जयदेव ने कहा, "बड़ा पाजी आदमी है ! खैर, कोई बात नहीं। युवराज, तुम अपने चित्र यहाँ उठा लाओ; और प्रकाश, कला-भारती की ओर से युवराज के चित्रों की एक प्रदर्शनी हो जानी चाहिए। दो सौ चित्रों के फ्रेम और माउंट कराने में करीब पाँच सौ रुपया लगेगा। पाँच सौ रुपया प्रचार में—निमन्त्रण-पत्र छपने में तथा अन्य बातों में लग जाएगा। उद्घाटन उप-राष्ट्रपति, प्रधानमन्त्री या किसी अन्य मन्त्री से करा लिया जाएगा।"

इसी समय टेलीफोन की घंटी बजी। रामप्रकाश ने टेलीफोन का रिसीवर उठाया। उसे अन्नपूर्णा की आवाज़ सुनाई दी, "हलो, अरे प्रकाश ! मेरे अच्छे प्रकाश ! देखो, तुम इसी समय युवराज वीरेश्वर प्रताप के पास इम्पीरियल होटल चले जाओ। कहना—मैंने तुम्हें भेजा है। उनके पास करीब दो सौ पेंटिंग्स हैं। उन्हें लेना और माउंट तथा फ्रेम करने के लिए दे देना। उनकी पेंटिंग्स की एक प्रदर्शनी के सम्बन्ध में मैं तुमसे और अशोक से बात कर लूँगी।"

रामप्रकाश को अब अपनी बात कहने का अवसर मिला, "बहुत अच्छा रानीजी, आपकी आज्ञा सिर-आँखों पर ! लेकिन युवराज यहीं हैं और इस समय उनकी पेंटिंग्स की प्रदर्शनी की ही बातचीत चल रही है। फूफाजी ने उस प्रदर्शनी की योजना बना ली है।"

अन्नपूर्णा का स्वर सुनाई पड़ा, "तुम्हारे फूफाजी योजना बनानेवाले कौन होते हैं ? उनके कह दो कि इस मामले में उन्हें टाँग अड़ाने की कोई ज़रूरत नहीं। सुना, मैंने क्या कहा ? नहीं, तुम मीना को बुला दो, मैं उससे सब कुछ कहला दूँगी।"

रामप्रकाश धर्म-संकट में पड़ गया। वह जानता था कि जयदेव से अन्नपूर्णा कुछ नहीं कहेगी; लेकिन मीना से उसकी झड़प हो जाएगी। कुछ देर तक वह रिसीवर हाथ में लिए खड़ा रहा, फिर उसने कहा, "मीना तो अशोक के साथ अभी-अभी कहीं चली गई, कहिए तो फूफाजी को बुला दूँ।"

उस ओर से सुनाई पड़ा, "तुम गधे हो ! युवराज को रोक लो, कह देना वह मेरी प्रतीक्षा करें। मैं स्वयं आ रही हूँ।" और अन्नपूर्णा के रिसीवर रखने की आवाज़ उसे सुनाई पड़ी।

रामप्रकाश जब फोन पर से लौटा, तब बड़ा घबराया हुआ था। उसने अन्नपूर्णा से जो कहा था कि मीना घर पर नहीं है, वह केवल इसीलिए कि कम-से-कम इस समय

बात आगे न बढ़े और बाद में खुद-ब-खुद शान्त हो जाएगी; लेकिन उसे यह पता न था कि अन्नपूर्णा स्वयं उसके झूठ को पकड़ने आ पहुँचेगी। लौटकर वह चुपचाप बैठ गया। बात इस समय वीरेश्वर प्रताप की चित्रकला पर चल रही थी। रामप्रकाश ने अन्दाज़ा कि अन्नपूर्णा के आने में करीब पौन घंटा लगेगा। बीस मिनट कपड़े बदलने और शृंगार करने में, दस मिनट कार का प्रबन्ध करने में और पन्द्रह मिनट यहाँ आने में। इस समय के अन्दर अशोक और मीना को यहाँ से रवाना कर देने में ही उसका कल्याण है।

उसने कहा, "अशोक, ज्ञानप्रकाश ने फोन पर कहा है कि तुम आधे घंटे के अन्दर गेलार्ड पहुँच जाओ, वह कुछ उजबेक कलाकारों के साथ वहाँ आ रहे हैं।"

"उजबेक कलाकार तो कल रात के प्लेन से बम्बई गए !" अशोक ने आश्चर्य के साथ कहा।

रामप्रकाश ने अनुभव किया कि उससे गलती हो गई। उसने बात बनाने की कोशिश की, "शायद कल नहीं जा सके होंगे—आज रात का प्लेन लेंगे।" और अशोक आगे जिरह न करे इसलिए उसने कहा, "कला-भारती का काम तो समाप्त हो गया; अगर और कुछ तय करना है, तो तय कर लो; क्योंकि मीना को तैयार होने में करीब पन्द्रह मिनट तो लगेंगे ही।"

मीना ने मुँह बनाते हुए कहा, "मुझे इन उजबेकों में कोई दिलचस्पी नहीं, और यह ज्ञानप्रकाश मुझे ज़रा भी नहीं सुहाता। अशोक, तुम ही हो आओ !"

रामप्रकाश का यह वार खाली गया। वह यह सोच रहा था कि अब कौन-सा दाँव लगाया जाए कि बाज़ी उसकी हो जाए। उसी समय अशोक ने ज़रा बिगड़ते हुए कहा, "मैं नहीं जाता गेलार्ड। ऐन मौके पर कह दिया कि चले जाओ, जैसे मैं बिलकुल फालतू हूँ।" और इस बार उसने मीना से कहा, "मीना, आज पिकनिक का प्रोगाम है। बुआजी ने वादा किया है कि आज खाना वह बनाएँगी !"

"मैं पिकनिक में नहीं जा सकूँगी अशोक ! मैंने युवराज से वादा कर लिया है कि मैं दोपहर का खाना उनके साथ खाऊँगी।" मीना ने बड़े भोलेपन के साथ कहा।

वीरेश्वर प्रताप मीना की इस बात से चौंक उठा। उस दिन उसका लंच अन्नपूर्णा के साथ तय था। इसके ये अर्थ हुए कि अशोक भी झूठ बोला था; क्योंकि अन्नपूर्णा किसी भी हालत में पिकनिक जाने का वादा नहीं कर सकती थी। वीरेश्वर प्रताप ने कुछ सोचकर कहा, "मीनाजी, मैं यही कहने आया था कि आज मुझे फॉरिन सेक्रेटरी ने लंच पर बुला लिया है, उस समय उन्हें मुझसे कुछ आवश्यक बातें भी करनी हैं। रात का डिनर तुम्हारे साथ तय रहा।"

इधर ये सब बातें हो रही थीं और उधर रामप्रकाश का प्राण सूखता जा रहा था। उसके हिसाब से अब अन्नपूर्णा के पहुँचने में कुल पन्द्रह-बीस मिनट बाकी थे। उसने मीना से कहा, "ज़रा तुमसे कुछ कहना है।"

बाहर लॉन में जाकर उसने मीना से कहा, "मीना, अन्नपूर्णा रानी युवराज के चित्रों

की प्रदर्शनी पर तुमसे बात करना चाहती थीं। लड़ने के मूड में दीख रही थीं, इसलिए मैंने उनसे कह दिया कि तुम अशोक के साथ कहीं चली गई हो। इस पर उन्होंने कहा कि वे फूफाजी से बात करने आ रही हैं। अब अगर उनके आने पर तुम और अशोक यहाँ दिख गए, तो मेरी खैर नहीं !"

मीना ने पूछा, "तो फिर वह उजबेकों की बात झूठी थी ?"

"क्या बताऊँ, मरता क्या न करता ! तुम दोनों को यहाँ से रवाना करने के लिए, जो समझ में आया कह दिया।" रामप्रकाश ने करुण मुद्रा बनाते हुए कहा।

मीना को कुछ क्रोध आया, कुछ हँसी आई, "तुम्हें मेरी बाबत में झूठ बोलने का कोई अधिकार नहीं था। उसका दंड तुम्हें मिलता है, तो भोगो उसे। मैं नहीं जाती यहाँ से !"

रामप्रकाश की आँखों में आँसू आ गए, "मीना, अब मेरी इज़्ज़त तुम्हारे हाथों में है। तुम तो जानती हो, वह मुझे कहीं का न छोड़ेंगी।"

मीना मुस्कराई, "अच्छी बात है, लेकिन गेलार्ड में पहुँचकर अशोक क्या कहेंगे ?"

"यह कोई ज़रूरी है कि तुम गेलार्ड में जाओ ? तुम अशोक को अपने साथ कहीं भी ले जा सकती हो।"

मीना ने लौटकर अशोक से कहा, "ज़रा मिस चोपड़ा से मिलना है, वहाँ थोड़ी देर लगेगी। मुझे पहले वहाँ ले चलो, फिर पिकनिक में भी तो चलना है।"

जयदेव भारती अभी तक कुछ अजीब उलझन में पड़े कुछ सोच रहे थे। अशोक और मीना के जाने के बाद उन्होंने फोन अपने पास मँगवाकर डायल किया, "हलो सिंह, मैं भारती बोल रहा हूँ। क्या आज शर्मा के यहाँ लंच और ब्रिज पर नहीं आ रहे हो ?"

दूसरी ओर से सुनाई पड़ा, "यह कैसे कह रहे हो ? मैं करीब एक घंटे में वहाँ पहुँच रहा हूँ।"

जयदेव भारती के मुख पर एक सन्तोष की मुस्कान आ गई, "कोई ऐसी बात नहीं, किसी ने कहा था कि वह तुम्हारे साथ लंच कर रहा है आज, तो मुझे आश्चर्य हुआ। याद नहीं पड़ता वह कौन था। कोई बात नहीं।"

टेलीफोन रखकर जयदेव भारती ने वीरेश्वर प्रताप को देखा, "हूँ, युवराज, चकमा देने में तुम अभी बच्चे हो। डिप्लोमेटिक सर्विस में सफलता प्राप्त कर सकोगे, इस पर मुझे शक है।"

वीरेश्वर प्रताप का झूठ इस आसानी से पकड़ा जाएगा, उसने यह न सोचा था। झेंपते हुए उसने कहा, "अंकल, भविष्य में मैं सावधानी बरतूँगा, इस समय सोचने का मौका ही नहीं मिला।"

इसी समय अन्नपूर्णा की कार ने बँगले में प्रवेश किया। अन्नपूर्णा अपनी कार को विदा करके बरामदे में आई और आते ही उसने कुछ तेज स्वर में कहा, "भाईजी ! क्या आप युवराज के चित्रों की कोई प्रदर्शनी करा रहे हैं ?"

बात इतनी जल्दी अन्नपूर्णा के कानों में कैसे पहुँच गई, जयदेव भारती चकित रह

गए। "हाँ, अभी-अभी सोचा कि अगर इनके चित्रों की एक प्रदर्शनी हो जाए, तो कैसा रहे। मैंने अशोक और रामप्रकाश से कह दिया कि कला-भारती की ओर से प्रदर्शनी की एक योजना बन जाए। बस एक ही मुसीबत है। इस प्रदर्शनी में करीब एक हज़ार का खर्च होगा। अगर युरवराज के एक हज़ार के चित्र बिक जाएँ, तब तो ठीक; नहीं तो इन्हें खामखाह मैं आर्थिक क्षति में नहीं डालना चाहता।"

अनपूर्णा ने कहा, "भाईजी, मैंने युवराज से कह दिया है कि वे खर्च की कोई चिन्ता न करें। इनके दो हज़ार के चित्र मैं खरीद लूँगी। मैंने तो प्रदर्शनी की योजना भी बना ली है।"

इस बार जयदेव भारती ने आश्चर्य में आकर अन्नपूर्णा को गौर से देखा और वे मन-ही-मन चौंक उठे। अन्नपूर्णा का चेहरा उन्हें बिलकुल बदला हुआ-सा दिखा। कठोरता और रूखेपन के स्थान पर एक प्रकार का उल्लास और उत्साह चेहरे पर झलक रहा था। उन्होंने मुस्कराते हुए वीरेश्वर प्रताप से कहा, "बधाई है युवराज ! अन्नपूर्णा की-सी संरक्षिका तुम्हें मिल गई हैं, अब तुम्हारी चित्र-कला जोर पकड़ सकती है।"

जयदेव भारती के इस वाक्य से वीरेश्वर प्रताप के अहं को एक आघात-सा लगा। वह आदमी, जो अभी तक कलाकारों का संरक्षक बनता रहा है, अब स्वयं किसी का संरक्षण स्वीकार करे—उसे यह बात सह्य नहीं हो सकती थी। उसने अपनी जेब से चेक-बुक निकालते हुए रामप्रकाश से कहा, "मिस्टर प्रकाश, यह एक हज़ार रुपया लीजिए और कल से प्रदर्शनी का काम-काज शुरू हो जाए।" फिर उसने अन्नपूर्णा से कहा, "आपकी सद्भावना से भरी उदारता के लिए अनेकानेक धन्यवाद ! मेरे चित्र आपको केवल उपहार के रूप में मिल सकेंगे। जो भी चित्र आप चाहें वह पसन्द कर लीजिएगा।" और उसने रामप्रकाश से कहा, "मेरे सब चित्र पहले अन्नपूर्णाजी को दिखा लेना; जो चित्र इनको पसन्द हों, उन्हें अलग निकाल लेना। बाकी के मूल्य के परचे मैं ठीक कर दूँगा।"

जयदेव भारती अब ज़ोर से हँस पड़े, "बिलकुल अपने और अपने कुल की परम्परा के अनुरूप तुमने यह बात कही है युवराज ! लेकिन अन्नपूर्णा का संरक्षण स्वीकार करने में तुम्हें संकोच नहीं होना चाहिए। बड़ी प्यारी किस्म की स्त्री हैं यह।"

अन्नपूर्णा ने कृतज्ञता की दृष्टि से जयदेव भारती को देखा और एक फीकी मुस्कान के साथ बोली, "भाईजी, मैं तो कला का आदर करती हूँ।"

लेकिन वह स्पष्ट रूप से वीरेश्वर प्रताप की बात से कुछ झुँझला उठी थी, "भाईजी, इस प्रदर्शनी की सफलता की जिम्मेदारी आप पर है। युवराज तो कलाकार हैं, दुनिया को यह पहचानते ही नहीं, बेचारे युवराज ! इन्हें इस दिल्ली का पता ही नहीं। अभी तक इन्होंने ओखला भी नहीं देखा है। मैं इन्हें दिल्ली के खास-खास स्थान दिखलाने जा रही हूँ। चलो युवराज !" और अन्नपूर्णा वीरेश्वर प्रताप का हाथ पकड़कर घसीट ले गईं।

[5]

प्रदर्शनी-भवन खचाखच भरा था। वीरेश्वर प्रताप के दो सौ चित्र दीवार पर टँगे थे। कला-भारती के सदस्यगण अतिथियों का स्वागत कर रहे थे और श्री जयदेव भारती विशिष्ट अतिथियों से युवराज वीरेश्वर प्रताप का परिचय करा रहे थे। प्रायः सभी विदेशी दूतावासों के कला-प्रेमी प्रतिनिधि वहाँ मौजूद थे। नगर के प्रमुख कला-प्रेमी एक-दूसरे से बातें करते दिखाई देते थे। इन कला-प्रेमियों में बड़े-बड़े व्यापारी और ठेकेदार तथा उनकी पत्नियाँ तथा बड़े-बड़े सरकारी अफसर और उनके घर की स्त्रियाँ विशेष रूप से दीख रहे थे। कहीं-कहीं इक्का-दुक्का कलाकार बड़े-बड़े लोगों के पीछे-पीछे दिख जाते थे। मीना और अन्नपूर्णा के साथ अशोक प्रदर्शनी-भवन के मुख्यद्वार के सामने खड़ा गृहमन्त्री की प्रतीक्षा कर रहा था। रामप्रकाश बाहर-भीतर दौड़ रहा था।

ठीक पाँच बजे गृहमन्त्री की कार प्रदर्शनी-भवन के पोर्टिको में रुकी। अशोक ने बढ़कर कार का दरवाजा खोला। अन्नपूर्णा और मीना ने अपनी मीठी मुस्कानों के साथ गृहमन्त्री का स्वागत किया। रामप्रकाश गृहमन्त्री के आगमन की खबर देने प्रदर्शनी-भवन के अन्दर दौड़ा। उसने जयदेव भारती से कहा, ''गृहमन्त्रीजी आ गए हैं।''

जयदेव भारती ने युवराज वीरेश्वर प्रताप का हाथ पकड़कर दरवाज़े की ओर खींचते हुए कहा, "युवराज ! गृहमन्त्री का स्वागत करने दरवाज़े तक चलो।"

आगे-आगे अशोक, पीछे गृहमन्त्री, जिनके दाईं ओर मीना, बाईं ओर अन्नपूर्णा और इधर बीच में वीरेश्वर प्रताप, जिसके दाएँ जयदेव भारती और बाएँ रामप्रकाश। भवन के मुख्यद्वार पर दोनों दलों की भेंट हुई।

जयदेव भारती ने गृहमन्त्री से कहा, "आपने श्री वीरेश्वर प्रताप पर बड़ी कृपा की, इनके चित्रों की प्रदर्शनी का उद्‌घाटन करने की स्वीकृति देकर। आपके कला-प्रेम को जानकर ही आपसे यह प्रार्थना करने का साहस हम लोगों को हुआ था।"

गृहमन्त्री एक लम्बी और उलझी हुई मीटिंग से उठकर आए थे और इसलिए कुछ थके हुए से दिख रहे थे। उन्होंने जयदेव भारती को कोई उत्तर न देकर वीरेश्वर प्रताप से पूछा, "चित्रकला आपने भारत में सीखी या फ्रांस में ?"

वीरेश्वर प्रताप ने उत्तर दिया, "जी, मुझे चित्रकला की प्रेरणा तो अपने बचपन में अपने देश में ही मिली थी। हाँ, उसका विकास फ्रांस में अवश्य हुआ है।"

इस उत्तर से मानो गृहमन्त्री को सन्तोष हुआ। इस समय तक वे उस स्थान पर पहुँच चुके थे, जहाँ से उन्हें उद्‌घाटन-भाषण देना था। दर्शकगण गृहमन्त्री के इर्द-गिर्द गोलाकार एकत्रित हो गए।

मालाएँ पहनकर गृहमन्त्री ने अपना उद्‌घाटन-भाषण आरम्भ किया : "देवियो और सज्जनो ! मुझे इस बात का सन्तोष है कि हमारे देश की कला दिनोदिन उन्नति कर रही है और देश में कलाकारों की संख्या प्रतिदिन बढ़ रही है। ये कलाकार आपको ग्रामों

में मिलेंगे, नगरों में मिलेंगे, झोंपड़ियों में मिलेंगे, महलों में मिलेंगे–गरज यह कि यथेष्ट संख्या में कलाकार इस विशाल भारतवर्ष में मौजूद हैं। ब्रिटेन, फ्रांस, अमेरिका, रूस, चीन, जापान–हर जगह हमारे देश के कलाकार धूम मचाए हुए हैं। हमारी सरकार प्रायः रोज़ ही कलाकारों के शिष्टमंडल विदेशों में भेजा करती है। कला और संस्कृति, यही विश्व के विभिन्न देशों को एकता के सूत्र में बाँध सकती हैं। कला देश का जीवन है, कला देश का प्राण है। हमारे देश में अनादिकाल से कलाकार होते रहे हैं; अनन्तकाल तक कलाकार होते रहेंगे। कला पर हमारे यहाँ न जाने कितने ग्रन्थ लिखे गए हैं; न जाने कितने वर्गीकरण किए गए हैं। आप सब लोग शक्ल से शिक्षित कला-प्रेमी दिखते हैं और इसलिए मैं समझता हूँ कि आप लोगों ने वे ग्रन्थ अवश्य पढ़े होंगे और उन वर्गीकरणों का परिचय प्राप्त कर लिया होगा। यदि आप लोगों ने वे ग्रन्थ अभी तक नहीं पढ़े हैं, तो अवश्य पढ़िए। सरकार ने अनगिनत पुस्तकालय खोलकर आपको उन पुस्तकों के पढ़ने की सुविधा प्रदान कर दी है। यह मत समझिए कि देश की उन्नति सिर्फ खेती करने या मशीनें चलाने में ही है। यह खेती, ये मशीनें–यह तो मानव सभ्यता का केवल शरीर-तत्त्व है। मानव-सभ्यता का प्राणतत्त्व कला में है, केवल कला में है। हमारी सरकार का भविष्य में यह प्रयत्न होगा कि देश का बच्चा-बच्चा कलाकार बन जाए।"

"इन कलाकारों में जो चित्रकला है, वह बड़ी महत्त्वपूर्ण कला है। हमारे देश में यह कला बहुत अधिक विकसित हो चुकी है। आज से हज़ारों वर्ष पहले, जब लोग चित्रकला के नाम पर जानवरों और चिड़ियों की भौंडी तस्वीर बनाते थे, तब हमारे देश में महान कला का सृजन हो रहा था। अजन्ता के चित्र ! दुनिया में चित्रकला का इतना उत्कृष्ट नमूना कहीं नहीं मिलेगा। मैं तो अजन्ता के चित्रों पर मुग्ध हूँ। केवल उस चित्रों को देखने के लिए अभी तक पाँच बार अजन्ता हो आया हूँ। आप लोगों को मेरी यह सलाह है कि आप एक बार अजन्ता जाकर वहाँ के चित्र देखें। आपकी आँखें खुल जाएँगी। जब मैं आजकल के चित्रों की अजन्ता के चित्रों से तुलना करता हूँ, तो मुझे एक तरह का दुख होता है। वैसे बंगाल में अजन्ता की शैली को अपनाकर बड़ा काम हुआ है और हो रहा है; लेकिन बम्बई स्कूल पाश्चात्य चित्रकला से प्रभावित है। अभी हाल में मैंने मुगल और राजपूत कलमों के चित्रों की परिपाटी को भी पनपते हुए अनुभव किया है। पुनर्जागरण की यह लहर बड़ी आशाप्रद है। ये सब बड़े अच्छे लक्षण हैं। हर तरह की शैली भारतीय चित्रकला में आनी चाहिए।"

"हमें पश्चिम से भी बहुत कुछ लेना पड़ेगा, क्योंकि हम अभी पाश्चात्य चित्रकला को पूरी तरह से नहीं अपना पाए हैं। पाश्चात्य चित्रकला में नवीन मान्यताएँ आ रही हैं, नवीन प्रयोग हो रहे हैं। हम इनके प्रति अपनी आँखें नहीं बन्द कर सकते। आज की दुनिया में पूर्व-पश्चिम का भेद मिट रहा है और इसलिए, जो पाश्चात्य है, उसे पूर्वीय बनाना चाहिए और जो पूर्वीय है, उसे पाश्चात्य बनाना चाहिए। आज हमारे बीच में एक ऐसा कलाकार है, जो फ्रांस में भारतीय चित्रकला का मुख उज्ज्वल कर रहा है और

जो भारत में पाश्चात्य चित्रकला को बड़े सुन्दर ढंग से ला रहा है—श्री वीरेश्वर प्रताप। एक समय ये यशनगर के युवराज थे। मगर आज यह स्वतन्त्र भारत के मुक्त नागरिक की हैसियत से भारत सरकार की सेवा कर रहे हैं। इनकी चित्रकला शौकिया है। इन्होंने धनोपार्जन के लिए चित्रकला नहीं सीखी है। वह तो इनके अन्दर की प्रेरणा थी, जो इन्होंने इतने अधिक और इतने सुन्दर चित्र बनाए हैं। आप सब लोग इन चित्रों को देखेंगे और इनसे आनन्द प्राप्त करेंगे। मेरी शुभकामनाएँ हैं कि श्री वीरेश्वर प्रताप रेम्ब्रां और रवि वर्मा की भाँति यशस्वी हों। इन शब्दों के साथ मैं इस प्रदर्शनी का उद्घाटन करता हूँ। जय हिन्द !"

गृहमन्त्री का भाषण तालियों की गड़गड़ाहट के साथ समाप्त हुआ। उस भाषण का प्रभाव उपस्थित लोगों पर पड़ा, इतना स्पष्ट था। जयदेव ने वीरेश्वर का हाथ पकड़कर खड़ा करते हुए कहा, "माननीय गृहमन्त्रीजी, देवियो और सज्जनो ! अब मैं युवराज वीरेश्वर प्रताप सिंह—क्षमा कीजिए, श्री वीरेश्वर प्रताप सिंहजी—मैं इन्हें बचपन से युवराज कहता आया हूँ, जब मैं इनकी रियासत का दीवान था—और इसलिए इन्हें युवराज कहने की मुझे आदत पड़ गई है, तो अब मैं श्री वीरेश्वर प्रताप सिंह से प्रार्थना करूँगा कि ये अपनी कला के सम्बन्ध में कुछ कहें।"

वीरेश्वर प्रताप ने आरम्भ किया, "माननीय गृहमन्त्री, देवियो और सज्जनो ! मेरी बुद्धि काम नहीं देती कि मैं माननीय गृहमन्त्री को उस असीम कृपा के लिए कैसे धन्यवाद दूँ, जो उन्होंने मुझ अकिंचन पर की। कितना विद्वतापूर्ण था उनका भाषण ! कला का इतना ज्ञान और अध्ययन, मैं ईमानदारी के साथ कहता हूँ, मेरे पास नहीं; और मैं दावे के साथ कह सकता हूँ कि आप लोगों में भी किसी के पास न होगा। मैंने उनके भाषण से आज बहुत सीखा है और मैं उन्हें विश्वास दिलाता हूँ कि मैं इस पर अमल करके उनकी आशाओं को पूरा भी करूँगा।

"मैं आज तक अपनी कला को नहीं समझ सका। मैं भारतीय हूँ, लेकिन मेरे आचार-विचार, रहन-सहन, इन सबों पर पाश्चात्य सभ्यता और संस्कृति की छाप है। हाँ, मेरी आत्मा अवश्य भारतीय है और चूँकि कला में आत्मा प्रतिबिम्बित होती है, इसलिए मेरे चित्रों में पाश्चात्य शरीर के अन्दर भारतीय आत्मा के दर्शन होंगे।

"मैं कलाकार हूँ। मुझे यह कहते शर्म मालूम नहीं होती, और अगर मैं कहूँ कि आप सबके-सब कलाकार हैं, तो आप लोगों को भी शर्म नहीं आनी चाहिए। यह दुनिया स्वयं एक कलाकृति है, जिसमें हमारे-आपके ऐसे अनगिनत अजीब-गरीब प्राणी मिलें। आखिर कला है ही क्या, यही अजीब-गरीब चीज़ों का सृजन। तो अगर आप लोगों को मेरी कला कुछ अजीब-गरीब दिखे, तो इसमें आश्चर्य करने की तथा नाक-भौं सिकोड़ने की कोई बात नहीं। वर्तमान कला की परिभाषा बदल गई है। कला की परख के मापदंड बदल गए हैं। दुनिया घूमिए, कुएँ से निकलिए; यानी कूप-मंडूक बनने से काम नहीं चलेगा। और आप देखेंगे कि दुनिया के हरेक कोने में महान कला का सृजन हो रहा है। कैनवस के दाम चढ़ गए हैं, रंग महँगा हो गया है, अच्छी तूलिका इधर बनी और

उधर बिक गई। आखिर क्यों ? लोग-बाग कला के सृजन में जुट पड़े हैं। टेढ़ी-बकोली-गोल-चौकोर-आड़ी-तिरछी हर तरह की कृति सामने आ रही है।

"आजकल की नवीन कला को समझना पड़ेगा। इस दुनिया का रचयिता सबसे बड़ा कलाकार है। और यह दुनिया स्वयं एक बहुत बड़ी कलाकृति है। आप उस रचयिता को कोई भी नाम दे दीजिए—ईश्वर, ब्रह्म, परमात्मा। तो इस भूमि ने हमारी-आपकी-सी जो कलाकृतियाँ रची हैं ज़रा उनपर भी तो ध्यान दीजिए। इसके लिए मैं यही कहूँगा कि आप लोग अपनी शक्लें आईने में देखिए,आप सब टेढ़े-बकोले, गोल-चौकोर, आड़े-तिरछे हैं। आप अपनी रंगत भी देखें—काले, गुबरैले, मटमैले, पीले, सफेद, गुलाबी, लाल—तरह-तरह के रंग आप लोगों के हैं। भद्दे थुलथुल, तोंदियल, चुस्त, तेज़-तर्रार—हर नमूने के लोग इस दुनिया में हैं। तो क्या हम लोग उस महान कलाकार की इन कलाकृतियों से घृणा करते हैं ? क्या आप इन कलाकृतियों की निन्दा करते हैं ?

"गृहमन्त्रीजी, देवियो और सज्जनो ! मैं महान होने का दावा नहीं करता, यह युग महानता का है ही नहीं। जहाँ महानता है, वहीं हीनता है। हीनता तभी मिट सकती है, जब महानता गिटा दी जाए। और इसलिए आज के जन-राज्य के युग में, जो भी व्यक्ति महानता की बात सोचता या करता है, वह अपराधी है। मैं तो कलाकार हूँ, कला की साधना करता हूँ इस कला की साधना में जब कभी व्याघात होता है, तब हृदय में एक पीड़ा होती है। अभी आदरणीय गृहमन्त्रीजी ने कहा था कि मेरी चित्रकला शौक की है। यह उन्होंने ठीक कहा था। लेकिन यह जीवन क्या है, यह भी तो एक शौक है। इस शौक को धक्का लगता है, जीविकोपार्जन की समस्या से। इस जीविकोपार्जन के लिए मुझे सरकारी नौकरी करनी पड़ रही है। जो पेंशन हम लोगों को मिलती है, उससे मेरे पिताजी यानी भूतपूर्व राजा साहब यशनगर का ही खर्चा पूरा नहीं हो पाता है। मुझे केवल अपनी तनख्वाह पर खर्च चलाना पड़ता है, जो सिर्फ रहने, खाने-पीने के लिए पूरी नहीं होता। कला की सधना मैं कैसे करूँ ?"

"और इसलिए देवियो और सज्जनो, मुझे इस बात का बहुत दुख है कि अपने चित्रों की प्रदर्शनी करके मुझे अपने चित्रों को बेचना पड़ रहा है। अपनी कला को बेचना ! मेरे प्राण तड़पने लगते हैं। कहीं कोई अपनी आत्मा को बेचता है ? इसलिए माननीय गृहमन्त्रीजी और अतिथियो, मैंने अपने चित्रों पर जो मूल्य रखे हैं, वह केवल कैनवस, रंग और फ्रेम की कीमत भर है। मेरी भावना, मेरी कला, यह मैं आपको उपहार के रूप में भेंट कर रहा हूँ।

"माननीय गृहमन्त्रीजी की कृपा से यदि मेरा निजी पेंशनवाला मामला सुलझ गया, तो अगली प्रदर्शनी में मेरे चित्रों पर कोई कीमत न देखेंगे। लाटरी डालकर आप लोग मेरे चित्रों को उपहार-रूप में मुफ़्त प्राप्त कर सकेंगे। इस बार भी आप लोग जो चित्र खरीदना चाहें, उसका नाम और अपने नाम का पर्चा इस प्रदर्शनी की संयोजिका श्रीमती अन्नपूर्णा बंसल को दे दें। यदि उस चित्र का एक खरीददार हुआ, तो उसे चित्र मिल

जाएगा। यदि अधिक खरीददार हुए, तो लाटरी डालकर निर्णय कर लिया जाएगा। जय हिन्द ! जय गृहमन्त्रीजी !"

वीरेश्वर प्रताप के भाषण के बाद दर्शकों की उन चित्रों में दिलचस्पी बहुत अधिक बढ़ गई। हर चित्र के पास चित्रों की प्रशंसा करनेवालों की भीड़ जमा थी। गृहमन्त्री को एक यतीमखाने का उद्घाटन करना था और वे किसी क़दर जल्दी में थे; लेकिन वीरेश्वर प्रताप के भाषण से वे इतने अधिक प्रभावित हुए कि उन्होंने एक बार प्रदर्शनी को देख लेना उचित समझा। प्रदर्शनी को देखकर जब वे अपनी कार पर बैठने लगे, उन्होंने जयदेव भारती से कहा, "तुम्हारे चित्रकार बड़े दिलचस्प आदमी हैं। जरा इनकी पेंशनवाला मामला होम सेक्रेटरी को समझा देना।"

गृहमन्त्री को विदा करके जयदेव भारती मित्रों के साथ ब्रिज खेलने चले गए। इन लोगों को पहुँचाने के लिए वीरेश्वर प्रताप को प्रदर्शनी-भवन के मुख्यद्वार तक आना पड़ा था। जब वह हॉल में पहुँचा, तब उसने देखा कि अन्नपूर्णा को घेरे हुए बहुत बड़ी भीड़ खड़ी है और अन्नपूर्णा को अपने नाम तथा पसन्द किए चित्रों की तालिका के पर्चे दे रही है। अन्नपूर्णा एक कुर्सी पर बैठी थीं। उनके सामने एक छोटी-सी मेज थी और रामप्रकाश उनकी बगल में खड़ा था। अशोक, मीना तथा कला-भारती के अन्य सदस्य दर्शकों को चित्र दिखला रहे थे तथा उन चित्रों की खूबियों को समझा रहे थे। वीरेश्वर प्रताप को देखते ही अशोक और मीना उनके पास आ गए। वीरेश्वर प्रताप ने अशोक से कहा, "अशोकजी, अन्नपूर्णाजी अकेली भीड़ से घिरी हुई काम कर रही हैं, आप भी थोड़ी-सी उनकी सहायता कर दीजिए।"

"रामप्रकाश तो वहाँ है ! फिर आप बुआजी को भी जानते नहीं, वह अकेली इस काम के लिए काफी हैं।"

अन्नपूर्णा के इर्द-गिर्द शोर बढ़ता जा रहा था। मीना बोल उठी, "मैं जाती हूँ अशोक वहाँ, आंटी बड़ी परेशान नज़र आ रही हैं, देखो न कितना शोर हो रहा है ! रामप्रकाश के तो जैसे होश-हवास ही गायब हैं।"

वीरेश्वर प्रताप ने मीना को रोका, "नहीं मीनाजी, यह काम स्त्रियों के वश का नहीं है, मैं जाता हूँ।"

अशोक बोला, "नहीं युवराज ! आपके जाने से तो मामला और भी बिगड़ जाएगा। मैं ही जाता हूँ।" और जहाँ अन्नपूर्णा बैठी थीं, अशोक उधर बढ़ा।

प्रदर्शनी के दर्शकगण इस समय तक युवराज के इर्द-गिर्द को इकट्ठा होने लगे थे। वीरेश्वर प्रताप के उस भाषण का प्रभाव कला-आलोचकों पर विशेष रूप से पड़ा था; क्योंकि उस भीड़ में कला के आलोचकों की प्रमुखता थी और हरेक आदमी वीरेश्वर प्रताप से बात करने का प्रयत्न कर रहा था। अनेक विचित्र प्रश्नों के वैसे ही विचित्र उत्तर। इसी समय वीरेश्वर प्रताप की दाहिनी कोहनी को पकड़कर किसी ने ज़ोर से झटका दिया। चौंककर वीरेश्वर प्रातप ने अपनी दाहिनी ओर देखा। एक दुबली-पतली लड़की ने कहा, "क्षमा कीजिएगा, मेरा नाम कैरा कोमल है और मैं 'कोमल-कला-कुंज'

नाम की चित्रकला सिखानेवाली संख्या की प्रधानाध्यापिका हूँ।"

वीरेश्वर प्रताप को ऐसा लगा कि यह लड़की यहाँ काफी देर से उनका परिचय प्राप्त करने का प्रयत्न कर रही है। गेहुँए रंग की लम्बी-सी लड़की, ऊँचाई करीब पाँच फुट छह इंच, यानी वीरेश्वर प्रताप से कुल दो-तीन इंच छोटी। चेहरा लम्बोतरा, लेकिन किसी हद तक सुन्दर। आँखें बड़ी-बड़ी, कुछ सपनों में खोई-सी और उनमें एक विचित्र प्रकार की तरलता। मुख पर एक तरह की गहरी तन्मयता। वह लाल-हरे-पीले रंग की चूनर-छाप साड़ी पहने थी। वीरेश्वर प्रताप ने गौर से कैरा कोमल को देखते हुए कहा, "जी, आपसे मिलकर मुझे प्रसन्नता हुई। तो आप स्वयं चित्रकार हैं ! कैसी लगीं आपको मेरी तसवीरें ?"

कैरा के मुख पर उल्लास की आभा खेल पड़ी, "आप महान हैं, मैं तो केवल इतना कह सकती हूँ। चित्रकला को आपने एक नवीन दिशा प्रदान की। वर्तमान युग की भावना के आप प्रतीक हैं। यामिनी राय तथा अन्य आधुनिक कलाकार आपके सामने बिलकुल तुच्छ हैं।"

वीरेश्वर प्रताप ने देखा कि मीना पास में खड़ी हुई इस बातचीत को बड़े कुतूहल के साथ सुन रही है। उसने मीना से कहा, "सुना मीना रानी, कैरा कोमल ने मेरे सम्बन्ध में क्या धारणा बना ली है ! इन्हें तो तुम जानती होगी ?"

मीना हँस पड़ी, "बहुत अच्छी तरह। यह दिल्ली की मानी हुई चित्रकार हैं, और कला-भारती के चित्रकला-विभाग की प्रमुख कार्यकर्त्री हैं।"

कैरा कोमल मानो वहाँ पर मीना की उपस्थिति को स्वीकार करने की मनोदशा में नहीं थी। उसने बिना मीना की ओर देखे कहा, "आप यदि अपने अमूल्य समय से कुछ थोड़ा-सा भाग निकालकर मेरे विद्यालय में आने की कृपा करें, तो मैं आपकी बड़ी उपकृत हूँगी। नवीन युग के नवीन कलाकार, नवीन कला के सबसे बड़े नेता और विचारक से मैं प्रेरणा प्राप्त कर सकूँगी—यह मेरा विश्वास है।"

वीरेश्वर प्रताप को ऐसा अनुभव हुआ कि मानो वह हवा में उड़ रहा है और दुनिया नतमस्तक उसका अभिनन्दन कर रही है। उसको घेरे हुए कला-आलोचक, पत्रकार और यह सुन्दर लड़की उसको इतना महान समझ रहे हैं, तो उसे महान होना ही चाहिए। उसने मीना की ओर देखा। मीना के मुख पर कौतूहल का भाव अब उलझन के भाव में बदल गया था। वीरेश्वर प्रताप ने मीना से पूछा, "मीना रानी, यह कुमारी कैरा कोमल...।"

कैरा ने बात काटी, "कुमारी नहीं, श्रीमती कैरा कोमल।"

वीरेश्वर प्रताप ने अपनी गलती सँभाली, "क्षमा कीजिएगा, तो मीना रानी, तुमने श्रीमती कैरा कोमल का प्रस्ताव तो सुन ही लिया। क्या ख़याल है तुम्हारा ? मुझे वहाँ जाना चाहिए ?"

मीना ने अन्यमनस्क भाव से उत्तर दिया, "जब इतने आदर और प्रेम से यह आपको आमन्त्रित करती हैं, तब तो आपके जाने में मुझे कोई हर्ज नहीं दिखता।"

"बहुत अच्छा श्रीमती कोमल, मैं इम्पीरियल होटल में हूँ। आप वहाँ फोन कर लीजिएगा।"

"मैं धन्य हो गई, इस युग के महान कलाकार ! यह युग आपकी आराधना करेगा।" कैरा ने कहा और वीरेश्वर प्रताप को अन्नपूर्णा का स्वर सुनाई पड़ा, "ओह कैरा कोमल ! तुम यहाँ भी मौजूद हो ! कोई ऐसा सांस्कृतिक उत्सव नहीं है, जहाँ तुम न दिख जाओ।...इनसे क्या तुम्हारा पुराना परिचय है युवराज ?"

"अभी-अभी हुआ है !" वीरेश्वर मुस्कराया ! पर कैरा कोमल अन्नपूर्णा से बात करने की मनोदशा में भी नहीं दिखलाई दे रही थी। वह चुप ही रही।

"ओह ! यहाँ का सब काम समाप्त हो गया। उफ़् कितना दर्द हो रहा है सिर में ! चलो युवराज, मीना, अशोक और रामप्रकाश यहाँ का सब काम-काज देख लेंगे। तुम मुझे एक कोल्ड कॉफी पिला लाओ उधर चलकर।"

इसके पहले कि वीरेश्वर प्रताप कोई उत्तर दें, मीना ने कहा, "आंटी, आप प्रकाश के साथ चली जाइए। आज तो युवराज का इस प्रदर्शनी में उपस्थित रहना आवश्यक है। आप देख नहीं रहीं कि कितने लोग युवराज से मिलना और बातचीत करना चाहते हैं !"

वीरेश्वर प्रताप ने स्थिति सँभालने की कोशिश की, "कोई बात नहीं मीना रानी, लोगों से बातें करते-करते मैं भी बहुत थक गया हूँ और तुम भी थक गई होगी। चलो, हम लोग एक-एक कोल्ड कॉफी पी आवें। अशोक और रामप्रकाश तो यहाँ हैं ही। और जहाँ तक चित्रों की गूढ़ता पर प्रकाश डालने का प्रश्न है, श्रीमती कैरा कोमल यह काम बड़ी अच्छी तरह कर सकेंगी, क्यों कैराजी ?"

कैरा कोमल के मुख पर एक मधुर मुस्कान आई, "आपकी जो भी सेवा मैं कर सकती हूँ, उसे मैं अपना सौभाग्य समझूँगी। मैं तो मन-ही-मन आपको अपना गुरु और अभिभावक मान चुकी हूँ।"

इन लोगों के इर्द-गिर्द लोगों का जमाव बढ़ने लगा था। जाने या न जाने के विषय में अधिक वाद-विवाद करना सम्भव न था। वीरेश्वर प्रताप ने एक हाथ से अन्नपूर्णा को सँभाला और दूसरे हाथ से मीना को। और वह भीड़ को ठेलता-ठालता तेज़ी से बाहर निकल आया।

[6]

"कुल कितने रुपये हुए ?" अन्नपूर्णा ने पूछा।

रामप्रकाश ने काग़ज़ पर लिखे हुए हिसाब को जोड़ते हुए कहा, "सात हज़ार दो सौ पचास।"

"फिर जोड़ो, कहीं कोई गलती रह गई है।" अन्नपूर्णा ने अपने सामने पड़े हुए चैकों को एक गड्डी में बटोरते हुए आज्ञा दी।

"रामप्रकाश ने फिर जोड़ा, सात हज़ार चार सौ अस्सी।"

"हैं, मेरे हिसाब से सात हज़ार छह सौ पचास होते हैं। देना हिसाब का काग़ज़ !"

"मैं फिर जोड़ता हूँ।"—रामप्रकाश ने कहा और एक नए काग़ज़ पर पूरा हिसाब लिखकर ध्यान से जोड़ा। इस बार निकले सात हज़ार तीन सौ। फिर तीन बार उसने हिसाब जोड़ा और हर बार सात हज़ार तीन सौ निकले। उसने कहा, "रानीजी, सात हज़ार तीन सौ से एक रुपया अधिक नहीं निकलता। पता नहीं, कहाँ गलती रह गई। आप ही हिसाब मिला लें।"

अन्नपूर्णा ने काग़ज़ लेकर हिसाब मिलाया। हिसाब बिलकुल ठीक था। एकाएक अन्नपूर्णा ने कहा, "और जो चार चित्र मैंने लिए हैं, उनका चैक मैंने साढ़े तीन सौ रुपये का दिया है, उसे तुम हिसाब में लिखना ही भूल गए हो। बेचारे प्रकाश !"

"वह चार चित्र जो युवराज ने आपको भेंट किए हैं। उनका रुपया आप क्यों दे रही हैं ? और वह रुपया युवराज आपसे लेंगे भी नहीं। मेरा ऐसा ख़याल है।"

अन्नपूर्णा हँस पड़ी, "मेरे भोले प्रकाश ! युवराज से मैंने केवल दो चित्र भेंट रूप में लिए हैं। उन चार चित्रों के दाम तो मुझे देने ही हैं। ये चार चित्र मैंने तुम्हारे नाम से खरीदे हैं, और मेरी ओर से यह चित्र तुम्हें भेंट हैं।"

रामप्रकाश ने रुआँसी आवाज़ में कहा, "ये चित्र मुझे नहीं चाहिए रानीजी, बिलकुल नहीं चाहिए !"

अन्नपूर्णा ने रामप्रकाश को गौर से देखा, और उसे अनुभव हुआ कि रामप्रकाश का चेहरा बेतरह उतरा हुआ है। उसका स्वर काँप रहा है और उसकी आँखें गीली-गीली हैं। अन्नपूर्णा उठकर रामप्रकाश के पास आईं। उसके सिर पर हाथ रखकर उन्होंने कहा, "तुम्हें क्या हो गया है प्रकाश ! तुम्हारी तबीयत तो ठीक है ? तुम सोफे पर लेट जाओ। अभी मैं डॉक्टर चौधरी को बुलाती हूँ। बेचारे प्रकाश !"

रामप्रकाश ने अपने को संयत करने का प्रयत्न करते हुए कहा, "मुझे कुछ नहीं हुआ है रानीजी, मेरी तबीयत बिलकुल ठीक है। सिर्फ मुझे वीरेश्वर प्रताप के चित्र सख्त नापसन्द हैं और इन चित्रों से भी अधिक नापसन्द हैं खुद युवराज वीरेश्वर प्रताप !"

अन्नपूर्णा एक क्षण के लिए अवाक् रह गई। फिर उसके मुख पर एक प्रकार की कठोरता आ गई, "प्रकाश ! इस प्रकार की बातें तुम्हें शोभा नहीं देतीं। मैंने तो तुम्हें बड़े ऊँचे किस्म का आदमी समझा था; लेकिन युवराज के सम्बन्ध में इस प्रकार की बात करके तुम एक प्रकार का ओछापन प्रकट कर रहे हो, जो मुझे बिलकुल पसन्द नहीं। कितने अच्छे हैं युवराज, कितने शरीफ, कितने नेक !"

"कितने शरीफ और कितने नेक हैं, यह आपको जल्दी ही मालूम हो जाएगा रानीजी।" रामप्रकाश ने अपने भरे हृदय को हलका करते हुए कहा, लेकिन अपनी बात कहते कहते वह एकाएक चौंक उठा। उसे ऐसा अनुभव हुआ कि उसने गलत ढंग से

बात की। कुछ रुककर उसने कहा, "युवराज के आने से मीना और अशोक के बीच जैसे एक गाँठ-सी पड़ गई है। मीना दिन-रात युवराज-युवराज की रट लगाए रहती है और इसका परिणाम तो आप जानती हैं कि अशोक भी कुछ चिड़चिड़े हो गए हैं।"

अन्नपूर्णा मुस्कराई, "अभी दोनों बच्चे हैं। युवराज हँसमुख स्वभाव के हैं; लेकिन मीना से प्रेम नहीं करते, और न कर सकते हैं। तुम इसकी चिन्ता न करो। सब कुछ ठीक हो जाएगा। बेचारी मीना ! बेचारा अशोक ! अच्छा, तुम यह सात हज़ार छह सौ पचास रुपये का चैक युवराज को दे आओ और ये सब चैक बैंक में जमा कर देना। उनसे कह देना कि उनकी सब तस्वीरें बिक चुकी हैं।"

रामप्रकाश ने चुपचाप चैक ले लिया। सिर झुकाए हुए करुण मुद्रा में उसने प्रस्थान किया। अन्नपूर्णा के मुख से अनायास ही निकल पड़ा, "बेचाना प्रकाश !"

रामप्रकाश अब होटल इम्पीरियल पहुँचा। धूप काफी बढ़ आई थी। यद्यपि घड़ी में अभी सिर्फ नौ बजे थे। रामप्रकाश ने देखा कि लाउंज में कैरा कोमल बैठी हुई अंग्रेजी पत्रिका के पन्ने पलट रही है। कैरा कोमल ने बताया कि युवराज वीरेश्वर प्रताप अभी सोकर उठे हैं औ:र वह युवराज की प्रतीक्षा कर रही है। वैसे रामप्रकाश वीरेश्वर प्रताप के कमरे में भी जा सकता था, पर उसने वहीं बैठकर युवराज की प्रतीक्षा करना अधिक उचित समझा। उसने बैठते हुए कहा, "कैराजी, आपको श्री वीरेश्वर प्रताप के चित्र कैसे लगे ?"

कैरा ने मुग्ध भाव से कहा, "युवराज महान हैं।"

कैरा ने युवराज की महानता पर मत-प्रदर्शन कुछ ऐसे स्वर में किया कि उसमें, संगीत, अभिनय और कविता इन तीनों का सम्मिश्रण दिख सकता था। यह स्वर किसी क़दर खतरनाक है—रामप्रकाश ने यह अनुभव किया। उसने कहा, "युवराज वास्तव में महान हैं। श्रीमती अन्नपूर्णा बंसल ने जो उनके चित्रों की प्रदर्शनी आयोजित की थी, उसमें दो दिन के अन्दर ही उनके सारे चित्र बिक गए !"

कैरा के होठों पर एक मधुर मुस्कान आ गई। उसका मुख प्रफुल्लित हो गया। उसकी आँखें चमक उठीं, "मैं जानती थी, महान कला है उनकी। उस कला का आदर तो होना ही था।"

इतने में वीरेश्वर प्रताप ने कमरे में प्रवेश किया। स्वस्थ शरीर, मुस्कराता हुआ चेहरा। वीरेश्वर प्रताप ने लाउंज में प्रवेश करते ही कहा, "क्षमा कीजिएगा, आपको इतना कष्ट हुआ कैराजी। मुझे देर हो गई। अरे, आप भी ? मेरे बड़े सौभाग्य !" यह कहकर वीरेश्वर प्रताप बैठ गए। वीरेश्वर प्रताप के आने के साथ कैरा कोमल और रामप्रकाश उठ खड़े हुए थे। वीरेश्वर प्रताप के बैठने के साथ कैरा भी बैठ गई, लेकिन रामप्रकाश ने मानो बैठने से इनकार करते हुए कहा, "क्षमा कीजिएगा, मुझे अन्नपूर्णाजी ने भेजा है, आपके चित्रों का मूल्य देने के लिए।"—यह कहकर रामप्रकाश ने चैक वीरेश्वर प्रताप को दे दिया। वीरेश्वर प्रताप ने चैक को देखे बिना अपनी जेब में रखते हुए कहा, "उनसे मेरा धन्यवाद कहिएगा। हो सका तो शाम के समय उनके दर्शन करूँगा।"

"आज शाम तो वह बिलकुल खाली नहीं हैं, उन्हें आवश्यक मीटिंग में जाना है।" रामप्रकाश ने बिना सोचे-विचारे कह दिया।

वीरेश्वर प्रताप हँस पड़ा, "जी हाँ, वह मीटिंग मेरे साथ ही है। अभी दस मिनट पहले अन्नपूर्णाजी का मेरे पास फोन आया था। अच्छी बात है, बहुत-बहुत धन्यवाद !"

रामप्रकाश पर मानो घड़ों पानी पड़ गया। उसने वीरेश्वर प्रताप को कोई उत्तर नहीं दिया और वह तेज़ी के साथ वहाँ से चला गया।

जब वीरेश्वर प्रताप ने कैरा कोमल पर नज़र डाली। कैरा कोमल बड़ी तन्मयता के साथ वीरेश्वर प्रताप को देख रही थी। उसके मुख पर एक आभा थी, एक उल्लास था। उसकी तरल और खोई-सी बड़ी-बड़ी आँखों में एक प्रकार का मौन संगीत था—वीरेश्वर प्रताप ने यह अनुभव किया। कैरा कोमल प्रेम-समाधि की अवस्था में थी, और किसी भी स्त्री की प्रेम-समाधि की अवस्था वीरेश्वर प्रताप ने प्रथम बार देखी थी; इसीलिए उसे वह अवस्था बड़ी मोहक तथा आकर्षक लगी। एकाएक वीरेश्वर प्रताप के मुख से निकल पड़ा, "कितनी सुन्दर दिख रही हैं आप कैराजी !"

कैरा कोमल ने उसी प्रेम-समाधि की अवस्था में कहा, "मैं धन्य हो गई, आपके हृदय में सौन्दर्य के उल्लास की एक क्षीण रेखा बनकर मेरे आराध्य ! मेरा जीवन सफल हो गया। न जाने मैं कब से आपकी प्रतीक्षा कर रही थी, मेरे सपनों के देवता ! मुझे दीक्षा दीजिए, मेरे मार्ग का निर्देशन कीजिए, मैं आपकी अनुचरी हूँ। मेरा सारा अस्तित्व आपको अर्पित है।"

वीरेश्वर प्रताप कैरा कोमल की भावना के प्रवाह में अचानक बह गए। उन्होंने कैरा कोमल का हाथ पकड़कर कहा, "कैरा ! मेरी शत-शत शुभकामनाएँ ! तुम्हारे चित्र भी उतने ही सुन्दर और आकर्षक हों, जितनी तुम हो।"

बड़ी मुलायमियत के साथ कैरा कोमल ने वीरेश्वर प्रताप के हाथ से अपना हाथ छुड़ाते हुए कहा, "युवराज ! तुम बहुत विलम्ब करके आए। मेरे इस शरीर पर किसी दूसरे का अधिकार हो चुका है। केवल मेरे प्राण तुम्हारे हैं।" और कैरा कोमल उठ खड़ी हुई, "मेरे देवता ! मैं आपको साथ ले चलने आई हूँ। आप मेरे चित्र देखें और मुझे निर्देश करें। आप मेरा स्कूल देखें, मेरा काम देखें। अपने चरणों से मेरे घर को पवित्र करें।"

कैरा कोमल सिविल लाइंस के फ्लैट में रहती थी; और उसी फ्लैट में उसका चित्रकला का विद्यालय भी था, जिसका नाम उसने 'कोमल-कला कुंज' रख छोड़ा था।

वीरेश्वर प्रताप ने कैरा के ड्राइंगरूम में प्रवेश किया। वह एक छोटा-सा कमरा था और बड़ी सुरुचि के साथ सजाया गया था। एक छोटा-सा तख्त सामनेवाली दीवार से मिला रक्खा था, जिस पर एक लाल गोटवाला साटन का एक पीला गद्‌दा बिछा था। गद्‌दे पर कुछ मिश्रित-सी चीनी और जापानी किस्म की कढ़ाई थी। उस तख्त पर करीब एक दर्जन कढ़े हुए छोटे-छोटे लाल गोटवाले साटन के तकिए दीवार से मिले खड़े थे। दो आरामकुर्सियाँ पड़ी थीं और उन पर भी वैसी ही कढ़ी हुई गद्‌दियाँ थीं। चार सरकंडे

के मोढ़े, लाल-पीले कपड़ों से सिर से पैर तक मढ़े हुए रक्खे थे। दीवार पर तरह-तरह के चित्र लगे थे। बीच में मुरादाबादी कामवाली पीतल की एक मेज़ थी।

लॉन की ओरवाली खिड़की के सामने एक लम्बा-सा हृष्ट-पुष्ट युवक खड़ा वायलिन बजाने में तल्लीन था। उस युवक को मानो वीरेश्वर प्रताप और कैरा के कमरे में प्रवेश करने का पता नहीं था। उसके वायलिन से जो आवाज़ निकल रही थी, वह वीरेश्वर प्रताप को कुछ अजीब-सी लगी। वह स्पेन और दक्षिण भारत का संगीत था। भारत के शास्त्रीय संगीतवाला रंग लिए एक अनोखा-सा मिश्रण था जिसमें मिठास भी थी, खटास भी थी, कोमलता भी थी और तीखापन भी था।

कैरा ने वीरेश्वर प्रताप से कहा, "यह है हमारी कुटी, जो आज आपके आगमन से पवित्र हो उठी है। अपने स्वागत का संगीत भी आप सुन रहे हैं।" और फिर उसने दीवार पर टँगे हुए चित्रों की ओर संकेत करते हुए कहा, "ये हैं कुछ थोड़े-से चित्र।"

पता नहीं वीरेश्वर प्रताप ने कैरा कोमल की बात सुनी कि नहीं, और अगर सुनी तो समझी कि नहीं। वह एकटक कमीज़-पतलून पहने हुए उस व्यक्ति की ओर देख रहे थे, जिसे उस कमरे में दो व्यक्तियों के आने का पता नहीं चला, और जो बड़ी तन्मयता के साथ अपने वायलिन पर एक विलक्षण आवाज़ पैदा कर रहा था, जो अप्रिय न होते हुए भी प्रिय नहीं थी। वीरेश्वर प्रताप ने उस व्यक्ति की ओर देखते हुए कैरा कोमल से कहा, "विचित्र संगीत है यह ! बिलकुल एक उल्लास-भरे रुदन की भाँति—जहाँ अबाध गति है, भयानक अशान्ति है !"

कैरा कोमल के मुख पर एक मुस्कराहट आई, "पीतम ! मेरे पीतम ! देखो तो, कौन आया है !" और कैरा ने उस युवक के पास जाकर उसका कन्धा झकझोरा

उस युवक ने मुड़कर वीरेश्वर प्रताप को देखा, फिर कैरा को देखकर मुस्कराया, "यही हैं तुम्हारे आराध्य !" यह कहते हुए उसने अपना वायलिन दीवार पर टाँग दिया और कैरा का हाथ पकड़कर वीरेश्वर प्रताप की ओर बढ़ा, "इस कुटी में आपका स्वागत है, हे इस युग के महान कलाकार ! कैरा ने मुझे सब-कुछ बतलाया। बड़ी इच्छा थी आपके दर्शन करने की। मेरा नाम है—पीतम कमल कोमल, और आप समझ ही गए होंगे, मैं कौन हूँ। मैं संगीत में कुछ नए प्रयोग कर रहा हूँ। आप पधारिए। कैरा, श्री..." पीतम कमल कोमल वीरेश्वर प्रताप के नाम के मामले में कुछ लड़खड़ाया।

वीरेश्वर प्रताप ने मुस्कराते हुए कहा, "मेरा नाम वीरेश्वर प्रताप सिंह है।"

"हाँ ! हाँ ! कैरा, श्री वीरेश्वर प्रताप सिंह के लिए अपने हाथ से चाय बनाओ। श्री वीरेश्वर प्रतापजी, यह कैरा बड़ी सुन्दर चाय बनाती है। न जाने इसकी उँगलियों में कैसा जादू है !" और पीतम कमल ने कैरा की उँगलियों को अपने हाथ में लेते हुए कहा, "ये कैरा की लम्बी-लम्बी उँगलियाँ ! महान कला का सृजन है इन उँगलियों में। मेरी कैरा ! अतिथि के लिए अपने हाथों चाय बनाओ !"

कैरा ने मुस्कराते हुए पीतम से कहा, "मेरे अच्छे पीतम ! तुमसे अच्छी चाय भला मैं क्या बना सकती हूँ ! युवराज, बड़ा प्यारा है मेरा यह पीतम। कितना सहारा

दिया है इसने मुझको ! और इसकी उँगलियों में कितना रस है ! अभी आपने इसका संगीत तो सुना ही है। जब आप इसके हाथ की चाय पी लीजिएगा, तब आप प्रसन्न हो जाइएगा। मेरे पीतम, मैं अपने गुरुदेव को अपने चित्र दिखाती हूँ, तब तक तुम चाय बना दो।"

वीरेश्वर प्रताप ने कोमल-दम्पति को बड़े गौर से देखा। कितने भोले-भाले, कितने निश्छल थे ये दोनों ! दोनों ही कलाकार और दोनों एक-दूसरे के प्रति अनुरक्त। वीरेश्वर प्रताप थोड़ी देर तक दोनों को देखते रहे, फिर उन्होंने कहा, "मैं तो नाश्ता करके चला हूँ कैराजी, मुझे चाय की ज़रा भी आवश्यकता नहीं।"

कैरा ने विनय के स्वर में कहा, "मेरे गुरुदेव, आपको मेरे यहाँ तो पीनी ही पड़ेगी। अगर आपने चाय नहीं पी, तो मेरे पीतम का दिल टूट जाएगा। मैं अपने आराध्य के लिए स्वयं चाय बनाऊँगी। मेरे पीतम ! तुम केतली में पानी चढ़ा दो, दूध-चीनी वगैरह सजा दो, मैं अभी चाय बनाती हूँ।"

"हाँ, हाँ। मैंने चूल्हा जला रक्खा है, अभी मिनटों में सब प्रबन्ध किए देता हूँ।" पीतम कमल ने उठकर रसोई घर की ओर बढ़ते हुए कहा।

पीतम कमल के जाने के बाद कैरा खड़ी हो गई, "इस समय मेरा स्कूल तो बन्द है; लेकिन गुरुदेव, मैं आपको अपने चित्र दिखलाना चाहती हूँ। बगलवाला कमरा मेरे स्कूल का कमरा है और वहाँ मेरे चित्रों का असली संग्रह है।" और कैरा ने पीतम कमल को आवाज़ दी, "मेरे पीतम, मैं स्कूल के कमरे में युवराज को अपने चित्र दिखला रही हूँ, जैसे ही चाय का पानी खौल जाए, मुझे बुला लेना।"

कैरा कोमल के चित्रों को देखकर वीरेश्वर प्रताप चकित रह गए। कैरा कोमल के चित्रों में एक प्रकार की भावना के उन्माद का अस्पष्ट-सा व्यक्तीकरण था—प्रकृति में, मानवीय आकृतियों में, पशु-पक्षियों में। इस उन्माद में इतना तारतम्य था कि वह ऐन्द्रजालिक सम्मोहन बन गया था। उन्हें यकीन नहीं हो रहा था कि कैरा कोमल ने ये चित्र बनाए होंगे। वीरेश्वर प्रताप ने वे चित्र देखे, और फिर वहीं उन्होंनें कैरा कोमल को देखा—शान्त उल्लास में भीगी हुई आकृति, रंग-बिरंगे सपनों में खोई हुई-सी। वीरेश्वर प्रताप ने कहा, "कैरा ! ये तुम्हारे चित्र हैं ? सचमुच तुम्हारे चित्र हैं ?"

"मेरे गुरुदेव ! ये मेरे ही चित्र हैं।" कैरा ने ठंडी साँस लेते हुए कहा।

अगर वीरेश्वर प्रताप कैरा की इस ठंडी साँस के आवरण में छिपी हुई उसके उष्ण रक्त-प्रवाह की धड़कन को पहचान सके होते, अगर वह कैरा के अर्ध-निमीलित नयनों में ढकी हुई भावना के उन्माद की चमक को देख पाते, तो वह निश्चय ही उसी समय ड्राइंगरूम में चले गए होते। लेकिन, वह कैरा के चित्रों से इतने अधिक प्रभावित थे और कैरा कोमल की भक्ति के प्रवाह में इतना बह गए थे कि उन्होंने कैरा का हाथ पकड़कर कहा, "कैरा ! मैं तुम्हारा अभिनन्दन करता हूँ।"

"ऐसा मत कहो मेरे आराध्य ! ऐसा मत कहो !" और कैरा ज़ोर से काँपी। उसने वीरेश्वर प्रताप के वक्ष पर अपना सिर रख दिया। उसकी उँगलियाँ वीरेश्वर प्रताप की

उँगलियों से जकड़ गईं और वह बेहोश हो गई। उसी समय पीतम कमल की आवाज़ आई, "कैरा ! चाय का पानी उबल गया।"

वीरेश्वर प्रताप ने कैरा को सहारा देकर कुरसी पर बिठला दिया, फिर उन्होंने पुकारकर कहा, "पीतमजी ! ज़रा यहाँ आइए।"

पीतम कमल कोमल ने कमरे में प्रवेश करके कैरा को देखा, फिर उसने मुस्कराते हुए वीरेश्वर प्रताप से कहा, "कोई चिन्ता की बात नहीं, इन्हें अकसर दौरा आ जाया करता है। एक-आध मिनट में यह ठीक हो जाएँगी।" यह कहकर उसने कैरा को सहारा देकर कुरसी से उठाया। पीतम कमल के उठाते ही कैरा ने धीरे-धीरे अपनी आँखें खोलीं। धीरे-धीरे कैरा के मुख पर मुस्कराहट आई। "क्षमा करना मेरे गुरुदेव ! न जाने मुझे कभी-कभी क्या हो जाया करता है !"

[7]

अशोक ने वीरेश्वर प्रताप का निमन्त्रण पत्र एक बार पढ़ा, दूसरी बार पढ़ा, तीसरी बार पढ़ा और हर बार उसके मुख की झुंझलाहट बढ़ती ही गई। अन्त में उसने कहा, "यह बिलकुल गलत है, एकदम असम्भव !" और वह निमन्त्रणपत्र लिए हुए अन्नपूर्णा के कमरे में पहुँचा।

अन्नपूर्णा आरामकुर्सी पर आधी बैठी और आधी लेटी, उस महीने की 'नारी की गतिविधि' नामक पत्रिका पढ़ रही थीं। कुछ दूर पर बैठा हुआ रामप्रकाश अन्नपूर्णा के पत्रों की फाइल ठीक कर रहा था। अशोक ने पहुँचते ही कहा, "बुआजी ! वीरेश्वर प्रताप का निमन्त्रणपत्र आपको भी मिला है ?"

अन्नपूर्णा ने पत्रिका से अपनी दृष्टि हटाकर अशोक को देखा, "हाँ अशोक ! युवराज ने मुझे बतलाया था कि मीना भारती ने उस उत्सव की योजना बनाई थी और इसलिए मीना भारती ही उस उत्सव की प्रमुख अतिथि हैं। मीना भारती—मीना भारती ! मेरे प्यारे अशोक ! देखो, मीना भारती के रंग-ढंग। बेचारे युवराज !"

अशोक ने कहा, "वीरेश्वर प्रताप ने आपको जो कुछ बतलाया, वह बिलकुल गलत है। मेरे सामने तो सवाल है कि क्या मीना का उस पार्टी में प्रमुख अतिथि की हैसियत से जाना उचित होगा ?"

"इसमें मुझे तो कुछ अनुचित नहीं दिखता।" अन्नपूर्णा ने कहा, "मीना से युवराज का पुराना परिचय है, बचपन का साथ है। इन दोनों की ज़रा-ज़रा-सी बात पर भड़क उठना तुम्हें शोभा नहीं देता—प्रकाश, एक काम कर दो।"

रामप्रकाश ने फाइल बन्द करते हुए कहा, "कहिए, रानीजी !"

"युवराज के निमन्त्रणपत्र का मेरा उत्तर लिख दो—"मुझे बड़ी प्रसन्नता होगी, उस

उत्सव में सम्मिलित होकर। अच्छा यह होता कि आपने मीना भारती को अपना अतिथि न बनाया होता। एक तो मीना का सम्बन्ध अपने प्यारे अशोक के साथ करीब-करीब तय है, फिर इस बात पर अन्य अतिथियों को भी कुछ बुरा लग सकता है; लेकिन जो गलती हो गई, वह तो हो चुकी, उसे अब सँभाला नहीं जा सकता। मुझे आपका मीना को अपना प्रमुख अतिथि बनाना ज़रा भी बुरा नहीं लगा। मैं निश्चित समय से कुछ पहले ही आऊँगी, आपको अतिथियों का स्वागत करने में सहायता देने के लिए। धन्यवाद !"—अन्नपूर्णा बंसल।"

जो कुछ अन्नपूर्णा ने लिखवाया था, उसे एक बार दुहराकर रामप्रकाश ने कहा, "रानीजी, आपसे युवराज ने अतिथियों का स्वागत करने को तो कहा नहीं, फिर आपके इस प्रकार अतिथियों का स्वागत करने से आपकी बदनामी भी हो सकती है।" और यह कहकर उसने अशोक की ओर देखा।

अशोक ने रामप्रकाश का समर्थन किया, "बुआजी, आपका वहाँ इस तरह से पहुँच जाना एकदम भद्दा दीखेगा। लोग क्या कहेंगे ? फिर वीरेश्वर प्रताप के अतिथियों में लुच्चे-लफंगे हर तरह के लोग होंगे।"

"अशोक ! तुम्हें शर्म नहीं आती ? युवराज को तुमने लुच्चा-लफंगा समझ लिया है, जो उनके साथी लुच्चे-लफंगे होंगे ? एक आदमी का पीठ पीछे अपमान कर रहे हो !"

अशोक कुछ आवश्यकता से अधिक भरा हुआ था। उसने जोश में आकर कहा, "मैं वीरेश्वर प्रताप को अव्वल नम्बर का लुच्चा-लफंगा, झूठा और आवारा समझता हूँ। ये जितने राजघरानेवाले हैं, ये सब ऐसे ही होते हैं।"

अशोक की इस बात से अन्नपूर्णा भड़क उठी, "अशोक ! इसी समय मेरे कमरे से निकल जाओ—इसी समय ! मैं तुम्हारा मुँह नहीं देखना चाहती।"

"लेकिन बुआजी, मैं गलत नहीं कह रहा हूँ।"

"बको मत ! निकलो यहाँ से, नहीं तो मुझे तुम्हें थप्पड़ मारकर कमरे से निकालना पड़ेगा ! असभ्य कहीं का, निकलो !" और अन्नपूर्णा कहते-कहते उठ खड़ी हुईं।

अशोक अन्नपूर्णा की हर हरकत अच्छी तरह पहचानता था। उसने दरवाज़े की ओर हटते हुए कहा, "बुआजी, मैं जो कुछ कह रहा हूँ, वह सोलह आना सच है। आप मेरे वाक्य को वेद-वाक्य समझिए। मैं मीना को उस पार्टी में किसी भी हालत में नहीं जाने दूँगा, किसी भी हालत में नहीं जाने दूँगा।" और अशोक आवेश में आकर चिल्ला पड़ा।

मीना के ज़िक्र से अशोक इतना अधिक उत्तेजित हो गया था कि वह अपनी बुआ के प्रति सतर्क न रह सका। वह दरवाज़े के पास आकर रुक गया; लेकिन रामप्रकाश ने खतरे को देख लिया। वह बला की तेज़ी के साथ उठा। इस समय तक अन्नपूर्णा अशोक के करीब एक गज़ के फासले पर आ चुकी थीं। उन्होंने लपककर अशोक के कान पकड़े; लेकिन उनके आश्चर्य का पारावार न रहा, जब उन्होंने देखा कि वह अशोक के कान के स्थान पर रामप्रकाश का कान पकड़े हुए हैं। रामप्रकाश इस समय तक अन्नपूर्णा और अशोक के बीच आ गया था। अन्नपूर्णा ने जल्दी से रामप्रकाश का कान

छोड़कर अशोक को देखा; लेकिन अशोक इस समय तक कमरे से गायब हो चुका था। अन्नपूर्णा ने कहा, "मुझे बहुत दुख है प्रकाश, बड़ी गलती हो गई। मुझे क्षमा करो।" और अन्नपूर्णा ने रामप्रकाश को कुर्सी पर बिठलाते हुए कहा, "बेचारे प्रकाश ! तुम बीच में कैसे और क्यों आ गए ? मैं पूछती हूँ, तुम बीच में क्यों आ गए ? ऐसी क्या ज़रूरत थी ?" और फिर अन्नपूर्णा रामप्रकाश का कान सहलाती हुई बोली, "मेरे अच्छे प्रकाश, मुझे क्षमा करो।"

रामप्रकाश ने गम्भीरतापूर्वक कहा, "रानीजी, आप मुझसे क्षमा माँगकर मुझे क्यों लज्जित करती हैं ! आपको पूरा अधिकार है कि आप मेरे कान पकड़ें, मुझे चाँटे लगाएँ, मुझपर बेंत बरसाएँ। आप तो जानती हैं कि मैं आपका सदा-सदा का हूँ।" और रामप्रकाश ने दयनीय मुद्रा के साथ अन्नपूर्णा को देखा, ठीक उसी प्रकार जैसे एक पालतू कुत्ता पिटने के बाद अपने स्वामी को देखा करता है।

अन्नपूर्णा की आँखें रामप्रकाश की आँखों से मिल गईं। कुछ देर के लिए आँखें मिली रहीं और अन्नपूर्णा ने कहा, "तुम कितने भोले हो, तुम कितने भले हो, बेचारे प्रकाश !" और एक ठंडी साँस लेकर अन्नपूर्णा ने रामप्रकाश की आँखों से अपनी आँखें हटा लीं। वह अपनी कुरसी पर बैठ गईं, "प्रकाश, युवराज को मैंने जो पत्र लिखवाया है, उससे वह निश्चित समय से पहले पहुँचने के वाक्य को निकाल दो। उसके स्थान पर लिख दो—'मैं श्री रामप्रकाश के साथ ठीक समय पर पहुँच जाऊँगी।' तुम्हारे पास भी तो युवराज का निमन्त्रण आया है ?"

"हाँ रानीजी ! लेकिन मेरा इस उत्सव में जाने का कोई इरादा नहीं है।"

"नहीं मेरे अच्छे प्रकाश ! तुम्हें मुझे वहाँ अपने साथ लेकर चलना होगा। हाँ, तुम्हारे पास कोई ड्रेस सूट या ड्रेस शेरवानी है ?"

"नहीं रानीजी, मैं तो अभी तक भारतीय परम्परा में पला हूँ। दिल्ली के जीवन में तो मैं अब आप लोगों की कृपा से प्रवेश कर रहा हूँ।"

अन्नपूर्णा मुस्कराईं, "ओह बेचारे प्रकाश ! तो तुम एक ड्रेस सूट और एक काली शेरवानी भी अपने लिए सिला लो, मैं रैंकिंस को फोन किए देती हूँ।"

अपनी एक गलती से रामप्रकाश अन्नपूर्णा के इतना निकट आ जाएगा, रामप्रकाश ने इसकी कल्पना तक न की थी। जिस समय वह अन्नपूर्णा के यहाँ के रैंकिंस में अपने सूट और शेरवानी की नाप देने चला, उसके पैर हवा में उड़ रहे थे। कनाट प्लेस पहुँचकर एक फैशनेबल साड़ी की दूकान के सामने उसने मीना की कार देखी। मीना कार को किनारे खड़ी कर रही थी। कार से उतरकर जैसे ही मीना ने दूकान के अन्दर प्रवेश किया, वैसे ही उसे रामप्रकाश की आवाज़ सुनाई दी, "मीना !"

"अरे प्रकाश भइया ! तुम अच्छे आ गए। युवराज के उत्सव के दिन के लिए मैं पोशाक लेने आई थी। तुमसे चुनाव में कुछ सहायता ही हो जाएगी।"

हरे रंग की ज़रतारीवाली फ्रेंच क्रेप की एक साड़ी पर मीना की नज़र ठहरी। रामप्रकाश उस साड़ी को देखकर फड़क उठा, "मीना, अगर इसे तुमने न पसन्द किया

होता, तो मैं इसे खरीदकर अन्नपूर्णाजी को प्रेज़ेंट कर देता। कितनी शानदार और प्यारी साड़ी है !"

मीना ने आश्चर्य से रामप्रकाश को देखा, "तुम खरीदते ! जानते हो, कितने की होगी यह साड़ी ?"

"जितने की भी हो, मैं इसे खरीद जरूर लेता।" रामप्रकाश ने अकड़ते हुए कहा।

मीना हँस पड़ी, "यह लेबल देखो, एक सौ अस्सी की है यह साड़ी, फिर इस पर और काम भी करना होगा। करीब पचास रुपये और लग जाएँगे।...अच्छा ब्लाउज़ के वास्ते ब्रोकेड चाहिए।"

साड़ी और ब्लाउज़ का आर्डर देकर जब रामप्रकाश और मीना दूकान के बाहर निकले, तब मीना ने कहा, "साड़ी तो बड़ी शानदार हो गई; लेकिन गहने प्रकाश भइया ! गहने भी इतने ही शानदार चाहिए।"

प्रकाश ने कुछ सोचा फिर कहा, "अभी लो ! मेरा ख़याल है, पन्ने का सेट अच्छा रहेगा—यानी पन्ने का नेकलेस, पन्ने के इयररिंग्स, पन्ने की अँगूठी और पन्ने के बैंगल्स।"

मीना बोली, "नकली तो पकड़ा जाएगा प्रकाश।"

"नकली को गोली मारो, एकदम असली माल।"

"असली ! पागल हो गए क्या ? असली का दाम तो करीब पाँच-छह हज़ार होगा। कुछ ज़्यादा भले हो, कम तो नहीं हो सकता।"

"हाँ, असली दस हज़ारवाला। समझ क्या रखा है तुमने मुझे ! चलो अभी ज्ञानमल ध्यानमल के यहाँ। वह श्रीकृष्ण, ज्ञानमल का लड़का, अपना दोस्त है न !"

"तो इससे क्या ? रुपये-पैसे का मामला है और वह भी हज़ारों का।"

"अरे चलो तो, अभी सब कुछ ठीक हुआ जाता है; लेकिन बीच में कुछ बोल न पड़ना, नहीं तो बात बिगड़ जाएगी।" और रामप्रकाश मीना के साथ ज्ञानमल ध्यानमल ज्वेलर्स की दूकान में घुसा।

रामप्रकाश और मीना को देखते ही श्रीकृष्ण, जो काउंटर पर बैठा था, बड़े तपाक के साथ उठा, "आइए प्रकाश बाबू ! नमस्कार मीनाजी ! मेरी दूकान के बड़े भाग कि मीनाज़ी आईं यहाँ पर।—अरे पुत्तूलाल, दो बोतल कोका-कोला तो ले आ।"

रामप्रकाश ने कहा, "मीनाजी को एक पन्ने का सेट चाहिए।"

"पन्ने का सेट ! अहा ! हा ! पन्ने का सेट ! आइए, आप यहाँ बैठिए। रामप्रकाशजी, मीनाजी ने पसन्द भी की तो एक ऐसी शानदार चीज़ जो दिल्ली में आसानी से मिल नहीं सकती। मेरे यहाँ एक रजवाड़े से अभी पन्द्रह दिन हुए एक बड़ा खूबसूरत पन्ने का सेट आया है, शायद बैल्जियम का बना हुआ हो। ऐसा सेट हिन्दुस्तान में तो बन नहीं सकता। प्लेटिनम की सैटिंग है।" यह कहकर श्रीकृष्ण ने तिजोरी से एक पन्ने का सेट निकाला।

उस सेट को देखकर मीना की आँखें चौंधिया गईं। उसने कहा, "श्रीकृष्णजी, पन्ने के बैंगल्स भी होंगे आपके पास इसी डिज़ाइन के ?"

श्रीकृष्ण हँस पड़ा, "वाह मीनाजी, आपका-सा पारखी मैंने नहीं देखा। वैसे सेटों के साथ बैंगल्स का रिवाज़ तो नहीं है, लेकिन इस सेट के साथ बैंगल्स भी थे। मैंने बैंगल्स नहीं दिखलाए, क्योंकि आपने सेट माँगा था।" और श्रीकृष्ण ने चार बैंगल्स भी तिजोरी से निकाले।

मीना ने सेट और बैंगल्स देखकर ज़रा हिचकिचाते स्वर में कहा, "यह तो महँगे होंगे।"

"जी महँगे तो क्या हैं, घर का मामला है। बम्बई में यह सेट दस-पन्द्रह हज़ार का मिलेगा; लेकिन मैंने इसे आठ हज़ार का ख़रीदा है। सोचा था, बम्बई जाकर तीन-चार हज़ार रुपये पैदा कर लूँगा। अब जब आपका मामला है, तब यह तीन-चार हज़ार न सही, मैं आपको आठ हज़ार में ही दे दूँगा।"

मीना ने ललचाई आँखों से उस सेट को देखते हुए कहा, "प्रकाश भइया, सेट तो बहुत प्यारा है, लेकिन दाम बहुत ज़्यादा हैं।"

श्रीकृष्ण बोल उठा, "इस दाम पर आप जब चाहें मुझे यह सेट वापस कर दें। मैं आपको एक पर्चा लिखकर दे दूँगा। यह ज्ञानमल ध्यानमल ज्वेलर्स की फर्म है। यहाँ धोखाधड़ी नहीं होती। खरा सौदा होता है। फिर, यह तो घर का मामला है।"

श्रीकृष्ण की बात सुनकर मीना ने प्रश्नसूचक दृष्टि से रामप्रकाश को देखा।

रामप्रकाश ने कहा, "सोच क्या रही हो मीना, ये श्रीकृष्ण मेरे मित्र हैं। ऐन लागत पर तुम्हें यह पन्ने का प्यारा सेट मिल रहा है। पहले यह बतलाओ कि तुम्हें पसन्द है या नहीं ?"

"मुझे तो बेहद पसन्द है; लेकिन..." मीना कहते-कहते रुक गई।

"लेकिन-वेकिन की बात छोड़ो। सुनो भाई श्रीकृष्ण, यह सेट मीना के वास्ते पक्का रहा, सिर्फ मिसेज़ भारती इस सेट को पसन्द कर लें। मैं उन्हें कल-परसों ले आऊँगा।"

श्रीकृष्ण ने जल्दी-जल्दी उस सेट को पैक करते हुए कहा, "अजी उन्हें कष्ट देने की क्या आवश्यकता, आप यह सेट अपने हाथ लेती जाएँ, मीनाजी, अगर उन्हें न पसन्द आवे, तो वापस कर दीजिएगा। नहीं तो इसके दाम भिजवा दीजिएगा। आज बुधवार है, सोमवार तक मैं आपकी प्रतीक्षा करूँगा।"

ज्ञानमल ध्यानमल के यहाँ से निकलकर मीना ने रामप्रकाश से कहा, "यह आपने क्या कह दिया ! मम्मी कभी भी यह सेट पसन्द न करेंगी—आठ हज़ार रुपया !"

"मैं कब कहता हूँ कि बुआजी यह सेट लेंगी ! रविार को तुम यह सेट पहनकर पार्टी में शामिल होना और सोमवार को यह सेट वापस !"

रामप्रकाश हँस पड़ा, "हरी साड़ी, पन्ने का सेट ! अरे मीना, इस सबके साथ एक हरे रंग का जूता भी तो होना चाहिए !"

"हाँ प्रकाश भइया ! और उस जूते में रुपहला काम भी होना चाहिए, तब तो खूबी है !"

रामप्रकाश ने एक खास जूतेवाले के यहाँ मीना के जूते का आर्डर दिया। इसके बाद रामप्रकाश ने मीना से कहा, "तुम्हारा काम तो पूरा हुआ, अब मुझे भी रैकिंस के

यहाँ एक ड्रेस सूट और एक काली शेरवानी सिलवानी है, वहाँ तुम्हें चलना पड़ेगा !"

मीना ने आँख फाड़कर कहा, रैकिंस के यहाँ ड्रेस सूट और साथ में एक काली शेरवानी ! दिमाग तो ठीक है ? वहाँ यह धोखाधड़ी नहीं चलेगी !"

रामप्रकाश ने जरा अकड़कर कहा, "धोखाधड़ी नहीं, पैसा देकर बनवाना है। मीना ! आज तुम्हारी वजह से मेरा बहुत बड़ा काम बन गया। अन्नपूर्णा ने मेरे ड्रेस सूट और शेरवानी का आर्डर दिया है। उन्होंने फोन पर रैकिंस के यहाँ कह दिया है !"

"अन्नपूर्णा आंटी ने तुम्हारा सूट बनवाया है ?" मीना मुस्कराई, "रामप्रकाश, क्या खतरे से खेल रहे हो ? अन्नपूर्णा को तो तुम जानते ही हो। किसी दिन इस क़दर पिटोगे कि सिर पर एक बाल भी न रह जाएगा।"

रामप्रकाश ने बिगड़ते हुए कहा, "मीना, तुम इतनी छोटी तबीयत की हो, यह मुझे नहीं मालूम था। अन्नपूर्णा रानी को तुम जानतीं नहीं। तुम्हें लेकर अशोक ने रानीजी से युवराज वीरेश्वर प्रताप की शिकायत की। बात-बात में अशोक ने युवराज को गालियाँ देनी शुरू कीं। बस, इतनी-सी बात रानीजी को अखर गई। उन्होंने अशोक के कान पकड़े; लेकिन, गलती से अशोक के कान के स्थान पर मेरा कान उनके हाथ में आ गया। बस, इतनी-सी बात पर रो पड़ीं। कितनी नेक और उदार हैं ! आज मुझे मालूम हुआ कि वह भी मुझसे प्रेम करती हैं। मैं कितना सुखी हूँ !"

मीना रामप्रकाश की बात पर खिलखिलाकर हँस पड़ी, "प्रकाश, अन्नपूर्णा आंटी तुमसे पाँच-छह साल बड़ी होंगी, क्या तुम उनसे शादी करना चाहते हो ?"

"क्यों ? डेढ़-दो करोड़ की मिल है उनकी, फिर वह ऐसी असुन्दर और बूढ़ी भी नहीं हैं !"

मीना ने थोड़ा-सा गम्भीर बनते हुए कहा, "ज़रा सँभल के कदम उठाना। लाला पंचमलाल तुमसे अन्नपूर्णा आंटी का विवाह करके उनकी मिल अपने हाथ से निकल जाने देंगे भला ? अगर लाला पंचमलाल को आंटी के प्रति तुम्हारे प्रेम की खबर लग गई, तो वह तुम्हें दिल्ली से निकलवाकर छोड़ेंगे।"

"बड़े आए मुझे दिल्ली से निकलवानेवाले ! अन्नपूर्णा रानी का निजी अस्तित्व है। वह जो चाहें करें। लाला पंचमलाल बीच में टाँग अड़ानेवाले कौन होते हैं ? फूफाजी से लाला पंचमलाल कितना घबराते हैं !"

मीना बोली, "पापा इस मामले में बिलकुल नहीं पड़ेंगे। उन्हें अन्नपूर्णा आंटी ज़रा भी नहीं पसन्द हैं। उन्हें अगर तुम्हारी बात मालूम हो गई, तो वह बड़े नाराज़ होंगे।"

रामप्रकाश मुस्कराया, "अन्नपूर्णा रानी से ब्याह करने की बात मुझे खुद फूफाजी ने ही सुझाई है मीना; लेकिन तुम्हें मेरी सौगन्ध, किसी से बताना नहीं। चलो, सूट नपवाकर कहीं चाय पी जाए, आज मैं तुम्हें चाय पिलाऊँगा।"

रामप्रकाश के साथ जिस समय मीना घर लौटी, अशोक वहाँ मीना की प्रतीक्षा में बैठा ज्ञानेश्वरी से बात कर रहा था। ज्ञानेश्वरी कह रही थीं, "वाकई यह बहुत बेजा बात

है। मुझे तो इसका पता नहीं था। उसे आने दो, देखो मैं कितना डाँटती हूँ। मैं उसे उस पार्टी में जाने से रोकने की कोशिश भी करूँगी। लेकिन क्या करूँ, साहब ने उसे इतना चढ़ा रक्खा है कि वह मेरी बात सुनती ही नहीं, उल्टे मेरा मज़ाक बनाती है।—लो, वह आ गई।"

मीना के आते ही अशोक और ज्ञानेश्वरी की बातचीत बन्द हो गई। मीना ने हँसते हुए कहा, "क्यों अशोक ! आज अभी तक ऑफिस नहीं गए ? मम्मी के साथ क्या षड्यन्त्र रच रहे हो ?"

अशोक ने मुस्कराने का प्रयत्न करते हुए कहा, "अपनी आराध्य देवी के विरुद्ध कोई षड्यन्त्र रचना अपने ही ऊपर प्रहार करना होगा। आज मेरी तबीयत ठीक नहीं थी, मन बेतरह उदास था; इसलिए यहाँ चला आया मेरी मीना रानी ! मुझे तुम्हारा ही तो सहारा है। क्यों मम्मी ?"

ज्ञानेश्वरी ने गला साफ करते हुए कहा, "मीना, अगर अशोक को तुम्हारा युवराज की पार्टी में प्रमुख अतिथि बनना पसन्द न आवे, तो इसमें अशोक का कोई दोष नहीं। तुम्हें युवराज ने पार्टी में बिना मुझसे पूछे प्रमुख अतिथि बना लिया, उन्होंने मुझे इनकार करने का मौका ही कहाँ दिया ?"

"अगर तुमसे बिना पूछे उन्होंने तुम्हें प्रमुख अतिथि बना लिया है, तो तुम्हें उस पार्टी में जाना ही नहीं चाहिए। क्यों मम्मी ? इस तरह की बदतमीजी को अगर सहन कर लिया और उसका उचित उत्तर न दिया गया तो इसके अर्थ होंगे, बदतमीजी को प्रोत्साहित करना। ऐसे असभ्य और बदतमीज़ आदमी की पार्टी में मैं तो किसी भी हालत में जाने को तैयार नहीं हूँ।" अशोक ने कहा।

मीना ने करुण मुद्रा बनाते हुए कहा, "लेकिन अगर मैं उस पार्टी में जाऊँ, तो हर्ज ही क्या है ? तुम तो मेरे साथ रहोगे ही। इस तरह की जलन-कुढ़न तुम्हें शोभा नहीं देती अशोक। तुम तो महान कलाकार हो और महान कलाकार में उदारता होनी ही चाहिए।"

मीना के अन्तिम तर्क का अशोक के पास कोई उत्तर न था। फिर भी उसने कहा, "मीना रानी, न जाने क्यों मुझे युवराज वीरेश्वर प्रताप ज़रा भी पसन्द नहीं आते। मैं उनसे किसी भी प्रकार का सम्बन्ध नहीं रखना चाहता, मैं उनकी पार्टी में नहीं जाऊँगा, किसी तरह नहीं जाऊँगा।"

मीना ने अब परिस्थिति को अपने हाथ में लेते हुए कहा, "चलना पड़ेगा अशोक ! मैं नहीं चाहती कि तुम्हें समाज में असभ्य और अनुदार समझा जाए। क्यों मम्मी ?"

ज्ञानेश्वरी हँस पड़ीं, "लड़की ठीक तो कह रही है अशोक ! जो हो गया वह हो गया, तुम्हें इस तरह अपना जी छोटा न करना चाहिए। तुम अगर मीना के साथ न जाओगे, तो लोगों को कानाफूसी करने का भी मौका मिल जाएगा।"

अशोक ने कहा, "मैं तो यह कहने आया था कि मीना को उस पार्टी में नहीं जाना चाहिए। मीना रानी, क्या तुम इतनी-सी बात नहीं मान सकतीं ?"

"इतनी-सी बात नहीं अशोक ! यह बहुत बड़ी बात होगी। यह युवराज की मान-मर्यादा पर एक भयानक प्रहार होगा। और इससे पापा के दिल को कितना बड़ा धक्का लगेगा, यह तुमने नहीं सोचा। पापा युवराज को अपने लड़के की तरह मानते हैं।"

ज्ञानेश्वरी भी बोल उठीं, "हाँ, अशोक, मैंने युवराज को गोद में खिलाया है। **यह** तो बहुत बुरा होगा।"

ज्ञानेश्वरी की बात पूरी भी न हो पाई थी कि पोर्टिको में जयदेव भारती की कार रुकी। जयदेव भारती अपना लंच घर पर ही करते थे; लेकिन इस समय जयदेव भारती ने वीरेश्वर प्रताप के साथ कमरे में प्रवेश किया। जयदेव वीरेश्वर प्रताप से कह रहे थे, "मैं कहता हूँ, यह सरासर पागलपन है तुम्हारा। पाँच हज़ार का खर्च महज एक पार्टी पर ! इधर इस बेरहमी के साथ रुपया उड़ाते हो, उधर अपनी भी पेंशन बँधवाना चाहते हो ! मैं तो बाज़ आया तुमसे !"

वीरेश्वर प्रताप अपनी मुद्रा कुछ अजीब ढंग से दयनीय बनाए था, "अंकल, लोगों ने मुझे मजबूर कर दिया। सोचा था, दिल्ली आया हूँ, अपने पुराने दोस्तों को बुलाकर कुछ खिला-पिला दूँ। जब नामों की लिस्ट बनाने बैठा, तब ख़याल उठा—किसे छोड़ा जाए, किसे न छोड़ा जाए। बहुत काट-छाँट के बाद भी साढ़े तीन सौ से कम नाम न हुए।"

"हाँ, दिल्ली में ऐसे मुफ़्तखोरों की कमी नहीं है, जो किसी-न-किसी किस्म से ज़बर्दस्ती निमन्त्रण प्राप्त करने की फिराक में रहते हैं।" जयदेव भारती ने मुँह बनाते हुए कहा।

"ऐसे हरेक आदमी का नाम छाँट दिया है अंकल ! यह साढ़े तीन सौ तो चुने हुए नाम हैं।"

"वह तो ठीक है, लेकिन यह क्या तुक कि ढाई हज़ार रुपया ड्रिंक्स पर खरचा जाए ?" जयदेव भारती ने झुंझलाहट के स्वर में कहा।

"क्या करूँ अंकल, अगर न पिलाऊँ, तो लोग गालियाँ देंगे। नाम धरेंगे। आप तो जानते ही हैं कि यशनगर की पार्टियों में दो-ढाई सौ आदमियों पर दस-बीस हज़ार की शराब उड़ जाती थी। यहाँ तो मैंने यह इन्तज़ाम किया है कि जब तक कोई फिर न माँगे, तब तक उसे न दी जाए।"

जयदेव भारती के लिए अब अपनी मुद्रा को गम्भीर बनाए रखना असम्भव हो गया था। वह खिलखिलाकर हँस पड़े। तुम भी खूब हो युवराज ! रस्सी जल गई, लेकिन ऐंठन नहीं टूटी। लो, अशोक भी यहाँ मौजूद है। क्यों मीना, अशोक को भी तुमने लंच पर बुलाया ? मेरे साहब, जल्दी करो, बड़ी भूख लगी है !"

अशोक के मुख विषाद वैसा-का-वैसा था। जयदेव ने पूछा, "क्यों अशोक, बड़े गम्भीर दिख रहे हो ? मीना से कुछ कहा-सुनी हो गई है क्या ? अरे छोड़ो भी, जब आदमी भूखा होता है, तब उसका मिज़ाज भी बिगड़ जाता है। अभी लंच के बाद ठीक हो जाओगे। और मीना, तुमने अपनी ड्रेस का ऑर्डर दे दिया कि नहीं ! बड़ी शानदार पार्टी होगी। अच्छी-से-अच्छी ड्रेस होनी चाहिए तुम्हारी ! बस तुम-ही-तुम दिखो। तुम प्रमुख अतिथि हो न।"

मीना अपने पापा की इस बात पर फूल उठी। उसने तनिक गम्भीर मुद्रा बनाते हुए कहा, "ड्रेस का आर्डर तो दे दिया है, लेकिन अशोक कह रहे हैं कि यह उस पार्टी में नहीं जाएँगे।"

"ऐं !...क्यों अशोक ? इसीलिए मुँह बनाए बैठे थे ?" और जयदेव ज़ोर से हँस पड़े, "अरे म्यां, इन ज़रा-ज़रा-सी बातों में मुँह फुला लेने से काम नहीं चलेगा। तुम तो वही गँवार बनियों की तरह बात करने लगे। दुनिया बदल गई है !"

जयदेव भारती के मुख से ऊट-पटाँग बातें सुनने का अशोक आदी हो गया था; लेकिन, उस समय उत्साह और उमंग का वातावरण था। वीरेश्वर प्रताप से न रहा गया, "अंकल, संस्कार आने में समय लगता है। अशोक, कोई बात नहीं। मेरी तुमसे व्यक्तिगत विनय है कि तुम ज़रूर आना। मैंने तुम्हारी बात का बुरा नहीं माना, क्योंकि दोष तुम्हारा नहीं है, तुम्हारी परम्परा का है।"

वीरेश्वर प्रताप का यह वाक्य अशोक को खून का घूँट बनाकर पी जाना पड़ा। सिर्फ उसने दाँत किटकिटाकर बारी-बारी से मीना और वीरेश्वर प्रताप को देखा और फिर उसने मन-ही-मन कहा, "अगर इस सबका बदला न चुकाया, तो मेरा नाम अशोक नहीं है !"

[8]

दिलवरकिशन ज़ख्मी ने कहा, "ज़रा इस मिसरे पर गौर फरमाइएगा पीतम साहब, यकीन दिलाता हूँ, फड़क उठिएगा, जी, फड़क उठिएगा ! अर्ज़ किया है :

मैं हुस्न से आजिज़ हूँ, मैं इश्क से हूँ हारा,
उफ चाह की चिनगारी ! उफ आह का अंगारा !"

पीतम कमल कोमल ने दुहराया, "उफ चाह की चिनगारी, उफ आह का अंगारा ! वाह दिलवर भाई, कमाल कर दिया आपने वाकई कमाल कर दिया ! अभी एक प्यारी-सी तर्ज़ बनाता हूँ।" और पीतम कमल कोमल ने दीवार से अपना वायलिन उतारा।

दिलवरकिशन ने कहा, "जी, हुस्न एक मरकज़ और इश्क उसका फैलाव। शुरू में एक नन्ही-मुन्नी चाह, उसका नतीजा आह का अंगारा जो झुलसा दे, जला दे, फूँक दे।"

पीतम कमल अपना वायलिन लेकर खिड़की के पास बाहर की तरफ पीठ करके खड़ा हो गया। वायलिन का स्वर मिलाकर उसने कहा, "हाँ दिलवर भाई, दूसरा मिसरा फरमाइए।"

"जी अर्ज करता हूँ—

गाती चलो आँखों से मखमूर तराने तुम—
है छेड़ दिया मैंने भी साँस का इकतारा।"

पीतम कमल ने बढ़कर दिलवरकिशन की दाढ़ी पर हाथ फेरते हुए कहा, "भाई दिलवर ! मौन संगीत की बाबत सुना-भर था, उसकी कल्पना नहीं की थी। अहा-हा ! आँखों के मखमूर तराने और साँस का इकतारा ! गाना भी है, साज़ भी है। भाई दिलवर, आप यहाँ कहाँ आ फँसे, आपको फिल्म में होना चाहिए। आखिर आप बम्बई क्यों छोड़ आए ? ऐसी क्या बात हुई कि आप इस फिल्मी दुनिया से रूठ गए ?"

ज़ख्मी ने एक ठंडी साँस ली, "पीतम भाई, क्या कहूँ अपनी बदकिस्मती को। गौहर की ग़ज़लें, जौहर का जौनपुरी का ख़याल और शौहर का शंखनादवाला गाना—ये सब मैंने लिखे थे; लेकिन इन दिनों फिल्मवालों का दिवाला निकल रहा है। फाकों की नौबत आ गई। सुना, रेडियो में लाइट म्यूजिक बन रहा है। शायरों की कद्र है, तो सीधे दिल्ली का टिकट कटाया; लेकिन यहाँ देखता हूँ ये हिन्दी संसकीरत—ग़ज़ल गायब हो गई—गीत और भजन। रेडियो क्या है, पूरा नक्कारख़ाना बना है। तूती की आवाज़ ही कौन सुनता है ! रोने को जी हो गया है। इस पर भी अर्ज़ किया है :

बेसाख्ता रोने की आदत नहीं मुझमें थी,
गर्दिश ने मुझे पीसा, किस्मत ने मुझे मारा।"

पीतम कमल कोमल ने सहानुभूति की दृष्टि से दिलवरकिशन ज़ख्मी को देखा, "ज़ख्मी साहब ! यही हाल मेरा भी हुआ शुरू में। लेकिन यहाँ अशोक गुप्ता नाम के एक सज्जन हैं, जो कला-भारती चला रहे हैं। अरे साहब, आदमी क्या हैं फरिश्ता हैं, कैरा के ज़रिए मैं वहाँ पहुँच गया। अब साहब, ये रेडियोवाले मुझे बुला रहे हैं, मेरी मिन्नतें करते हैं, खुशामदें करते हैं। और मैं कि वहाँ जाने का नाम नहीं लेता। अशोक साहब हिन्दी के मशहूर कवि हैं; दुनिया घूमे हुए। उनसे आपको मिला दूँगा। यकीन दिलाता हूँ, आपकी किस्मत खुल जाएगी।"

दिलवरकिशन ज़ख्मी ने गाकर चौथा मिसरा पढ़ा :

"बहता हूँ, न रोको तुम, तुम रोक न पाओगे—
तुमको मिला साहिल है, है मुझको मिली धारा।"

और ज़ख्मी हँस पड़ा, "भाई, शायर हूँ। मुझे दुनियावालों से क्या काम ? बहने में मुझे मज़ा आता है। सिर्फ़ एक माशूक की तलाश है। वह भी बम्बई में मौजूद है पीतम भाई, फिल्मों में काम करती है; लेकिन अब हीरोइन बन गई है। अब वह मेरी तरफ देखती नहीं। अब तो यही जी में है कि उसके दरवाज़े पर धूनी रमा दूँ और उससे कहूँ :

तुम दिल से निकालो तो मरहम वह मुहब्बत का,
ले लो इसे गोशे में, ज़ख्मी है यह बेचारा।"

मकता सुनते ही पीतम कमल कोमल अनायास ही उल्लसित हो गया। उसने ज़ख्मी को दोनों हाथों से पकड़ लिया और वह हवा में झुलाते हुए कहने लगा, "क्या मकता चिपकाया है, आपने दिलवर भाई ! मैं धन्य हो गया, आप ऐसे महान कलाकार के दर्शन करके। आप वाकई महान कलाकार हैं !"

"पीतम कमल कोमल छह फुट का और गठे हुए बदन का नवयुवक था, और ज़ख्मी साहब का कद करीब पाँच फुट दो इंच। छरहरे बदन के आदमी। उम्र प्रायः चालीस साल। बाल सफेद होना शुरू हो गए थे। हवा में इस तरह से झूलने में ज़ख्मी को अत्यधिक कष्ट हो रहा है, यह स्पष्ट था और वह चिल्ला-चिल्लाकर कह रहा था, "पीतम साहब, इस तरह का मज़ाक अच्छा नहीं होता। लिल्लाह ! अब बख़्शिए मुझको !"

लेकिन पीतम कमल का जोश कुछ आवश्यकता से अधिक बढ़ गया था। इस जोश को ठंडा किया कैरा कोमल की आवाज़ ने, जो कह रही थी, "मेरे पीतम ! छोड़ो बेचारे को, मर जाएगा, छोड़ो।" और कैरा कोमल ने ज़ख्मी को पीतम कमल के हाथों से छीनकर ज़मीन पर उतारा।

कैरा अकेली नहीं थी। उसके साथ वीरेश्वर प्रताप भी थे। कैरा ने कहा, "मेरे पीतम ! मेरे पीतम ! देखो तो, मेरे गुरुदेव पधारे हैं। वे क्या सोचेंगे तुम्हारी बाबत !" और इस बार वह वीरेश्वर प्रताप की ओर मुँह कर बोली, "मेरे आराध्य देव ! यह जो पीतम है, यह बड़ा ही सीधा है, बड़ा भावुक है। ज़ख्मी से बड़ी मुहब्बत हो गई है इसको...और यह है उर्दू के मशहूर शायर दिलवरकिशन ज़ख्मी !"

ज़ख्मी इस समय तक तख्त पर बैठकर मुस्कराने लगा था। बड़े भोलेपन के साथ उसने कहा, "क्यों भाई पीतम ! हवाई जहाज़ पर चढ़कर इनसान की यही हालत होती होगी ?"

दिलवरकिशन की इस कात से कैरा खिलखिलाकर हँस पड़ी, "पीतम तो कभी हवाई जहाज़ पर चढ़े नहीं। युवराज को ज़रूर इसका अनुभव है।" वह फिर वीरेश्वर प्रताप की ओर मुड़ी, "मेरे आराध्य ! यह दिलवरकिशन ज़ख्मी बड़े प्यारे किस्म के आदमी हैं। इनको आप अपनी पार्टी में बुलाइए। समाँ बाँध देंगे।"

वीरेश्वर प्रताप बड़े कौतूहल के साथ ज़ख्मी को देख रहे थे। दुबला-सा, नाटा-सा, गोरा-सा आदमी, मुख सुन्दर और चेहरे पर एक प्रकार का भोलापन। शेरवानी और ढीली मोहरी का पैजामा पहने हुए। होठ पान के रंग से काले। आदमी वह वीरेश्वर प्रताप को बुरा नहीं लगा। उसने जेब से एक कार्ड निकालकर ज़ख्मी की ओर बढ़ाया, "यह आपके लिए कार्ड है ज़ख्मी साहब ! पार्टी में अवश्य पधारिएगा, और अगर हो सके तो कुछ सुनाने की भी कृपा कीजिएगा।" फिर उसने पीतम कमल से पूछा, "क्यों पीतम कमलजी, आर्केस्ट्रा ठीक हो गया है ?"

"बिलकुल ठीक हो गया है, ज़रा भी चिन्ता न कीजिएगा। ताज़ी से ताज़ी नाच की गतें तैयार कर ली हैं। बिलकुल नया प्रयोग रहेगा।"

"बस कोमल साहब, आपके आर्केस्ट्रा पर ही पार्टी की सफलता है।"

पीतम कमल कोमल ने ज़ख्मी की ओर देखते हुए कहा, "जी हाँ। और ज़ख्मी साहब को क्या बुलाया, गोया कि पार्टी में जान डाल दी। वह ग़ज़लें सुनाएँगे कि तबीयत बाग-बाग हो जाएगी।"

ज़ख्मी साहब कुछ गुनगुना रहे थे। पीतम कमल की बात सुनकर उन्होंने वीरेश्वर प्रताप से कहा, "हुजूर, अर्ज़ किया है :

अपने में ही मैं खुश हूँ, अपने से ही राज़ी हूँ,
मैं कुफ्र हकीकी हूँ, मैं इश्क मजाज़ी हूँ।"

पीतम कमल चिल्ला उठा, "वाह भाई दिलवर ! क्या कुफ्र-हकीकी और क्या इश्क-मजाज़ी ! अहाहा ! क्या बात पैदा की है आपने !"

वीरेश्वर प्रताप ने आश्चर्य से ज़ख्मी को देखा। दिलवरकिशन के गले में एक मीठापन था, एक दर्द था। और दिलवरकिशन ने जो कुछ कहा, वह वीरेश्वर प्रताप की समझ में न आते हुए भी उसे अच्छा लगा। लेकिन वीरेश्वर प्रताप दिलवरकिशन ज़ख्मी का मुशायरा सुनने नहीं आए थे, वह तो कैरा को पहुँचाने आए थे। उन्होंने उठते हुए कहा, "आपका परिचय पाकर मुझे बड़ी प्रसन्नता हुई दिलवरकिशनजी ! दुर्भाग्यवश मैं जल्दी में हूँ। मुझे होटल लौटना है, क्योंकि वहाँ कुछ लोग मुझसे मिलने आनेवाले हैं। फिर कभी इत्मीनान के साथ बैठकर आपकी कविताएँ सुनूँगा।"

पीतम कमल भी उठा, "युवराज, मुझे और कैरा को कनाट प्लेस जाना है। मैं कैरा का इन्तज़ार कर रहा था। अगर आपको कष्ट न हो, तो हम दोनों को वहाँ उतार दीजिएगा। चलो कैरा, वक्त हो रहा है।"

"हाँ युवराज, मैं तो भूल ही गई थी, कि हमें बाहर एक दोस्त के यहाँ खाना खाना है।"

दिलवरकिशन ने जाने को तैयार खड़े कोमल-दम्पती को एक अजीब विवशता के साथ देखा, "क्या आप लोग वाकई जा रहे हैं ? मैं तो अपने मेज़बान से कह आया हूँ कि दिन में आप लोगों के यहाँ ही रहूँगा।"

पीतम कमल ने उत्तर दिया, "तो फिर दिनभर घूमिए-फिरिए। क्या करें, मजबूरी है। रही खाने की, तो खाना किसी होटल में खा लीजिएगा, मुँह का ज़ायका बदल जाएगा।"

"जी, खाने के नाम पर तो फाका समझिए ! घर से पैसे लेकर निकला नहीं। मेज़बान साहब घर में ताला लगाकर दफ्तर चले गए हैं। अच्छे होटल किस क़दर महँगे हैं, यह तो आप लोग जानते ही हैं और सस्ते होटलों का खाना मुँह में नहीं दिया जाता। खैर, भगवान मालिक है।" और एक ठंडी साँस के साथ दिलवरकिशन ज़ख्मी को भी उठना पड़ा।

वीरेश्वर प्रताप से सामने कोई आदमी यह ऐलान करे कि उसे फाका करना पड़ेगा, यह असम्भव था। वीरेश्वर प्रताप ने ज़ख्मी से कहा, "कोई बात नहीं दिलवरकिशनजी, आप मेरे साथ मेरे होटल चलिए। खाना खाइएगा और दोपहर को अपनी कविता सुनाइएगा।"

रीगल के सामने जब कोमल दम्पती को उतारकर वीरेश्वर प्रताप ने टैक्सीवाले से होटल इम्पीरियल चलने को कहा, तो उसी समय उसे मीना की आवाज़ सुनाई दी, "युवराज।"

वीरेश्वर प्रताप टैक्सी से उतर आए। मीना अकेली न थी, उसके साथ अशोक भी था। वीरेश्वर प्रताप ने पूछा, "अरे, आप लोग यहाँ ! इस समय ?"

अशोक ने उत्तर दिया, "देखिए न ! ज़बर्दस्ती मुझे दफ्तर से बुला लिया, काम-काज के वक्त में। कलवाली आपकी पार्टी के लिए इन्होंने जो पोशाक बनवाई है, उसे लेने आई हैं। अकेले आ सकती थीं। लेकिन ज़िद पकड़ गईं, तो मुझे साथ आना पड़ा।"

मीना मुस्कराई, "अकेले आना बड़ा बुरा लगता है युवराज ! और यह अशोक ऑफिस में काम ही क्या करते हैं ! सब काम तो प्रभास भाई और किशोर भाई सँभाले हैं। इन्हें तो सिर्फ घूमना-फिरना रहता है। एकदम निकम्मे हो गए हैं। बड़ी प्यास लगी थी युवराज। सोचा, एक कोल्ड कॉफी पी लूँ। टैक्सी छोड़ दीजिए और आप भी एक कोल्ड कॉफी ले लीजिए।"

वीरेश्वर प्रताप ने टैक्सी पर बैठे दिलवर से कहा, "उतरिए ज़ख्मी साहब, टैक्सी रवाना करूँ।" और वीरेश्वर प्रताप ने टैक्सीवाले का किराया चुकाया।

दिलवरकिशन ने एक बार अशोक को देखा, फिर मीना को देखा। वीरेश्वर प्रताप ने मीना से दिलवरकिशन का परिचय कराया, "यह उर्दू के प्रसिद्ध कवि श्री दिलवरकिशन ज़ख्मी हैं। बड़ी अच्छी ग़ज़लें लिखते हैं और उससे अच्छी तरह से उन ग़ज़लों को गाते हैं। सोचा, दोपहर के समय इनकी कविता सुनी जाए।"

अशोक ने कुछ सोचते हुए कहा, "क्या नाम बताया—दिलवरकिशन ज़ख्मी ?"

"खाकसार को इसी नाम से पुकारते हैं।" दिलवरकिशन बोला।

"शायद आपके ही सम्बन्ध में पीतम कमल कोमल ने मुझसे बात की थी। क्या यहाँ रेडियो में गीत-लेखक बनने के लिए प्रयत्न कर रहे हैं आप ?"

दिलवरकिशन ज़ख्मी चौकन्ना हुआ, "हुजूर का नाम श्री अशोक गुप्ता तो नहीं है ?"

अशोक मुस्कराया, "हाँ, यही मेरा नाम है।"

इस समय तक चारों व्यक्ति गेलार्ड रेस्तराँ के अन्दर पहुँच चुके थे। वीरेश्वर प्रताप ने मीना से कहा, "अगर आपको कोई आपत्ति न हो, तो मैं कोल्ड कॉफी के स्थान पर कोल्ड बियर ज़्यादा पसन्द करूँगा। कहिए ज़ख्मी साहब, आप कोल्ड कॉफी लेंगे या मेरा साथ देंगे, आपको कुछ परहेज़ तो नहीं है ?"

दिलवरकिशन ज़ख्मी ने मुस्कराते हुए कहा, "हुजूर ! अर्ज़ किया है :

मुझको नहीं कुछ काफी, है मुझमें बलानोशी,
तू ढाल मेरे साकी, मुल्ला हूँ न मैं काजी।"

वीरेश्वर प्रताप ज़ख्मी का यह शेर सुनकर ज़ोर से हँस पड़ा, "क्या हाज़िरज़वाबी पाई है आपने भी ज़ख्मी साहब ! दुख है कि मेरी रियासत निकल गई, नहीं तो आपको अपना निजी कवि और मुसाहिब बना लेता। भाई अशोक, आजकल तो कला और कलाकारों का संरक्षण तुम पूँजीपतियों के हाथ में आ गया है। ज़ख्मी साहब को अपनी कला-भारती में ले लो।"

अशोक ने मुँह बनाते हुए कहा, "यह ज़ख्मी ऐसे कवि तुम्हारी उस सामन्तवादी परम्परा के प्रतीक हैं, जहाँ दरबारदारी चलती थी, जहाँ मनुष्य मनुष्य की गुलामी करता था, जहाँ भोग-विलास का साम्राज्य था और जो अब मर चुका है। आज के विचारोंवाले युग में इनका कोई स्थान नहीं। ये लोग युग की भावना को समझते ही नहीं। कला-भारती उस संस्कृति का प्रतिनिधित्व करती है, जो चेतन है, जो प्राणवान है। मुझे बड़ा दुख है ज़ख्मी साहब, कि कला-भारती में आपके लिए कोई स्थान नहीं।"

दिलवरकिशन ज़ख्मी की समझ में अशोक की केवल एक बात आई, वह यह कि कला-भारती से उसे कोई आशा न रखनी चाहिए। इसके आगे वह और कुछ न समझ पाया। इस समय तक कोल्ड कॉफी और बियर वहाँ बैठे लोगों के सामने आ चुकी थी। एक ठंडी साँस लेकर बियर का गिलास ज़ख्मी ने मुख से लगाया और एक घूँट में आधा गिलास खाली करके उसे मेज़ पर रक्खा। कुछ देर वह गुमसुम बैठा रहा, फिर उसने एक करुण दृष्टि अशोक पर डाली, "हुज़ूर ! अर्ज़ किया है :

हँसने दो रकीबों को, खामोश रहो ज़ख्मी,
उजड़ी हुई हस्ती हूँ, हारी हुई बाज़ी हूँ।"

दिलवरकिशन ज़ख्मी का यह शेर सुनकर वीरेश्वर प्रताप फड़क उठे, "क्या मुँहतोड़ जवाब दिया है आपने ज़ख्मी साहब ! खैर, रियासत न सही तो न सही, आज से मैं आपको अपना निजी शायर बनाता हूँ। आप मेरे साथ रहिएगा, दुनिया घूमिएगा, जहाँ चलूँ वहाँ चलिएगा और आपका पूरा खर्च मेरे जिम्मे।"

ज़ख्मी के मुख पर एक मधुर मुस्कान आ गई। इस समय तक ज़ख्मी ने बियर का गिलास समाप्त करके भर लिया था। पता नहीं, यह बियर का प्रभाव था या वीरेश्वर प्रताप के निजी शायर बनने की खुशी थी, ज़ख्मी की आँखों में एक चमक पैदा हो गई। उसने झुककर वीरेश्वर प्रताप को सलाम करते हुए कहा, "हुज़ूर, अर्ज़ किया है :

रहमत का यही हासिल, उसको कोई सर पर ले,
तू बन्दानवाज़ है तो, मैं बन्दानवाज़ी हूँ।"

मीना आश्चर्य के साथ वीरेश्वर प्रताप और दिलवरकिशन के इस जोड़े को देख रही थी। वह ज़ख्मी, खुद अपने ही रंग में डूबा हुआ था, खुद अपने में खोया हुआ। यह वीरेश्वर प्रताप भी मुक्त, निर्द्वन्द्व, न कोई चिन्ता, न कहीं दुराव-छिपाव। जिस समाज में मीना पल रही थी, अशोक पल रहा था, आज की दुनिया पल रही है, उसमें कितनी घुटन थी, कितने प्रतिबन्ध थे ! उसमें ज़ख्मी ऐसे आदमी नहीं मिलते थे, जो अपने को पूरी तरह खो दें। उसे ज़ख्मी के व्यक्तित्व में एक प्रकार की मोहकता दिख रही थी। उसने ज़ख्मी से कहा, "ज़ख्मी साहब, कभी मेरे यहाँ पधारने का कष्ट करें।" फिर उसने अशोक की ओर देखा, "अशोक ! जख्मी साहब के लिए कला-भारती में कोई प्रबन्ध नहीं हो सकता ?"

अशोक ने मुँह बनाते हुए कहा, "इनका प्रबन्ध तो युवराज ने कर ही दिया है। तुम जो इन्हें अपने यहाँ बुलाती हो, तो पहले युवराज की तो अनुमति ले लो ! आज से ये युवराज की नौकरी में हो गए।"

अशोक के शब्दों की कटुता वीरेश्वर प्रताप के प्रति थी या दिलवरकिशन ज़ख्मी के प्रति थी, यह कहना कठिन है; लेकिन ज़ख्मी ने अशोक की बात सुनकर उसको लम्बा सलाम किया और बड़ी मधुर मुस्कान के साथ कहा, "नौकरी नहीं, परवरिश ! जनाब अशोक गुप्ता साहब, परवरिश ! तो बहनजी, मैं आपके यहाँ हाज़िरी दूँगा, आप इतमीनान रक्खें।"

[9]

विभिन्न समाजों और विभिन्न संस्कृतियों में जूते के विभिन्न स्थान हैं; लेकिन इससे इनकार नहीं किया जा सकता है कि हरेक समाज में जूते ने अपना एक निजी स्थान बना लिया है।

अपने इस ऋषि-मुनियों के पवित्र देश में जूते को बड़ा हीन समझते हैं। जूता पहनकर आप खाना नहीं खा सकते, देवालयों में नहीं प्रवेश कर सकते। महफिलों और मजलिसों में जूता वर्जित है। यही नहीं, कुछ घरों में तो कमरे में प्रवेश करने से पहले जूते को देहरी पर उतार देना पड़ता है। जूते का काम केवल पैरों की रक्षा करना होता है। आप निहायत फटा हुआ जूता पहनकर शानदार-से-शानदार महफिल में हो आइए, और कोई आपकी तरफ उँगली तक न उठाएगा। सच तो यह है कि समझदार लोग नया जूता और साबुत जूता पहनकर महफिलों में और बारातों में जाते ही नहीं; क्योंकि वहाँ जूते चोरी हो जाने का खतरा रहता है। कुछ लोगों का तो यह पेशा हो गया है कि नया जूता बाज़ार से खरीदने के स्थान पर इन महफिलों और बारातों में अपने पुराने जूतों को दूसरों के नए जूतों से बदल लें।

हमारे समाज में जूते का महत्त्व सिर्फ मारपीट में है और मारपीट में जितना घिसा हुआ, जितना फटा हुआ जूता हो, उतना ही अच्छा माना जाता है। जूतेबाज़ी में लोगों का उद्देश्य चोट पहुँचाना उतना नहीं होता, जितना इज़्ज़त उतारना होता है। वैसे कुछ ज़ालिम क़िस्म के राजा-रईस जूते से इज़्ज़त उतारने के साथ चोट पहुँचाने का काम भी लेते थे; लेकिन इस काम के लिए वे खासतौर के मज़बूत जूते बनवाते और उन जूतों को इस क़दर तेल पिलाते थे कि बस पूछिए मत, यानी आप उसका अन्दाज़ा नहीं लगा सकते। बहरहाल इतना कह देना काफी होगा कि हमारी भारतीय संस्कृति और परम्परा में जूते का बहुत निम्न स्थान माना जाता है।

लेकिन अंग्रेज़ी संस्कृति में जूते का स्थान बहुत ऊँचा है। दावत-तवाज़ा, सभा-सोसायटी, नाच-गाना सभी जगह आपको जूता पहनकर जाना पड़ता है। रोज़ सुबह लोग-बाग जैसे देवता पर फूल-फल चढ़ाते हैं, ठीक उसी तरह जूते पर पालिश करते हैं। इस क़दर चमकाते हैं कि उसमें मुख दिख जाए; क्योंकि लोगों की नज़र सबसे पहले आपके जूतों

पर ही पड़ती है। कुछ इसी ख़याल से किसी समय जूते के टो में घड़ी लगाने की प्रथा भी चल पड़ी थी; लेकिन बहुत जल्दी ही वह गायब हो गई, क्योंकि जूते में लगी घड़ी को खतरा होता है। आखिर यह जूता पहना तो पैर में ही जाता है, और पैर शरीर का सबसे अरक्षित भाग है। ठोकर लग जाए, भाग-दौड़ में पैर कुचल जाए। और सबसे बड़ी बात तो यह है कि लात चलाना, ठोकर मारना—मानव अपनी इन आदतों को कभी नहीं छोड़ सकेगा।

विलायती सभ्यता में जूते को बहुत महत्त्वपूर्ण स्थान मिला है। जूता देखकर आप किसी भी व्यक्ति का समाज में स्थान बता सकते हैं।

और इसीलिए रामप्रकाश ने मीना के लिए जूतों की खरीदारी में जो परिश्रम किया, वह अस्वाभाविक न था। मंसाराम ब्रदर्स की जूतों की दुकान में जूते बनवाना कोई हँसी-खेल नहीं है। वहाँ सिर्फ इने-गिने लोग ही जूते बनवा सकते हैं। मीना के जूतों के दाम बहुत कहा-सुनी के बाद अस्सी रुपये स्वीकार किए थे, वरना उसने नब्बे रुपये बतलाए थे। मखमली स्वेड पर लखनऊवाला असली ज़रतारी का काम, निहायत लुभावना गहरा हरा रंग। रविवार को दोपहर-भर मंसाराम का छोटा भाई हंसाराम जूतों पर काम करता रहा और शाम के समय जाकर कहीं वह जूता तैयार हुआ। जिस समय रामप्रकाश जूते लेकर घर पहुँचा, अशोक ड्राइंगरूम में चुप बैठा कुछ सोच रहा था।

बात यह हुई कि अशोक उस दिन सुबह ज़रा कुछ देर से उठा, यानी कोई साढ़े आठ बजे। उठते ही उसे कुछ ऐसा लगा कि उसके दिल की धड़कन और दिनों की अपेक्षा कुछ अधिक तेज़ है। उसे और कुछ न सूझा, तो उसने अपने सिरहाने रक्खे टेलीफोन को डायल किया। असल में वह फोन करना चाहता था डॉक्टर चौधरी को, लेकिन न जाने कैसे उसके हाथ से डायल हो गया मीना का नम्बर। मीना के घर से उसे आवाज़ सुनाई दी, "हलो, मैं मिस्टर भारती के यहाँ से बोल रहा हूँ, आप किसे चाहते हैं ?"

आवाज़ अशोक को कुछ पहचानती हुई-सी लगी। उसने कहा, "मैं कुमारी मीना भारती से बात करना चाहता हूँ।"

"कुमारी मीना भारती से बात करना चाहते हैं आप ?" उस आवाज़ ने कहा, "आप कौन हैं ?"

अशोक ने झल्लाहट के साथ कहा, "मैं कोई भी हूँ, आप मीना को बुला दीजिए।"

उस ओर से सुनाई पड़ा, "जब तक आप अपना नाम नहीं बतलाते, तब तक मीना को आपकी खबर नहीं दी जा सकती !"

अशोक एकाएक गरम हो गया, "तुम बड़े बदतमीज़ आदमी हो ! कौन हो तुम ?"

उधर से आवाज़ आई, "मुझे बदतमीज़ी के साथ पेश आना पड़ रहा है, इसका मुझे दुख है। अपना नाम बतलाने के पहले मैं तुम्हारा नाम जानना चाहूँगा।"

अशोक चिल्ला उठा, "मैं तुम्हें अपना नाम हरगिज न बताऊँगा। तुम मिस्टर भारती को फोन दे दो।"

दूसरी तरफ से भी तेज़ी का जवाब सुनाई पड़ा, "फोन पर अधिकार इस समय मेरा है, जब तक तुम अपना नाम न बताओगे, मैं मिस्टर भारती को भी फोन नहीं दूँगा।"

अशोक अब कोई अच्छी-खासी गाली सोच रहा था कि उसे टेलीफोन पर खड़खड़ाहट की आवाज़ सुनाई पड़ी और उसे जयदेव भारती का स्वर सुनाई पड़ा, "हैलो, मैं भारती बोल रहा हूँ।"

अशोक का पारा इस समय तक काफी चढ़ गया था, "हैलो पापा, यह कौन बदतमीज़ आदमी अभी फोन पर बोल रहा था ?"

जयदेव की हँसी अशोक को सुनाई पड़ी, "बड़े गधे हो अशोक ! युवराज वीरेश्वर प्रतापजी की आवाज़ से और उनके बात करने के ढंग से भी तुम उन्हें नहीं पहचान सके ? करीब आधा घंटे से यहाँ विराजमान हैं, चाय की तैयारियाँ हो रही हैं। पन्द्रह-बीस मिनट के अन्दर आ जाओ।"

"मुझे बहुत ज़रूरी काम से आज इसी समय देहरादून जाना है, कार बाहर खड़ी है। मीना को यही बतलाने को फोन किया था।"

"क्या बचपने की बात कर रहे हो ? आज युवराज की पार्टी को छोड़कर तुम कैसे जा सकते हो ? क्या काम आ पड़ा देहरादून का ?" जयदेव ने ज़रा कड़े स्वर में पूछा।

अशोक जयदेव भारती से झूठ बोलने में हमेशा घबराता था; क्योंकि जयदेव भारती की आदत बात की तह तक पहुँचने की थी और छानबीन से झूठ खुल जाया करता है। अशोक ने ज़रा मुलायम पड़ते हुए कहा, "जी, जब आप ज़ोर देते हैं तो रुकना ही पड़ेगा। मैं टेलीफोन पर यहाँ बात समझा दूँगा, लेकिन किसी आदमी का वहाँ जाना भी आवश्यक है। देखूँ, प्रभास भाई साहब या किशोर भाई साहब में किसी से चले जाने को कहूँ। लेकिन इस समय मैं न आ सकूँगा।" और अशोक ने बिना जयदेव भारती के उत्तर की प्रतीक्षा किए हुए टेलीफोन का रिसीवर रख दिया।

अशोक के सामने प्रश्न यह था कि किसी प्रकार युवराज वीरेश्वर प्रताप को नीचा दिखाया जाए। यह मीना ! यह तो वीरेश्वर प्रताप के इशारे पर नाचने लगी थी। उसे अब वीरेश्वर प्रताप के साथ-साथ मीना पर भी क्रोध आ रहा था। ज्यों-ज्यों वह इस क्रोध को शान्त करने का प्रयत्न करता था, त्यों-त्यों यह क्रोध और भी उग्र रूप धारण करता जा रहा था। दोपहर के भोजन के बाद क्रोध का स्थान एक दुख-भरी निराशा ने ले लिया।

रविवार को वह दोपहर के भोजन के बाद तीन घंटे की नींद अवश्य ले लेता था; लेकिन उस दिन उसकी नींद कुछ अजीब तरह से टूटी हुई, दुःस्वप्नों से भरी हुई थी। ठीक पाँच बजे, जब उसके नौकर ने उसके सिरहाने चाय रक्खी थी, उसे यह अनुभव हो रहा था कि उसका दिल धीरे-धीरे बैठा जा रहा है। चाय पीकर वह उठा। शेव और स्नान करके उसने जैसे-तैसे रातवाली पार्टी के लिए कपड़े पहने। उसने घड़ी देखी। अब साढ़े पाँच बज रहे थे। समय काटे नहीं कट रहा था। उसकी समझ में नहीं आ रहा था कि वह क्या करे। एकाएक उसने सिर को झटका दिया, दिल को ताकत पहुँचाने

के लिए उसने एक पैग ब्रांडी का पिया और उसे अनुभव हुआ कि आग की एक लहर-सी उसके शरीर में दौड़ गई। दिल ठीक अपने ठिकाने पर आ गया। शीशे में उसने अपनी शक्ल देखी—आँखों में चमक आ गई थी और अनायास ही उसने मुँह से सीटी बजाकर सबसे ताज़ी फिल्म के सबसे लोकप्रिय गाने की धुन निकाली। तेज़ी के साथ वह कमरे से बरामदे में आया। उसकी बड़ी ब्यूक कार बरामदे में खड़ी थी। वह कार पर बैठ गया। ड्राइवर से उसने कहा, "भारती साहब के बँगले को।"

मीना के घर पर पहुँचकर उसने स्पष्ट रूप से अनुभव किया कि वह समय से बहुत पहले चला आया है। मीना बाथरूम में थी। श्रीमती ज्ञानेश्वरी कीर्तन-पार्टी से अभी लौटी न थीं और जयदेव भारतीय सो रहे थे। यह सोचने के लिए कि अब क्या किया जाए, अशोक ड्राइंगरूम में बैठ गया, और एक बार जो बैठा, तो फिर उसकी वहाँ से उठने की तबीयत ही न हुई।

रामप्रकाश को देखते ही जैसे उसे कुछ सहारा मिला। रामप्रकाश ने कमरे में प्रवेश करते हुए कहा, "अरे अशोकजी ! नमस्कार ! आप तो एकदम तैयार होकर आ गए। अभी कुल पौने छह बजे हैं। पार्टी का समय तो साढ़े आठ बजे है। पूरे पौने तीन घंटे बाकी हैं !"

"पौने तीन घंटे !" अशोक ने घड़ी देखी।

"हाँ, पौने तीन घंटे।"

अशोक का स्वर कुछ मुरझाया हुआ था। सोच रहा था, ये पौने तीन घंटे कैसे बिताए जाएँ ?

रामप्रकाश हँस पड़ा, "यह कौन-सी बड़ी बात है। फाउंटेन पेन तो आपके पास है ही। मैं कागज लाए देता हूँ, तब तक आप दस-पाँच कविताएँ ही लिख डालिए !"

"कविता लिखने के मूड में नहीं हूँ।" अशोक ने रूखाई से कहा, "तुम्हारे हाथ में यह कैसा बंडल है ?"

"मीना के जूते हैं। अहा हा, अशोकजी, कितने खूबसूरत जूते हैं यह ! ऐसे जूते हिन्दुस्तान में क्या, दुनिया के किसी कोने में नहीं मिलेंगे। खास डिज़ाइन के बनवाए हैं। तबीयत खुश हो जाएगी देखकर।" और रामप्रकाश ने जूते का डिब्बा खोला।

यह स्पष्ट है कि जूते देखकर अशोक की आँखें चौंधिया गईं। वास्तव में उसने इतना खूबसूरत जूता पहले कभी नहीं देखा था। इसी समय मीना दौड़ती हुई ड्राइंगरूम में आई, "ले आए, प्रकाश भैया ! अरे इतना खूबसूरत जूता ! अहाहा-हा ! मज़ा आ जाएगा। तुम बड़े अच्छे हो प्रकाश भैया !" और मीना ने उलट-पुलटकर जूता देखना शुरू किया।

अशोक उस कमरे में मौजूद था; लेकिन मीना ने अशोक पर ध्यान देने के बजाय उस जूते पर ध्यान दिया। अशोक को यह बहुत बुरा लगा। मुँह फेरकर वह इस प्रतीक्षा में बैठ गया कि मीना उसकी तरफ ध्यान दे। और मीना ने अशोक की ओर ध्यान दिया—उसकी कुशल-क्षेम पूछने को नहीं; बल्कि उससे अपने जूते की तारीफ कराने के

लिए, "देखो अशोक, कितना प्यारा जूता है ! कैसा खूबसूरत, कितना मुलायम चमड़ा, कितना सुन्दर डिज़ाइन !"

अशोक ने गुर्राहट की आवाज में कहा, "हूँ, बड़ा कीमती होगा।"

मीना को अशोक की यह मुद्रा अच्छी नहीं लगी, "क्या बात है अशोक ! किसी से झगड़ा हो गया है क्या, तो इतने झल्लाए हुए हो ? मैं चाय भिजवाती हूँ। तब तक मैं तैयार-वैयार होकर कपड़े पहन लूँ। आज मुझे-ही-मुझे दिखना है बस पार्टी में।" और मीना ने मुस्कराकर अपनी प्रसन्नता प्रकट की।

अशोक ने मन-ही-मन हिचकिचाकर कहा, "हूँ, आज तुम-ही-तुम उस पार्टी में दिखोगी, देखूँगा, कैसे तुम-ही-तुम दिखती हो।"

मीना अशोक से और कुछ बात किए बिना जूता लेकर अपने कमरे में चली गई। रामप्रकाश थोड़ी देर चुपचाप खड़ा रहा; पर अशोक जैसे एक तन्द्रा में डूब गया था। रामप्रकाश को भी कहना पड़ा, "क्षमा कीजिएगा अशोकजी, मैं भी ज़रा तैयार होकर कपड़े-वपड़े पहन लूँ। रानीजी ने कहा है कि मैं उन्हें अपने साथ ले चलूँ, और रानीजी को तो आप जानते ही हैं, बड़ी जल्दी नाराज़ हो जाती हैं।"

अशोक ने मानो रामप्रकाश की बात सुनी ही नहीं। रामप्रकाश ड्राइंगरूम से चला गया। रामप्रकाश के जाने के कुछ क्षणों के ही बाद ज्ञानेश्वरी ने टुन्नू और बेबी के साथ कमरे में प्रवेश किया। अशोक को देखते ही ज्ञानेश्वरी ने कहा, "आ गया अशोक बेटा ! बड़ा अच्छा किया। मुझे तो कीर्तन में देर हो गई। अहा हा ! उस पंडित ने ऐसी सुन्दर रामायण की कथा सुनाई कि उठने को जी ही नहीं चाहा। साहब अभी नहीं उठे ! अरे टुन्नू, साहब को जगा, जाकर। अशोक बेचारा कमरे में अकेला बैठा है और वह पैर फैलाए सो रहे हैं। इतवार के दिन पूरे कुम्भकरण बन जाते हैं।"

टुन्नू अपनी माता का आदेश पालन करने के लिए जाने ही वाला था कि जयदेव भारती अपने कमरे से निकलते हुए दिखे, "क्या कहा, कुम्भकरण ? उस रामायणी पंडित ने, मालूम होता है कुछ ऐसा जादू पढ़ा दिया है कि तुम्हें रावण, मेघनाद और कुम्भकरण ही नज़र आते हैं। अरे अशोक, ज़रा मूड ठीक कर लो, कुछ दोस्त लोग आनेवाले हैं।" यह कहकर जयदेव ने दीवार पर लगी घड़ी देखी। सवा छह बज रहे थे।

नौकर अशोक के सामने चाय की ट्रे रख गया; लेकिन अशोक चाय पीने के मूड में जैसे था ही नहीं। वह चुप बैठा रहा। ज्ञानेश्वरी टुन्नू और बेबी का हाथ पकड़े हुए अपने कमरे में चली गईं। जयदेव ने चाय की ट्रे और अशोक के मुखवाली वितृष्णा को देखते हुए कहा, "क्यों अशोक, तुम्हें कुछ ज़्यादा ज़बर्दस्त चीज़ की ज़रूरत मालूम हो रही है, भला इस चा-वा से क्या होगा ?"

अशोक ने अनुभव किया कि उसे जल्दी ही जम्हाई आनेवाली है और उसकी आँखें कुछ झिप-सी रही हैं। उसने कहा, "जी, आपका साथ दे दूँगा।"

"साथ क्या दोगे खाक !" जयदेव ने पोर्टिको की ओर देखते हुए कहा, "यह कृष्णन आज पहले ही आ पहुँचा। खुद न पिए तो न पिए, दूसरों के पीने में भी नाक-भौं

सिकोड़ने लगता है।"

"हलो भारती, अब कभी मत कहना कि मैं हमेशा लेट रहता हूँ। आज पन्द्रह मिनट पहले ही मैं पहुँच गया हूँ।" कृष्णन ने जयदेव भारती से हाथ मिलाते हुए कहा।

"तुमने कमाल कर दिया किशन ! बैठो, आज तुम समय से पहले आए, तो मेहता और गुप्ता गायब हैं। अभी फोन करके उन्हें तुम्हारे आने की खबर देता हूँ।"

जयदेव के उठने के पहले ही ज्ञानेश्वरी की आवाज़ सुनाई पड़ी, "अरे देखते हो कितना सुन्दर जूता है। प्रकाश ने एक खास दूकान से मीना के वास्ते बनवाया है; लेकिन जूते का ऐसा सुन्दर डिज़ाइन तो मैंने पहले कभी न देखा था !" और कहते-कहते ज्ञानेश्वरी ने मीना का जूता जयदेव भारती को पकड़ा दिया।

जयदेव भारती ने जूता उलट-पलटकर देखा। ऐसा लगता है कि जूता उन्हें भी पसन्द आ गया, "वाकई बड़ा खूबसूरत जूता है, क्यों कृष्णन ?" और भारती ने जूता कृष्णन की गोद में रख दिया।

कृष्णन में ब्राह्मणत्व के संस्कार पूरी तरह से मौजूद थे। वैसे आई.सी.एस. और भारत सरकार का एक मन्त्री होने के नाते वह समाज में ज़र्क-बर्क दिखता था; लेकिन घर में वह रोज़ सुबह दो घंटे पूजा करता था। कमरे में नंगे पैर और लुंगी पहनकर रहता था, और पाटे पर बैठकर तथा केले के पत्ते पर परसवाकर साँभर, रसम और दही के साथ खाता था, तथा इडली, दोसा का नाश्ता करता था। उसे अपनी गोद में जूता रक्खा जाना अच्छा नहीं लगा, यह स्पष्ट था। एक अजीब तरह की कड़वाहट अपने मुँह पर लाकर उसने कहा, "जूता, जूता है। मजबूरी से पहना जाता है। अगर न पहना जाता, तो और भी अच्छा होता।" यह कहकर वह उठ खड़ा हुआ और जूता ज़मीन पर खिसक गया।

ज्ञानेश्वरी ने मुस्कराते हुए कहा, ''आपको जूतों में कोई रुचि नहीं मालूम होती कृष्णन साहब !''

कृष्णन ने उत्तर दिया, "मैं ब्राह्मण हूँ मिसेज़ भारती, चमार नहीं हूँ। हमारे कुल में आज तक किसी ने जूता नहीं पहना। यह तो अपवित्र होता है।"

जयदेव भारती को अब अपनी गलती का पता चला। उन्होंने कहा, "अरे कृष्णन, मैं तो भूल ही गया था कि तुम ब्राह्मण हो। माफ करना, जो मैंने तुम्हें जूता छुआ दिया। वैसे तुम जूता पहने हुए हो, इसलिए तुम्हें कोई आपत्ति नहीं होनी चाहिए।"

जयदेव की इस क्षमा-याचना से कृष्णन और भी कठोर हो गया, पिघलना तो दूर रहा, "हाँ, जूता मैं पहने हूँ, लेकिन मैं पैर में पहने हूँ। और इसे नौकर ने पहना दिया था, मैंने अपने हाथ से इसे नहीं छुआ। तुमने तो जूता मेरी गोद में रख दिया। अब मुझे स्नान करना पड़ेगा।"

"मैं अभी तुम्हारे बाथ का प्रबन्ध करवाए देता हूँ। मेम साहब, कृष्णन के लिए बाथ का प्रबन्ध हो जाना चाहिए। और मैं तुम्हारे घर फोन करके कपड़े मँगवाए लेता हूँ, क्योंकि तुम्हें शायद कपड़े भी बदलने होंगे।" यह कहकर जयदेव भारती कृष्णन के घर फोन करने के लिए बरामदे में चले गए और ज्ञानेश्वरी बाथ का प्रबन्ध करने चली गईं।

एकाएक कृष्णन की नज़र अशोक पर पड़ी और उसने देखा कि अशोक मुस्करा रहा है। अशोक की यह मुस्कराहट कृष्णन को सख्त नापसन्द आई। उसने कड़े स्वर से पूछा, "तुम मुस्करा क्यों रहे हो ? मुझे बेवकूफ समझते हो ?"

इस प्रश्न से अशोक सकपकाया। उसने गम्भीर होने का प्रयत्न करते हुए कहा, "जी, बात यह है—जी, मैं ज़रा जूते पर सोच रहा था।"

कृष्णन के धैर्य का बाँध टूट गया, "जूता ! जूता ! इतनी अपवित्र और गन्दी चीज़ पर तुम लोग सोच सकते हो सोचो, मैं जाता हूँ।" और कृष्णन उठकर दरवाज़े की ओर चला।

अशोक को भी उठना पड़ा, "आप तो रुष्ट हो गए ! मेरा मतलब यह नहीं था।" लेकिन कृष्णन को भला अशोक की बात सुनने की कहाँ फुर्सत ! वह तीर की तरह कमरे के बाहर हो गया।

अशोक ने कृष्णन का पीछा करना बेकार समझा। उसकी नज़र मीना के जूते से उलझ गई, जो ज़मीन पर पड़ा था। हरे रंग का अत्यन्त लुभावना जूता ! बिलकुल नया कट, बिलकुल नया डिज़ाइन। बिजली के प्रकाश में उस जूते का ज़रतारी का काम चमक रहा था। एक बार उसकी तबीयत हुई कि वह उस जूते को उठाकर उलटे-पलटे, उसकी शोभा निरखे। और, उसने जूते को उठा ही लिया। उसी समय उसे दो आवाज़ें एक साथ सुनाई पड़ीं—एक आवाज़ थी कृष्णन की कार की घरघराहट की, जो धीमी पड़ती जा रही थी; और दूसरी थी जयदेव भारती की डाँट, तो तेज़ पड़ती जा रही थी। जयदेव भारती ने कमरे में प्रवेश करते हुए कहा, "अशोक ! क्या कृष्णन चला गया ?"

"ऐसा मालूम होता है कि उनका गुस्सा हद से ज़्यादा बढ़ गया था।" अशोक ने दबी ज़बान से कहा।

"बड़ा गधा है। अशोक, तुम अपनी कार पर जाकर उसे मना लाओ। जल्दी करो।"

अशोक जूते को हाथ में लिए हुए ही बाहर निकला। अपनी कार पर बैठकर उसने ड्राइवर से कहा, "कृष्णन साहब के बँगले।"

जूता इस समय भी अशोक के हाथ में था। इधर कार बँगले के बाहर निकली और उधर अशोक को होश आया कि मीना का जूता वह लिए हुए है। इतना समय नहीं था कि वह मीना का जूता वापस रखने के लिए कार को फिर लौटाए। और उसी समय एकाएक एक मौलिक विचार उसके मन में आया, 'मान लो, यह जूता ही गायब हो जाए ! तो मीना का यह हरे रंगवाला शृंगार ही फीका पड़ जाएगा। बिना हरे जूते के वह असली पन्ने का शानदार सेट, वह फ्रेंच क्रेप सिल्क की ज़रतारीवाली हरी साड़ी, वह हरा मेकअप ! सभी बेकार होंगे ! और यह मीना ! यह मीना, जो वीरेश्वर प्रताप के इशारे पर नाच रही है, यह मीना जो वीरेश्वर प्रताप की पार्टी में वही-वह दिखे, इसलिए अप्सरा का रूप धारण करना चाहती है, उसकी पूरी तरह से किरकिरी हो जाएगी ! और इस विचार से अशोक मन-ही-मन मुस्कराया।

कृष्णन काफी नाराज़ था। अशोक की बड़ी ब्यूक कार उसकी छोटी-सी आस्टिन कार को उसके बँगले तक नहीं पकड़ सकी। जिस समय अशोक की कार ने बँगले में प्रवेश किया, कृष्णन अपनी कार से उतरकर बरामदे में पहुँच चुका था। उसने अशोक की कार को रुकते देखकर बरामदे से ही पुकारकर कहा, "मैं नहाने जा रहा हूँ। नहाकर खाना खाऊँगा। भारती से कह देना कि मेरा ब्रिज का प्रोग्राम फिस्स !"

अशोक कृष्णन को मनाने के लिए बरामदे की ओर बढ़ा और कृष्णन ने फिर आवाज़ दी, "तुम्हारा कुछ कहना-सुनना बिलकुल बेकार। मैं कोई बात नहीं सुनूँगा।" यह कहकर कृष्णन बरामदे की बिजली बुझाकर घर के अन्दर दाखिल हो गया और उसने कमरे का दरवाज़ा अन्दर से बन्द कर लिया।

अशोक अब कृष्णन के बँगले के बरामदे में खड़ा हो गया। एक अजीब-सी अनिश्चित मनोदशा में। उस समय भी जूता उसके हाथ में था। मानो वह जूता हाथ से चिपक गया हो। यह सारा झगड़ा-फसाद इसी जूते के कारण हुआ है—अशोक ने सोचा। उसने बड़े प्रयत्न के साथ जूता कृष्णन के बरामदे में पड़ी तिपाई पर रख दिया और वह अपनी कार में आकर बैठ गया। ड्राइवर से उसने कहा, "भारती साहब के बँगले।"

जयदेव भारती ने अशोक से पूछा, "क्यों, क्या कहा ?"

"मुझसे बात ही नहीं की पापा ! मेरी कार देखते ही बोले, 'बातचीत बेकार, ब्रिज का प्रोग्राम फिस्स।' और जब तक मैं कार से उतरूँ, तब तक बँगले में घुसकर अन्दर से दरवाज़ा बन्द कर लिया।"

"यह तो बुरा हुआ। वज्र गधा है। मेहता का फोन आया था, गुप्ता वहाँ पहुँच गए हैं। कृष्णन के बिना हम तीन रह जाएँगे।" फिर कुछ सोचकर भारती ने कहा, "खैर छोड़ो भी, मेहता के यहाँ पहुँचकर चौथे पार्टनर की तलाश की जाएगी। वैसे मिसेज़ मेहता भी कभी-कभी ब्रिज खेल लेती हैं।" और भारती मेहता के यहाँ के लिए रवाना हो गए।

अशोक अब ड्राइंगरूम में बैठ गया। उसका मन हलका था, लेकिन उसका दिल धड़क रहा था।

[10]

घर-भर ढूँढ़ डाला गया, लेकिन मीना का जूता, जो न मिला, सो न मिला। ज्ञानेश्वरी, टुन्नू, बेबी, रामप्रकाश, अशोक, नौकर-चाकर, यानी करीब बारह आदमी जूता ढूँढ़कर हार गए। मीना ड्राइंगरूम में बैठी रो रही थी। घड़ी में अब पौने आठ बजे, और हारकर जूता ढूँढ़नेवाले ड्राइंगरूम में इकट्ठे हुए। सबके-सब पराजित से सिर झुकाए खड़े थे। सबके सामने यही प्रश्न था—अब क्या हो ?

मीना का वह शृंगार अद्वितीय था; लेकिन बिना हरे जूते के वह सारा शृंगार निरर्थक और बेकार ! ज्ञानेश्वरी ने मीना के आँसू पोंछते हुए अशोक से कहा, "बेटा अशोक ! बाज़ार से कोई बना-बनाया हरे रंग का जूता ला दो। कम-से-कम किसी तरह इस पार्टी में तो मीना जा सके।"

"लेकिन मम्मी, आज इतवार है, बाज़ार बन्द है।" अशोक ने कहा।

रामप्रकाश कुछ देर तक सोचकर बोला, "मीना ! तुम्हारी किसी सहेली के पास तो हरे रंग का जूता होगा, फोन करके पूछो। मैं अभी वहाँ से ले आऊँगा। किसी तरह काम चल जाएगा।"

तीन-चार जगह फोन किए जाने के बाद मिस कलानी नें कहा, "हाँ, मीना, लेकिन मेरा जूता शायद तुम्हें कुछ बड़ा हो...हाँ-हाँ, रामप्रकाश को भेज दो, दे दूँगी।"

रामप्रकाश जब मिस कलानी के यहाँ से हरे रंग का जूता लेकर लौटा, आठ बज रहे थे। इस बीच में अन्नपूर्णा के तीन फोन रामप्रकाश के पास आ गए। वह रामप्रकाश की प्रतीक्षा कर रही थी। मीना ने रामप्रकाश से कहा, "तुम कितने अच्छे हो प्रकाश भैया ! अन्नपूर्णा आंटी के तीन फोन आ चुके हैं। तुम अशोक की कार में जल्दी से चले जाओ, और वहाँ जाते ही गाड़ी भेज देना।" यह कहकर मीना ने मिस कलानी का जूता पहना।

मिस कलानी का पैर मीना के पैर से आधा नम्बर बड़ा था। रामप्रकाश ने कहा, "खैरियत यह है कि छोटा नहीं निकला। बड़े जूते में तो पैड-वैड लगाकर काम चल जाएगा।" और यह कहकर रामप्रकाश चला गया।

मीना ने पैड लगाकार जूता बाँधा। फिर वह दस-पाँच कदम कमरे में चली। इसके बाद वह बोली, "कुछ तकलीफ होती है मम्मी, इसको पहनकर मैं नाच नहीं सकूँगी।"

"कोई बात नहीं, मैं कह दूँगा कि तुम्हारा पैर थोड़ा-सा मिचक गया है।" अशोक ने उत्साह के साथ कहा और जैसे उसे और भी नई बात सूझी, "और मीना, बड़ा जूता पहनकर तुम्हारी टाँग में जो लँगड़ाहट आ गई है, पैर मिचक जाने की इस बात से उसकी भी सफाई हो जाएगी। क्यों मम्मी ?"

ज्ञानेश्वरी को मीना की इस दशा पर बहुत दुख हो रहा था, उन्होंने कोई उत्तर नहीं दिया।

इसी समय जयदेव भारती ने कमरे में प्रवेश किया। उनके हाथ में मीना का जूता था और वे कह रहे थे, "गधा ही नहीं है, पाजी भी है यह कृष्णन। जूते से नाराज़ होने के यह माने नहीं थे कि जूता ही उठा ले जाता यहाँ से। यह तो कहो कि मिसेज़ मेहता घर पर नहीं थीं, चौथे पार्टनर की तलाश करनी ही थी और लोगों ने मुझे कृष्णन को मना लाने के लिए ज़बर्दस्ती भेजा। वहाँ देखता हूँ कि बरामदे की तिपाई पर यह जूता रक्खा है और वह घर का दरवाज़ा बन्द किए अन्दर बैठा था। घर के बाहर निकला ही नहीं।"

जूते को देखकर मीना एकदम खिल उठी। उसने झपटकर जूता भारती के हाथ से लिया और मिस कलानी का जूता उतारकर वहीं पर अपना जूता पहना और अशोक

का हाथ पकड़कर उसने ड्राइंगरूम में ही बाल डांस का एक चक्कर लगाया, "अहा हा ! आज मैं-ही-मैं दिखूँगी।"

मीना ने अपनी प्रसन्नता में यह नहीं देखा कि अशोक का चेहरा एकाएक विकृत हो गया। जयदेव भारती को ब्रिज की जल्दी थी, वे मुस्कराते हुए बाहर चले गए। नौकर अपने काम-काज में लग गए और ज्ञानेश्वरी, बेबी और टुन्नी के खाने का इन्तज़ाम करने डाइनिंग रूम में चली गईं। आठ बजकर पाँच मिनट थे, मीना ने अशोक से कहा, ''अशोक ! रोने से पेंट धुल गया, ज़रा इसे ठीक-ठाक कर लूँ। दस मिनट में आती हूँ।'' यह कहकर मीना भी चली गई।

अशोक कमरे में अकेला रह गया। दिल की धड़कन ठीक हो गई थी, लेकिन मन भारी हो गया था। यह बाज़ी वह हारा—उसने अनुभव किया; लेकिन हारना तो उसने अपने जीवन का क्रम कभी माना ही नहीं था। दिल अब उसे बैठता-सा मालूम पड़ने लगा। और जो कुछ भी हो दिल को सँभालना उसके लिए नितान्त आवश्यक था। वह उठ खड़ा हुआ, और दबे-पैर उसने जयदेव भारती के कमरे में प्रवेश किया। ज्ञानेश्वरी डाइनिंग रूम में बेबी और टुन्नू से उलझी हुई थीं। मैदान साफ था। उसने भारती की अलमारी खोली। व्हिस्की की बोतलें वहाँ थीं। नीचे के खाने में सोडे की बोतलें भी थीं। उसने भारती के पलँग के सिरहाने रक्खे गिलास को उठाकर एक बड़ा पैग व्हिस्की का ढाला। सोडा मिलाकर वह जल्दी-जल्दी उसे पी गया। शरीर में नवीन प्राण जाग उठे। बोलत को अलमारी में यथास्थान रखकर जब वह अलमारी को बन्द करने लगा, तब एकाएक वह रुक गया। उसकी नज़र बगल में रखी हुई एक शीशी पर जम गई और काफी देर तक जमी रही।

जिस शीशी पर अशोक की नज़र जमी थी, वह कॉड लिवर आइल की शीशी थी, जिसे पिछले साल डॉक्टरों ने श्री भारती के वास्ते बताया था। अशोक ने अर्धचेतन अवस्था में वह शीशी खोली, उसे वह अपनी नाक तक ले गया और फिर जल्दी से उसने वह शीशी नाक से हटा ली। अनिश्चित अवस्था में कुछ देर वह शीशी अपने हाथ में लिए खड़ा रहा, और फिर वह शीशी हाथ में लिए हुए श्रीमती ज्ञानेश्वरी की ड्रेसिंग टेबल के पास पहुँचा। श्रीमती ज्ञानेश्वरी की सेंट-बॉटल उसने उठाई। सात-आठ बूँद कॉड लिवर आइल की उसने सेंट-बॉटल में डालीं और कॉड लिवर आइल की शीशी अलमारी में रखकर उसने अलमारी बन्द कर दी और वह ड्राइंगरूम में लौट आया।

मीना तैयार होकर जब ड्राइंगरूम में आई, अशोक खड़ा हुआ व्यग्रता के साथ उसकी प्रतीक्षा कर रहा था। मीना के मुख पर एक मुस्कान थी, एक उल्लास था। उसका रूप अद्वितीय था। उसका शृंगार अतुलनीय था। अशोक ने मीना को देखते ही कहा, "ओह मीना ! तुम कितनी सुन्दर—बिलकुल दिव्य ! एकदम स्वर्गलोक की अप्सरा दिख रही हो—कितनी सुन्दर हो !"

मीना ने बड़े भोलेपन के साथ कहा, "सच ! अशोक, सच कह रहे हो ? तब तो फिर आज की पार्टी में मैं-ही-मैं दिखूँगी।" इसके बाद मीना ने अपनी घड़ी देखी, "अरे

अशोक : साढ़े आठ में कुल पाँच मिनट बाकी हैं। हम लोगों को देर हो गई। अब चलना चाहिए।"

"हाँ-हाँ जरूर चलना चाहिए; लेकिन मीना, शृंगार में कुछ कमी रह गई है।" यह कहकर वह ज्ञानेश्वरी की सेंट-बॉटल उठा लाया और उसने मीना पर सेंट छिड़ककर बोतल खाली कर दी।

स्टियरिंग व्हील पर अशोक बैठा और मीना उसकी बगल में। ड्राइवर पिछली सीट पर बैठा। कार तेजी से होटल इम्पीरियल की ओर चल दी। कुछ दूर चलने पर सेंट की खुशबू कुछ कम हुई और मछली के तेल की बदबू का एक झोंका मीना ने अनुभव किया। मीना ने इस पर ध्यान नहीं दिया। कार होटल इम्पीरियल के पास पहुँच चुकी थी। मीना ने फिर मछली के तेल की बदबू अनुभव की, "अशोक ! मालूम होता है होटलवालों ने सड़ी मछली बना दी है। यहाँ तक मछली की बदबू मालूम हो रही है।"

कार होटल इम्पीरियल के पोर्टिको में रुक गई। अशोक ने उतरते हुए कहा, "हाँ, कहीं दूर से सड़ी मछली की बदबू तो आ रही है।"

डांस हॉल खचाखच भरा था। मीना और अशोक के प्रवेश के साथ जैसे समूचे हॉल में उल्लास की एक लहर-सी दौड़ गई। वीरेश्वर प्रताप ने बढ़कर मीना और अशोक का स्वागत किया। मीना का हाथ अपने हाथ में लेकर वीरेश्वर प्रताप ने कहा, "आज के उत्सव की प्रमुख अतिथि कुमारी मीना भारती !"

पीतम कमल कोमल आर्केस्ट्रा ज़ोरों के साथ चल रहा था। नाच शुरू हो गया। रामप्रकाश एक मेज़ पर अन्नपूर्णा के साथ बैठा हुआ था। वीरेश्वर प्रताप मीना को साथ लेकर अन्नपूर्णा की मेज़ की ओर बढ़ा। अशोक साथ में था। मीना ने अशोक के कान में कहा, "अशोक, यह सड़ी मछली ! तुम्हें भी इसकी बदबू आ रही है, या सिर्फ मुझे ही ?"

अशोक ने मीना से अपनी दृष्टि हटाते हुए कहा, "कुछ-कुछ तो मुझे भी मालूम हो रही है।"

अन्नपूर्णा ने मीना का स्वागत किया, "ओह मीना ! कितनी सुन्दर दिख रही हो तुम ! देर हो गई तुम्हें आने में। देखो न, नाच शुरू हो गया। युवराज तुम्हारी प्रतीक्षा कर रहे थे। युवराज ! मीना आ गई। तुम्हारा प्रथम नृत्य तो मीना के साथ ही होगा। जाओ मीना।"

वीरेश्वर प्रताप हँस पड़ा, "मेरी प्रमुख अतिथि हैं मीना—अशोक क्षमा करना, मीना के साथ पहला नृत्य मेरा। चलिए मीनाजी !"

अशोक ने मुस्कराते हुए कहा, "हाँ-हाँ, तब तक मैं आंटी के पास बैठा हूँ।"

वीरेश्वर प्रताप मीना का हाथ पकड़कर नाचनेवालों में सम्मिलित हो गया। नाचते-नाचते वीरेश्वर प्रताप को सड़ी मछली की बदबू मालूम हुई। एक मिनट बाद ही उसने नाचते हुए मीना से कहा, "मालूम होता है, होटलवालों ने सड़ी मछली बना दी है। मैं देखता हूँ। जाकर।" और वह मीना को छोड़कर चला गया।

मीना के सेंट की खुशबू ज्यों-ज्यों उड़ती जाती थी, कॉड लिवर आइल की बदबू त्यों-त्यों उभरती जाती थी। मीना को अब यह बदबू बुरी तरह परेशान कर रही थी। वह अन्नपूर्णा और अशोक की मेज़ की ओर बढ़ी। अन्नपूर्णा ने मीना को अकेली आते देखकर कहा, "ओह मीना, बड़ी जल्दी नाच चुकीं। युवराज कहाँ हैं ?" और अन्नपूर्णा ने रूमाल नाक से लगाते हुए कहा, "यह सड़ी मछली ! यह सड़ी मछली की बदबू कहाँ से आ रही है ?"

मीना को लौटती देखकर लोगों का दल मीना की ओर उमड़ा; लेकिन मीना के पास कोई रुक नहीं सका। उसमें कई लोग सड़ी मछली की बात चलाकर नाक में रूमाल लगाते हुए चले गए। मीना के पास रुकना और उसकी सुन्दरता की सराहना करना, मानो किसी के वश में नहीं था। उतने में मीना को ज़ख्मी की आवाज़ सुनाई दी। ज़ख्मी ने मीना के पास आकर सलाम किया और फिर बड़े भोलेपन के साथ मुस्कराया, "हुज़ूर, अर्ज़ किया है :

दुनिया में जो जन्नत से, एक हूर उतर आई,
नादान दरिन्दों को, वह देख के घबराई।"

मीना की आँखें युवराज वीरेश्वर प्रताप को ढूँढ़ रही थीं, और मीना ने देखा कि वह कैरा कोमल के साथ नाच रहे हैं। मीना की भौंहों में बल पड़ गए यह देखकर।

ज़ख्मी ने फिर कहा, "अहा ! क्या तेवर, क्या अदा, क्या हुस्न और क्या मस्ती !"

अशोक ने ज़ख्मी की बात काटते हुए कहा, "ज़रा तमीज़ से बात करो, हैसियत से रहना सीखो।"

और ज़ख्मी ने अपनी बात पूरी की, "और वल्लाह ! क्या सड़न, क्या बदबू !"

मीना ने अशोक की ओर देखा, "अशोक, यह बदबू बढ़ती जा रही है, ज़रा खुली हवा में चलो।" और मीना की आँखों में यह कहते-कहते आँसू आ गए। ज़ख्मी बोला, "हुज़ूर, अर्ज़ किया है :

राहत नहीं मिलने की तुझको कहीं ऐ ज़ख्मी,
तू साथ में लाया है, ये अपनी ही रुसवाई !"

एकाएक अन्नपूर्णा उठ खड़ी हुई। उसने रामप्रकाश से कहा, "प्रकाश, यह देखो, मिसेज़ गुस्टेव और मिसेज़ बर्नहम मेरी ओर देख रही हैं। मुझे उनके पास ले चलो। बहुत दिनों से उनसे नहीं मिली।"

भीड़ इस समय तक मीना के पास से एकदम दूर हो गई थी। लोग नाच रहे थे और मीना उपेक्षित-सी एक कोने में अशोक के साथ बैठी थी। एक ज़ख्मी अवश्य उसके पास था। मीना ने खड़ी होकर कहा, "ज़ख्मी साहब, यह मछली की सड़ी बदबू आपको भी अनुभव हो रही है ? कहाँ से आ रही है ?"

ज़ख्मी ने ज़ोर से सूँघने का उपक्रम करते हुए कहा, "हुज़ूर, गुस्ताखी माफ करें, तो अर्ज़ करूँ कि यह आपके लिबास से ही आ रही है। पता नहीं, यह साड़ी..."

मीना एकाएक चीख पड़ी, "अब समझी ! लोग क्यों मुझसे दूर भाग रहे हैं, अब समझी !" और मीना यह कहते-कहते बेहोश हो गई।

अशोक ने मीना को सँभाला, "ज़ख्मी साहब, आप ज़रा मेरी सहायता कीजिए, मेरे साथ आप मीना को सहारा देकर मेरी कार तक पहुँचा दीजिए।"

वीरेश्वर प्रताप की नज़र एकाएक मीना पर पड़ी। जल्दी से वह कैरा का साथ छोड़कर मीना की ओर बढ़े, "क्या हुआ अशोक ? अरे मीनाजी तो..."

वीरेश्वर प्रताप अपनी बात पूरी न कर पाया था कि मीना ने आँखें खोलीं, "कोई बात नहीं युवराज, ज़रा मेरी तबीयत कुछ खराब हो गई थी। मैं घर चली जाऊँगी।"

"आपकी तबीयत अभी ठीक हुई जाती है, आप ज़रा थोड़ी देर बैठकर आराम करें।"

इस समय तक अन्नपूर्णा भी रामप्रकाश के साथ वहाँ आ पहुँचीं। अन्नपूर्णा ने आते ही कहा, "बेचारी मीना ! बैठो, आराम करो। अभी तुम्हारी तबीयत ठीक हुई जाती है। एक पाइन-एपल जूस पी लो।" और अन्नपूर्णा के पास खड़े हुए बैरा से कहा, "एक पाइप एपल जूस।" इसके बाद उसने मीना से पूछा, "क्यों मीना, क्या बात है ? यह एकाएक तबीयत कैसे खराब हो गई ?"

मीना ने उत्तर दिया, "अन्नपूर्णा आंटी, यह सड़ी मछली की बदबू, ज़ख्मी कहते हैं कि मेरे कपड़ों से आ रही है।"

इस समय तक कॉड लिवर आइल का रंग भी उतरने लगा था और उसके झोंके कुछ हलके हो गए थे तथा कुछ रह-रहकर आने लगे थे। अन्नपूर्णा ने सूँघने का प्रयत्न करते हुए कहा, "हाँ, एक हलकी-सी बदबू तो मुझे ज़रूर मालूम हो रही है; लेकिन ऐसी भी नहीं कि दिमाग ही फट जाए।" और अन्नपूर्णा ने अपने वेनिटी बैग से एक सेंट की शीशी निकालकर मीना के कपड़ों पर छिड़क दी।

पर मछली की बदबू तो मछली की बदबू ठहरी। कुछ लोगों को वह असह्य होती है, और जिन्हें वह असह्य होती है, उनकी तालिका में वीरेश्वर प्रताप का नाम बहुत नीचे नहीं रह सकता। वीरेश्वर प्रताप ने रूमाल अपनी नाक पर लगाते हुए कहा, "आप लोग बैठिए, मैं ज़रा अपने अन्य मेहमानों की देखभाल करूँ।" और यह कहकर वह वहाँ से चले गए।

मीना का हृदय अब एकाएक विद्रोह कर उठा, "मैं जाऊँगी यहाँ से। इसी समय जाऊँगी। प्रकाश, मेरे वास्ते एक टैक्सी ला दो।"

अशोक ने कहा, "मेरी मोटर तो है। मेरी भी यहाँ रुकने की इच्छा नहीं है। चलो, तुम्हें पहुँचा दूँ।"

मीना ने अब जलती आँखों से अशोक को देखा, "मैं तुम्हारा मुँह नहीं देखना चाहती, नीच कहीं के !...प्रकाश, मैंने कहा न, तुम मेरे लिए टैक्सी ला दो।

प्रकाश एक अजीब धर्म-संकट में था। जब तक ज़ख्मी ने कहा, "हुज़ूर, मेरी टैक्सी हाज़िर है। अगर हुज़ूर मुझे इजाज़त दें, तो मैं आपकी खिदमत करने को हाज़िर हूँ।"

मीना ने ज़ख्मी का हाथ पकड़कर दरवाज़े की ओर बढ़ते हुए कहा, "अच्छी बात है, ज़ख्मी साहब ! और अगर तुम लोगों में से कोई भी मेरी तरफ बढ़ा तो अच्छा न होगा, अच्छा न होगा !" और मीना अन्तिम शब्द कहते-कहते चीख पड़ी।

[11]

कुछ ऐसे मर्ज़ होते हैं, जिनका लोग अनुमान ही लगा सकते हैं। उन मर्ज़ों को पकड़ पाना उनके वश में नहीं है। मीना की बीमारी भी कुछ इसी क़िस्म की थी।

श्री जयदेव भारती की लड़की बीमार पड़े और उसका जल्दी-से-जल्दी किसी अच्छे डॉक्टर द्वारा इलाज न हो, यह असम्भव था। डॉक्टर चौधरी ने आधे घंटे तक मीना की परीक्षा करने के बाद कहा, "यह हिस्टीरिया का दौरा मालूम होता है, मिस्टर भारती !"

जयदेव भारती ने गम्भीरतापूर्वक कहा, "लेकिन मेरे घर में तो कभी हिस्टीरिया का दौरा आया नहीं। क्यों मेम साहब, तुम्हें अपनी शादी होने के पहले कभी हिस्टीरिया हुआ है क्या ?"

ज्ञानेश्वरी ने ज़ोर से नकारात्मक सिर हिलाते हुए कहा, "मुझे कभी हिस्टीरिया-विस्टीरिया नहीं हुआ है डॉक्टर साहब, कभी नहीं।"

डॉक्टर चौधरी ने कुछ सोचते हुए कहा, "हिस्टीरिया के लिए किसी फैमिली हिस्ट्री का होना आवश्यक नहीं है, मिसेज़ भारती ! अकसर जवान लड़कियों को हो जाया करता है।"

मीना बड़े ध्यान से यह बातचीत सुन रही थी। वह बोल उठी, "मुझे हिस्टीरिया नहीं है, डॉक्टर, बिलकुल नहीं है।"

डॉक्टर चौधरी ने मुस्कराते हुए मीना को देखा, "इतने ज़ोर से मत बोलो, इससे बीमारी और भी बढ़ सकती है।" फिर उन्होंने जयदेव भारती से कहा, "नहीं मिस्टर भारती, यह साफ हिस्टीरिया का दौरा है। और हिस्टीरिया का मेरे पास क्या, किसी के पास इलाज नहीं।"

ज्ञानेश्वरी की आँखों में आँसू आ गए, "डॉक्टर साहब ! दुनिया का कोई भी ऐसा मर्ज़ नहीं है, जिसका इलाज न हो। कुछ तो इलाज कीजिए ही। रह-रहकर काँपने लगती है, मुट्ठियाँ बँध जाती हैं और दांतों से होंठ चबाने लगती है। कभी रो पड़ती है, कभी क्रोध में चिल्लाने लगती है। दिनभर यह कमरे में पड़ी रहती है। आज दो दिन हो गए, घर के बाहर नहीं निकली।"

डॉक्टर चौधरी ने उठते हुए कहा, "आप-ही-आप ठीक हो जाएगा मिसेज़ भारती। जल्दी से इनकी शादी कर दीजिए। मैं अशोक को बुलाकर कह दूँगा। शादी में अब देर होना ठीक नहीं।"

वह मीना, जो बिस्तर पर सुस्त और मुरझाई हुई लेटी थी, एकाएक इस तरह अपनी चारपाई से उछली, जैसे बारूद के ढेर में आग लग गई हो। उसने तीव्र स्वर मे कहा, "जाइए यहाँ से डॉक्टर ! एकदम जाइए आप ! अशोक ने सिखा-पढ़ाकर भेजा है !"

ज्ञानेश्वरी ने मीना का हाथ पकड़ा। डॉक्टर चौधरी तेज़ी के साथ कमरे के बाहर भागे और जयदेव उनके पीछे-पीछे। इन दोनों के जाते ही मीना चारपाई पर गिर पड़ी और फूट-फूटकर रोने लगी।

डॉक्टर चौधरी और जयदेव भारती जब मीना के कमरे से ड्राइंगरूम में आए, अशोक खड़ा हुआ इन लोगों की प्रतीक्षा कर रहा था। अशोक ने पूछा, "कैसी तबीयत है ?"

"हिस्टीरिया का केस है, और हिस्टीरिया साधारण नहीं, कुछ हिंसात्मक ढंग का है। अशोक, ज़रा सँभलकर अन्दर जाना।" और डॉक्टर चौधरी को विदा करके जयदेव भारती ने कहा, "तुमने काम तो बड़े पाजीपन का किया है, लेकिन जो हो गया, वह हो गया। अब सवाल यह है कि मीना का मिज़ाज कैसे ठीक हो ?"

"मैं हर तरह से माफी माँगने को तैयार हूँ, पापा ! क्या करूँ, मैं प्रेम में इस क़दर अन्धा हो गया था कि प्रेम के अन्दरवाली हिंसा को देख ही नहीं पाया। अगर आप कहें, तो मैं अन्दर जाकर मनाऊँ।"

"ऊँह ! तुम्हारे जाने से बात बनने की जगह बिगड़ सकती है। इस मामले को औरतें ही ठीक कर सकती हैं। अच्छा, ज़रा अन्नपूर्णा को भेज देना। मुमकिन है, वह कुछ मामला सँभाल सकें।"

"मैं अभी बुआजी को साथ लेकर आता हूँ। पापा, मैं तो कहीं मुँह दिखाने लायक नहीं रहा। जी चाहता है दिल्ली से कहीं भाग जाऊँ, और यहाँ लौटने का नाम न लूँ। कसम खाता हूँ पापा, कि अब भविष्य में ऐसी गलती कभी न होगी।" अशोक ने नाटकीय भाव से कहा।

"इस सबकी ज़रूरत नहीं होगी। हाँ, मेरे ऑफिस जाने का समय हो रहा है। तुम अन्नपूर्णा को आज किसी समय ज़रूर भेज देना। और देखो, तुम डॉक्टर भड़ूचा को मेरी तरफ से फोन कर दो, वह आज ही मीना को देख लें। कुछ दवा-ववा तो चले।"

डॉक्टर भड़ूचा दिल्ली के सबसे प्रतिष्ठित डॉक्टर समझे जाते थे। जिस समय वह मीना को देखने मिस्टर भारती के मकान में पहुँचे, अन्नपूर्णा वहाँ पहुँच चुकी थी।

अन्नपूर्णा मीना की हालत देखकर चिन्तित थी; क्योंकि मीना अन्नपूर्णा को देखते ही रोने लगी थी और उस समय तक बराबर रो रही थी। अन्नपूर्णा ने बहुत प्रयत्न किया कि मीना कुछ बोले, कुछ बात करे। अन्नपूर्णा ने अपने-भर मीना को अधिक-से-अधिक समझाया-बुझाया; लेकिन इस सबका कोई परिणाम न निकला। अन्नपूर्णा के हरेक प्रयत्न पर मीना के रुदन का वेग ज़ोर से फूट पड़ता था।

डॉक्टर भड़ूचा को देखते ही मानो अन्नपूर्णा की जान-में-जान आ गई। इसके पहले कि डॉक्टर भड़ूचा मीना से कुछ पूछें-ताछें, उसकी किसी भी प्रकार की परीक्षा करें,

अन्नपूर्णा ने कहना आरम्भ किया, "डॉक्टर, अशोक ने इसके साथ बड़ा पाजीपन किया है; तबीयत होती है, उसे हंटरों से पीटूँ। लेकिन मुझे निल नहीं रहा, न जाने कहाँ गायब हो गया है। और यह मीना ! आखिर क्रोध की एक सीमा होती है। ऐसा भी क्रोध क्या, जो इसकी तन्दुरुस्ती ही बिगाड़ दे और दूसरे भी बुरी तरह परेशान हो जाएँ। मान-मनौता करना है तो अशोक से करे, बिगड़ना है तो अशोक के ऊपर बिगड़े। पन्द्रह मिनट से पूछ रही हूँ, बात नहीं करती। रोती जा रही है। किस तरह इतने आँसू बन गए अन्दर ? एक गिलास भर जाता उन आँसुओं से जो अभी इसने मेरे सामने गिराए हैं।"

अन्नपूर्णा अभी कुछ और कहते जाने के क्रम में थी कि उसे मीना की चीख सुनाई दी, "आंटी, तुम समझती हो कि मैं बन रही हूँ। अब बस करो।" और कहते-कहते मीना की हिचकियाँ बँध गईं।

अन्नपूर्णा ने जग से एक गिलास पानी ढाला और मीना के पास पानी का गिलास ले जाकर उसने कहा, "बेचारी मीना ! डॉक्टर, हिचकियाँ तब बँधती हैं, जब शरीर के अन्दरवाला आँसू का तत्त्व बिलकुल सूख जाए। ओह मीना! तुम्हारी इन हिचकियों से मुझे कितना कष्ट हो रहा है ! लो, एक गिलास पानी लो, शरीर में आँसू तो पैदा हों।"

जैसे अन्नपूर्णा की बात रखने के लिए मीना ने पानी पी लिया।

मीना का पानी पीना था कि डॉक्टर भड़ूचा एकाएक भड़क उठे, "रोना और पानी पीना, इससे नज़ला तो होगा ही, ब्रोंकाइटिस और न्यूमोनिया होने का भी खतरा है ! रोने के लिए आँसू पैदा करने का यह सबसे गलत तरीका है।" और उन्होंने अन्नपूर्णा से कहा, "तुम यहाँ इस कोने में दीवार की तरफ मुँह करके बैठो मिसेज़ बंसल।"

डॉक्टर भड़ूचा ज़रा कड़े किस्म के आदमी हैं। दिल्ली में हर आदमी यह जानता था। अन्नपूर्णा अगर डॉक्टरों में किसी से घबड़ाती थीं, तो डॉक्टर भड़ूचा से। डॉक्टर भड़ूचा की बात मानने के केवल दो उपाय थे, या तो दीवार की तरफ मुँह करके बैठना, या डॉक्टर भड़ूचा की नज़र बचाकर कमरे के बाहर हो जाना। अन्नपूर्णा ने दूसरा मार्ग अपनाना ही उचित समझा।

ड्राइंगरूम में प्रवेश करते ही अन्नपूर्णा की नज़र जिस पर पड़ी वह थी कैरा कोमल। वही लाल-हरे-पीले रंग की चूनर-छाप साड़ी, वही कान में नकली मोती के बड़े-बड़े झुमके। वही चेहरे पर तन्मयता की मधुर मुस्कान, हाँ, आज एक बात कुछ अधिक दीख रही थी। कैरा के मत्थे पर सुनहरा और नीला, फूलों के गुच्छेवाला टीका था। अन्नपूर्णा को देखते ही कैरा उसकी ओर बढ़ी, "कैसी तबीयत है मीनाजी की ? मुझे तो पता नहीं था, सवेरे जब मेरे गुरुदेव मुझको मिले तो उन्होंने मुझे बताया कि वे मीनाजी को देखने आ रहे हैं। मैं भी साथ में चली आई।"

अन्नपूर्णा ने कौतूहल से पूछा, "तुम्हारे गह गुरुदेत कौन हैं ?"

कैरा ने आश्चर्य से अन्नपूर्णा को देखा, "आप मेरे पूज्य गुरुदेव को नहीं जानतीं ? वे हैं श्री वीरेश्वर प्रताप।" इस बार कैरा ने कमरे के दाहिने कोने की ओर देखते हुए

कहा, "मेरे आराध्य, यह श्रीमती अन्नपूर्णाजी हैं। आपने इन्हें नहीं देखा, यह अभी मीना के कमरे से आई हैं।"

अन्नपूर्णा की दृष्टि भी उस ओर घूमी, जिधर कैरा ने देखा था और अन्नपूर्णा ने देखा कि एक आरामकुर्सी पर वीरेश्वर प्रताप टाँग फैलाए हुए बैठा-बैठा नींद ले रहा है। कैरा की आवाज़ सुनकर वह चौंका। अन्नपूर्णा को देखते ही वह उठ खड़ा हुआ, "नमस्कार अन्नपूर्णाजी ! मैं तो आज सुबह आपके यहाँ आने ही वाला था।" वीरेश्वर प्रताप ने अन्नपूर्णा की ओर बढ़ते हुए कहा, "कहिए, मीनाजी की कैसी तबीयत है ? क्या हुआ है उन्हें ?"

अन्नपूर्णा ने कुछ रूखाई के साथ कहा, "डॉक्टर भड़ूचा कमरे में हैं और मीना की परीक्षा कर रहे हैं। जब वह देख लें, तब बीमारी मालूम होगी। बेचारी मीना ! और युवराज, मैंने कल तुम्हारे फोन की प्रतीक्षा की, आज सुबह तुम्हारे फोन की प्रतीक्षा की। मैं बहुत नाराज़ हूँ।" और अन्नपूर्णा पास में पड़ी हुई कुर्सी पर बैठ गईं।

वीरेश्वर प्रताप ने सफाई दी, "क्या बताऊँ अन्नपूर्णाजी ! कल सुबह से यह कैराजी मेरे साथ लग गई हैं। देखती हैं आप इन्हें, कितनी भोली हैं, कितनी भली ! परसों रात पार्टी में इनका पीतम कोमल से कुछ झगड़ा हो गया। मज़ाल है, उसके बाद ये घर वापस जातीं। वहीं होटल इम्पीरियल में डट गई हैं। इनको इतना समझा रहा हूँ कि वह घर जाएँ; लेकिन यह मान ही नहीं रही हैं। पीतम कमल इन्हें मनाते-मनाते हार गया है।"

प्रश्न उचित तो नहीं था; लेकिन अन्नपूर्णा में, और अन्नपूर्णा ही क्यों अधिकतर स्त्रियों में इस उचित-अनुचित का विवेक कम ही पाया जाता है। अन्नपूर्णा ने पूछा, "और युवराज, क्या यह इम्पीरियल होटल में तुम्हारे कमरे में रह रही हैं ?"

वह कैरा, जो अभी तक शान्त भाव से यह सब सुन रही थी, बोली, "मिसेज़ बंसल ! आप अपने मन के कलुष के प्रदर्शन से मेरा अपमान करने का प्रयत्न कर रही हैं; पर यदि ठीक तरह से देखा जाए, तो यह अपमान युवराज का है ! मेरे आराध्य का है ! मैं तो मान-अपमान से परे हूँ; लेकिन अपने आराध्य का अपमान मैं नहीं सहन कर सकती।"

वीरेश्वर प्रताप ने कैरा की बात की उपेक्षा करते हुए कहा, "नहीं अन्नपूर्णाजी, इन्होंने अलग कमरा ले लिया है। भला मैं किस तरह किसी स्त्री को अपने कमरे में ठहरा सकता हूँ !"

"बिलकुल ठीक, बिलकुल ठीक !" अन्नपूर्णा के मुख पर कुटिल मुस्कान थी, "लेकिन युवराज, इनके रहने का खर्च तो तुम्हें देना ही पड़ेगा। अलग-अलग कमरों में रहने से क्या होता है ? जो सत्य है, उस पर परदा कैसे डाला जा सकता है ? यह इम्पीरियल होटल में नहीं रह रही हैं, तुम इन्हें रक्खे हुए हो।"

कैरा कोमल का मुख तमतमा उठा और उसकी सारी कोमलता गायब हो गई। उसने अन्नपूर्णा से कहा, "मिसेज़ बंसल, अब अगर और अधिक मुँह से कुछ निकाला, तो तुम्हारी जबान खींच लूँगी, इतना याद रखना ! मैं गाली-गलौज में विश्वास नहीं करती।"

अन्नपूर्णा ने कैरा का यह रूप नहीं देखा था और न उसने इस रूप की कल्पना ही की थी। एक क्षण के लिए उसने स्तब्ध-सी होकर कैरा को देखा, फिर उसने वीरेश्वर प्रताप से कहा, "युवराज ! सुना तुमने, यह क्या कह रही है !"

वीरेश्वर प्रताप ने शान्त भाव से कहा, "जो कुछ कहा है, अगर यह वैसा कर गुजरे, तो इसमें मुझे तनिक भी आश्चर्य न होगा।"

अन्नपूर्णा क्रोध में कुर्सी से उठ खड़ी हुई, "तुम ! तुम ऐसी बात कह रहे हो युवराज ! इस तरह की ज़लील औरतों से..."

अन्नपूर्णा अपनी बात पूरी न कर पाई थी कि कैरा मुट्ठी तानकर उसकी ओर बढ़ी, "मैं तुम्हें अभी ठीक करती हूँ।"

अन्नपूर्णा कैरा को अपनी ओर बढ़ती देखकर दरवाज़े की ओर हटी, "युवराज ! मैं तुम्हें सावधान करती हूँ, यह औरत तुम्हें कहीं का न रक्खेगी, तुम्हारा जीवन नष्ट कर देगी।" और यह कहते-कहते अन्नपूर्णा तेज़ी के साथ ड्राइंगरूम से निकल गई।

अन्नपूर्णा के जाने के बाद वीरेश्वर प्रताप ने कैरा से कहा, "यह तुमने ठीक नहीं किया। अन्नपूर्णा अगर तुम्हारे पीछे पड़ गई, तो बुरा होगा।"

कैरा की तन्मयता फिर वैसी-की-वैसी लौट आई थी, "मेरे आराध्य ! मैं किसी की कोई भी परवाह नहीं करती। तुम्हारे रहते मेरा कोई कुछ भी नहीं बिगाड़ सकता।"

पाँच मिनट के अन्दर ही ज्ञानेश्वरी के साथ डॉक्टर भड़ूचा मीना के कमरे से निकल आए, "नर्वस ब्रेक-डाउन का केस मालूम होता है, लेकिन बहुत हलके किस्म का है। इनसे किसी को मत मिलने दीजिए। कम-से-कम ऐसे को, जिसे यह नापसन्द करती हों। दवा मैं लिखे देता हूँ, लेकिन इन्हें चेंज की आवश्यकता है। एक हफ्ते के अन्दर इन्हें चेंज के लिए भेज दीजिए।"

डॉक्टर भड़ूचा के जाने के बाद ज्ञानेश्वरी ने वीरेश्वर प्रताप से कहा, "युवराज, सुना ! तुम्हारी पार्टी से लौटी, चारपाई पर पड़ गई। दिनभर रोती रहती है, न जाने क्या हो गया है इसे !"

"यह सब अशोक की करामात है। मैं मीना को समझाता हूँ चलकर।"

ऐसा लगता है कि डेढ़ दिन की इस चहल-पहल से मीना कुछ ऊब-सी गई थी और वह बाहर निकलने के लिए डॉक्टर भड़ूचा के प्रस्थान की बड़ी व्यग्रता के साथ प्रतीक्षा कर रही थी। ज्ञानेश्वरी और डॉक्टर भड़ूचा के हटते ही मीना पलँग से उठी और उसने एक गिलास पानी और पिया। उसी समय उसके कान में वीरेश्वर प्रताप के समझानेवाला प्रस्ताव पड़ा। उसने वहीं से चिल्लाकर कहा, "मम्मी ! मैं किसी से नहीं मिलना चाहती, किसी से नहीं मिलना चाहती !" और उसने अपने कमरे का दरवाज़ा एक झटके के साथ बन्द कर लिया।

ज्ञानेश्वरी की आँखें छलछला आईं, "देखा युवराज, यह मीना को क्या हो गया ! डॉक्टर चौधरी कह गए हैं कि हिस्टीरिया का दौरा है, और डॉक्टर भड़ूचा अभी-अभी तुम्हारे सामने कह गए हैं कि नर्वस ब्रेक-डाउन है।"

कैरा कोमल ने अब ज्ञानेश्वरी को सान्त्वना देना अपना कर्तव्य समझा, "हिस्टीरिया में बेहोशी आ जाती है, वह उन्हें है नहीं। नर्वस ब्रेक-डाउन में तो दिल बैठता हुआ मालूम होता है, घबराहट होती है। अगर क्रोध आता है, तो बहुत थोड़ी देर के लिए। लड़ना और चिल्लाना, नर्वस ब्रेक-डाउन का लक्षण है ही नहीं।"

ज्ञानेश्वरी ने करुण भाव से कहा, "हिस्टीरिया भी नहीं है, नर्वस ब्रेक-डाउन भी नहीं है, तब है क्या ?"

कैरा कोमन ने बड़े शान्त भाव से मुस्कराते हुए उत्तर दिया, "दिखावा और ढोंग है। आप ज़रा भी चिन्ता मत कीजिए। सब-कुछ आप-ही-आप ठीक हो जाएगा।"

मीना ने किवाड़ अवश्य अन्दर से बन्द किए थे, लेकिन उसकी बिस्तर पर लेटने की इच्छा तनिक भी नहीं थी, इसलिए यह स्वाभाविक ही था कि वह दरवाज़े से कान लगाकर खड़ी हो गई हो, इस प्रतीक्षा में कि जैसे ही वीरेश्वर प्रताप जाएँ, वह कमरे के बाहर निकले। लेकिन, कैरा कोमल की बातें कुछ ऐसी ऊटपटांग थीं, कि वह शान्त न रह सकी। उसने एक झटके के साथ किवाड़ खोला और ड्राइंगरूम में निकल आई। उसकी आँखें क्रोध से लाल थीं। उसने चिल्लाकर कैरा कोमल से कहा, "निकलो, यहाँ से निकलो ! तुम्हें किसने बुलाया है, जो तुम मेरे घर में ही मुझे ढोंगी और मक्कार कहकर मेरा अपमान करने आई हो !"

कैरा ने उसी तरह मुस्कराते हुए, और उसी तरह शान्त भाव से कहा, "इतना क्रोध मत करो। मैं तो तुम्हें देखने आई हूँ। तुम्हारी मम्मी से मैं यही कह रही थी कि तुम्हें कोई बीमारी नहीं है।"

"अगर मैं बीमार नहीं हूँ तो मुझे देखने क्यों आई हो ?"

"मैं क्या जानूँ ! मेरे गुरुदेव मुझे अपने साथ लिवा लाए, तो मैं चली आई। मैं तो बहुत पहले से जानती थी कि यह बीमारी-वीमारी कुछ नहीं है, सिर्फ बहाना है।"

मीना के लिए अब असह्य हो उठा, "मैं बहाना कर रही हूँ, तो तुम्हारी बला से ! तुम निकलो यहाँ से—मैं कह रही हूँ, निकलो !"

कैरा ने वीरेश्वर प्रताप की ओर देखा, जो अजीब संकट में था। वीरेश्वर प्रताप ने कैरा पर से अपनी आँखें हटा ली थीं। मीना ने फिर चिल्लाकर कहा, "अगर सीधी तरह नहीं निकलतीं, तो मुझे चपरासी को बुलाकर ज़बर्दस्ती निकलवाना पड़ेगा, सुन लिया !"

वीरेश्वर प्रताप ने अब खतरे को साफ-साफ देखा। उसने कहा, "चलिए कैराजी ! मीना को आराम की ज़रूरत है।" और यह कहकर वह दरवाज़े की ओर बढ़ा। कैरा को भी वीरेश्वर प्रताप के पीछे-पीछे चलना पड़ा।

वीरेश्वर प्रताप और कैरा को रवाना करके मीना ने ज्ञानेश्वरी से कहा, "मम्मी ! अब मैं किसी से नहीं मिलूँगी। मुझे इन सब लोगों से घृणा हो गई है। जी चाहता है गले में फाँसी लगा लूँ। तुम मेरे कमरे में किसी को न आने देना, मैं सोती हूँ जाकर।"

"इस तरह जी छोटा करने से काम न चलेगा बेटी, जो हो गया सो हो गया, उसे भूल जाओ।" ज्ञानेश्वरी ने करुण स्वर में कहा, "सब तरफ बात फैल गई है, तुम्हारी बीमारी की।"

"मुझे इस बात की ज़रा भी चिन्ता नहीं। उफ ! मुझे इतना ज़लील किया गया ! मैं किसी को अपना मुँह दिखलाने के काबिल नहीं रही, और मैं भी किसी का मुँह देखना नहीं चाहती।" यह कहकर मीरा फिर अपने कमरे में चली गई।

[12]

पीतम कमल कोमल ने कहा, "दिलवर भाई ! मुझे कैरा से बेहद मुहब्बत है, आप अन्दाज़ा नहीं लगा सकते। अगर कैरा को युवराज के साथ रहने में सुख है, तो मैं ज़रा भी बाधा नहीं डालना चाहता। मुझे तो उसी में सुख है, जिसमें मेरी कैरा को सुख हो।" और पीतम कमल ने एक ठंडी साँस ली।

दिलवरकिशन ज़ख्मी की आँखों में आँसू आ गए, "भाई पीतम, मुहब्बत हो तो तुम्हारी ऐसी हो; लेकिन एक बात तो सोचो, कैरा के इम्पीरियल होटल में इस तरह टिक जाने से युवराज की बड़ी बदनामी हो रही है।"

"अजी युवराज की क्या, अगर देखा जाए तो यह मेरी बदनामी का मामला है; और भई दिलवर, सच बात तो यह है कि इस मामले में सबसे ज़्यादा बदनामी तो कैरा की हो रही है। कैरा की इस बदनामी से मेरे दिल पर एक चोट-सी लगती है। चलो दिलवर भाई, कैरा को समझाओ, युवराज को समझाओ, सारी दुनिया को समझाओ।"

दिलवरकिशन ज़ख्मी को साथ लेकर पीतम कमल जब इम्पीरियल होटल में कैरा के कमरे के दरवाज़े पर पहुँचा, तब दरवाज़ा अन्दर से बन्द मिला। यह स्पष्ट था कि कैरा का मिज़ाज बेतरह बिगड़ा हुआ था, क्योंकि कैरा ने इन दोनों के लाख शोर मचाने और समझाने-बुझाने पर भी कमरे का दरवाज़ा नहीं खोला। हारकर पीतम कमल को वीरेश्वर प्रताप का दरवाज़ा देखना पड़ा।

वीरेश्वर प्रताप का दरवाज़ा बाहर से भिड़ा हुआ था। पीतम कमल और दिलवरकिशन ज़ख्मी ने जिस समय वीरेश्वर प्रताप के कमरे में बिना इत्तिला कराए प्रवेश किया, उन्होंने देखा कि वीरेश्वर प्रताप एक आरामकुर्सी पर लेटे हुए, आधे जग रहे हैं और आधे सो रहे हैं। शाम की चाय उनकी कुर्सी के बगल की तिपाई पर रक्खी हुई है। लेकिन उसे वीरेश्वर प्रताप ने छुआ तक न था। इन लोगों के पैरों की आहट पाकर वीरेश्वर प्रताप ने एक बार आँख खोलकर इन्हें देखा और फिर आँखें बन्द कर ली।

पीतम कमल और दिलवरकिशन चुप खड़े होकर वीरेश्वर प्रताप की फिर से आँख खुलने की प्रतीक्षा करने लगे; लेकिन जैसे वीरेश्वर ने फिर से आँख खोलकर देखना

अनावश्यक समझ लिया। हारकर पीतम कमल ने दिलवरकिशन से कहा, "दिलवर भाई, मालूम होता है युवराज गहरी नींद में सो रहे हैं। अब क्या हो ?"

ज़ख्मी ने वीरेश्वर प्रताप के पास जाकर उन्हें गौर से देखा, फिर उसने गला साफ करके कहा, "हुजूर, अर्ज़ किया है।

कुदरत के खिलौनों से क्यों होता परीशाँ है,
तू जिससे परीशाँ है, वह तेरी ही तनहाई !"

ज़ख्मी ने यह शेर स्वाभावानुसार गाकर पढ़ा था; लेकिन कुछ ऐसा लगता है कि ज़ख्मी भावना के वेग में बेतरह बह रहा था, गाने में स्वरों का तारतम्य ठीक नहीं रहा। पीतम कमल ने कहा, "दिलवर भाई ! पीलू सारंग के स्वर लग गए, ज़रा फिर से सँभालकर पढ़िएगा।"

वीरेश्वर प्रताप ने अपनी आँखें खोल दीं, "फिर से पढ़ने की आवश्यकता नहीं है। बैठिए आप लोग।" और इन दोनों के बैठ जाने पर उसने पीतम कमल से कहा, "कहिए कोमल साहब—क्या हाल है ? कैरा का कैसा मिज़ाज है ?"

"जी, कैरा का मिज़ाज तो आप जानें युवराज, मैं तो बेहद परेशान हूँ। शहर में बदनामी हो रही है, मेरी और सबसे ज़्यादा कैरा की। अभी मैं उसके कमरे में गया, तो उसने अन्दर से किवाड़ ही नहीं खोले। मुहल्ले-पड़ोसवाले पूछते हैं कि कैरा कहाँ है ? तो कह देता हूँ कि बीमार है। पूछते हैं—क्या बीमारी है ? तो जवाब नहीं देते बनता। मुहब्बत की बीमारी को लोग-बाग बीमारी ही नहीं समझते।"

वीरेश्वर प्रताप ने पीतम कमल को थोड़ी देर तक तीव्र दृष्टि से देखा, "तो क्या आप समझते हैं कि कैरा को मुहब्बत की बीमारी है ? आपसे कैरा का कोई झगड़ा नहीं हुआ था ?"

पीतम कमल ने आश्चर्य से कहा, "झगड़ा ? भला मैं अपनी कैरा से झगड़ा कर सकता हूँ ? युवराज ! मेरी मुहब्बत तो पूजा का रूप धारण किए हुए है। जो पूजा करता है, वह कहीं अपनी देवी से झगड़ा कर सकता है ? नहीं युवराज ! यह साफ मुहब्बत की बीमारी है। मेरी कैरा आपकी मुहब्बत में अपना दिल और दिमाग दोनों ही खो बैठी है।"

"लेकिन मैं कैरा से प्रेम नहीं करता, बिलकुल नहीं करता।" वीरेश्वर प्रताप ने दृढ़ता के साथ कहा।

"यह आप क्या कह रहे हैं युवराज ?" पीतम कमल ने उदास भाव से कहा, "कहीं कैरा से यह न कह दीजिएगा, नहीं तो उसका नन्हा-सा दिल टुकड़े-टुकड़े हो जाएगा। अगर वाकई आप कैरा से मुहब्बत नहीं करते, तो आपको अब कैरा से मुहब्बत करना शुरू कर देना चाहिए। दुनिया में कोई आदमी ऐसा नहीं है जिसे कैरा से मुहब्बत न हो जाए। युवराज ! बड़ी प्यारी औरत है कैरा, उसका दिल न तोड़ दीजिएगा।"

वीरेश्वर प्रताप की समझ में पीतम कमल की बात ज़रा भी न आ रही थी। एकाएक उन्होंने कहा, "क्या तुम दोनों ने मेरे विरुद्ध कोई षड्यन्त्र रचा है ?"

"षड्यन्त्र ? युवराज, आप यह क्या कह रहे हैं ? अगर आप कैरा को मेरे साथ चलने को राज़ी कर दें, तो मेरे बड़े भाग्य ! लेकिन वह आपसे मुहब्बत करती है। मैंने उसे समझाया-बुझाया; लेकिन वह बला की जिद्दी है, वह किसी भी हालत में मेरे साथ जाने को तैयार नहीं युवराज ! मेरी तो ज़िन्दगी ही उजड़ गई; लेकिन उसकी ज़िन्दगी आबाद रहे। मैं आपको लिखकर देने को तैयार हूँ। मैंने अपनी राज़ी-खुशी कैरा की शादी आपके साथ कर दी युवराज ! आप उससे शादी कर लीजिए, नहीं तो वह बेचारी तड़प-तड़पकर अपनी जान दे देगी।"

वीरेश्वर प्रताप ने बिगड़कर कहा, "यह क्या अनाप-शनाप बक रहे हो ? भला मैं कैरा से शादी कर सकता हूँ ?"

"जी, यही मैंने भी कैरा से कहा; लेकिन वह इस बात पर यकीन ही नहीं करती। वैसे मैं समझता हूँ, कि आपके साथ शादी करके उसकी ज़िन्दगी बरबाद हो जाएगी; लेकिन क्या करूँ, मुझसे कैरा का दुख देखा नहीं जाता।'' और यह कहते-कहते पीतम कमल कोमल की आँखों में आँसू आ गए।

दिलवरकिशन ज़ख्मी से पीतम कमल का दुख देखा न गया। उसने अपना रूमाल निकालकर पीतम कमल के आँसू पोंछे, "पीतम भाई ! यह समय रोने का नहीं है, हिम्मत बाँधने का है।" और उसने वीरेश्वर प्रताप की ओर रुख करके कहा, "हुज़ूर, जहाँ तक मैं समझता हूँ, आप ही इस मसले को हल कर सकते हैं। पीतम साहब तो कैरा को सर-आँखों लेने को तैयार हैं। बड़ी मुहब्बत है इन बेचारों को कैरा से। लेकिन वह ठहरी औरत ज़ात, अपनी ज़िद पर अड़ी हुई है। यानी इनसे मिलने और बात करने से भी इनकार करती है। और एक यह पीतम भाई हैं, कि इनका दिल चाक-चाक हुआ जाता है।"

कोमल-दम्पत्ती के चक्कर में पड़कर वीरेश्वर प्रताप की अक्ल गुम हो गई थी। उसने कुछ उपाय सोचने के लिए अपनी आँखें बन्द कर लीं, लेकिन उसकी समझ में कोई उपाय ही न आ रहा था। इस तरह सोचते-सोचते उसे प्रायः पन्द्रह मिनट हो गए। इधर पीतम कमल कोमल और दिलवरकिशन ज़ख्मी व्यग्रता के साथ वीरेश्वर प्रताप के हल की प्रतीक्षा कर रहे थे। जब पन्द्रह मिनट तक वीरेश्वर प्रताप की आँख न खुली, तब पीतम कमल कोमल ने दिलवरकिशन ज़ख्मी से कहा, "दिलवर भाई, मालूम होता है, युवराज को फिर नींद आ गई।"

दिलवरकिशन ने गौर से वीरेश्वर प्रताप को देखा, "नहीं पीतम भाई ! भला युवराज की आँखों में नींद कहाँ ? यह तो गम के सदमे की बेहोशी मालूम होती है। भला बताइए, उस बदशक्ल और ज़िद्दी औरत से युवराज शादी करेंगे ? उसे क्या सूझा, जो तुम्हें छोड़कर युवराज के गले पड़ गई ! कहा है कि 'शक्ल चुड़ैलों की, मिज़ाज परियों का'।"

कैरा के विषय में ज़ख्मी के उद्गार सुनकर मानो पीतम कमल एकाएक पागल हो गया। वह उठा और उसने ज़ख्मी की गरदन पकड़कर उसे ज़मीन से ऊपर उठाते हुए कहा, "मेरी कैरा को चुड़ैल कहता है बदमाश ! समझ क्या रखा है तूने मुझे, तेरी जान ले लूँगा !"

दिलवरकिशन की घिग्घी बँध गई। उसने चिल्लाकर कहा, "मुझे बचाइए युवराज ! नहीं तो यह मुझे मार डालेगा !"

वीरेश्वर प्रताप को अब अपनी आँखें खोलनी पड़ीं। उसने उठकर ज़ख्मी को पीतम कमल के हाथ से छुड़ाया। फिर उसने दिलवरकिशन से कहा, "तुम जानते हो कि कोमल साहब कैरा से कितना प्रेम करते हैं ! कैरा के सम्बन्ध में तुमने इनके सामने अपशब्द कहने का दुःसाहस कैसे किया ?" फिर उन्होंने पीतम कमल कोमल से कहा, "और कोमल साहब, यह ज़ख्मी तो आपके दोस्त हैं। भला दोस्त की बात पर कहीं इस तरह बुरा माना जाता है कि आप उसकी जान ही ले लें ?"

पीतम कमल रो पड़ा, "बड़ी गलती हो गई मुझसे युवराज ! लेकिन आप तो जानते ही हैं, और यह दिलवर भाई, इनको तो मेरे सभी राज़ मालूम हैं—मैं कैरा से किस क़दर मुहब्बत करता हूँ ! माफ करना दिलवर भाई ! क्या करूँ, मैं अपने आपे में नहीं हूँ।"

वीरेश्वर प्रताप मुस्कराया, "खैर, कोई बात नहीं, लेकिन आइन्दा ध्यान रखिएगा। और कोमल साहब, आप मुझे थोड़ा-सा समय दें। वाकई बहुत बड़ी समस्या खड़ी हो गई है मेरे सामने। मैंने परिस्थितियों के उस पहलू को देखा ही न था, जो आपने मेरे सामने उपस्थित कर दिया है।"

पीतम कमल ने गम्भीरतापूर्वक कहा, "जी, अब आप समझ ही गए होंगे कि स्थिति गम्भीर भी है और इस स्थिति को आप ही सुधार भी सकते हैं। बहरहाल, मेरे वश के तो बाहर की बात है। चलो दिलवर भाई, एक दफे कैरा से मिलकर फिर उसे समझाने की कोशिश करें चलकर।"

दिलवरकिशन ज़ख्मी ने ज़रा ठिठकते हुए कहा, "पीतम भाई, सच पूछो तो अब मुझे तुमसे डर लगने लगा है। तुम अपने आपे में नहीं हो, न जाने क्या कर बैठो !"

पीतम कमल कोमल ने उठकर दिलवरकिशन को अपने गले लगाया, "दिलवर भाई, कसम खाकर कहता हूँ कि अब मुझसे भूलकर भी ऐसी हरकत न होगी; लेकिन दिलवर भाई, इस मुसीबत में मेरा साथ मत छोड़ो। कितना बड़ा सदमा पड़ा है मेरे दिल पर ! अगर तुमने मुझे अकेले छोड़ा, तो बहुत मुमकिन है कि मैं खुदकुशी कर लूँ। और अगर मैंने खुदकुशी कर ली, तो मेरा खून तुम्हारे सिर पर होगा।"

दिलवरकिशन ने अपनी आँखों में उमड़ते हुए आँसुओं को पोंछकर पीतम कमल का हाथ पकड़ा, "पीतम भाई, अब तुम मुझे मार भी डालो, तो चूँ तक न करूँगा। आखिर तक तुम्हारा साथ दूँगा। चलो, एक दफे फिर कैरा से बातचीत की जाए। लेकिन कैरा को तुम आवाज़ न देना, नहीं तो वह हरगिज़-हरगिज़ अपना दरवाज़ा न खोलेगी। मैं उसे पुकारूँगा।"

इन दोनों को रवाना करके वीरेश्वर प्रताप ने जल्दी-जल्दी कपड़े पहने। इसके बाद वह सीधा अन्नपूर्णा के यहाँ पहुँचा। उस समय शाम समाप्त हो गई थी।

अन्नपूर्णा बरामदे में बैठी हुई रामप्रकाश से मीना की बीमारी पर बातचीत कर रही थी। रामप्रकाश कह रहा था, "क्या बताऊँ रानीजी, रविवार की रात को बीमार पड़ी,

आज बुधवार है। तीन दिन हो गए, लेकिन हालत सुधरने के स्थान पर बिगड़ती ही जा रही है। दोपहर के वक्त तो उसने मुझे अपने कमरे से निकाल बाहर कर दिया।"

अन्नपूर्णा सहानुभूति के साथ रामप्रकाश को देखते हुए बोली, "बेचारे प्रकाश ! तुम्हें कमरे से निकाल बाहर किया और तुम चुपचाप कमरे से निकल आए होगे। यह तो सीरियस केस मालूम होता है। कुछ सोचना पड़ेगा। और देखो, अँधेरा घिर रहा है, ज़रा बत्ती जला दो।"

रामप्रकाश ने उठकर बरामदे की लाइट जला दी। इसी समय वीरेश्वर प्रताप का स्वर उसे सुनाई पड़ा, "नमस्ते रामप्रकाशजी, क्या अन्नपूर्णाजी हैं !"

"कौन ? युवराज ?" अन्नपूर्णा ने वीरेश्वर प्रताप की ओर देखते हुए कहा, "तुम, इस समय ?"

"नमस्कार अन्नपूर्णाजी !" वीरेश्वर प्रताप ने कहा, "मेरे आने से आपको कोई असुविधा तो नहीं हुई ?"

अन्नपूर्णा ने मुस्कराते हुए कहा, "असुविधा और मुझे ? बैठो युवराज ! मैं तो भूल ही गई थी कि तुम दिल्ली में हो। क्यों, बड़े घबराए हुए दिख रहे हो, क्या बात है ?"

वीरेश्वर प्रताप बैठ गया। इस समय तक रामप्रकाश भी लाइट जलाकर आ गया था। वीरेश्वर प्रताप अन्नपूर्णा को अकेले में अपनी करुण कथा सुनाना चाहता था, लेकिन रामप्रकाश उठने का नाम ही न ले रहा था। कुछ देर चुप बैठकर उसने कहा, "क्या बतलाऊँ अन्नपूर्णाजी, अजीब मुसीबत में फँस गया हूँ।"

"वह तो मैं तुम्हारी शक्ल देखकर ही जान गई थी। बेचारे युवराज ! यह मुसीबत उसी—क्या नाम है उसका, हाँ, उसी कैरा कोमल को लेकर खड़ी हुई होगी ?"

वीरेश्वर प्रताप ने मन-ही-मन अन्नपूर्णा की बुद्धि को सराहा, "हाँ, आपका अनुमान ठीक है। आपने कल ठीक ही कहा था। वह औरत मेरा जीवन नष्ट कर देने पर तुल गई है। होटल इम्पीरियल से वह हटने का नाम ही नहीं लेती।"

"तो इसमें मुसीबत की क्या बात है ? अलग कमरे में रहती है, तो रहे और अपना पैसा दे।"

"इतना आसान काम यह नहीं है कि अन्नपूर्णाजी। उसका पीतम कमल कोमल आया था, वह कहता है कि मैं कैरा से शादी कर लूँ। वह कैरा को तलाक देने को तैयार है।"

अन्नपूर्णा एकाएक तनकर खड़ी हो गई, "जाओ यहाँ से युवराज, अभी जाओ ! मुझसे यह सब कहकर अब तुम मेरा अपमान करने आए हो ? जाओ !"

वीरेश्वर प्रताप ने बड़े करुण स्वर में कहा, "मेरी पूरी बात तो सुनिए, मेरी मुसीबत...।"

अन्नपूर्णा चीख पड़ी, "मैं कुछ नहीं सुनना चाहती। जाओ, जाओ !" और अन्नपूर्णा तेज़ी के साथ अपने कमरे के अन्दर चली गई।

वीरेश्वर मुस्करा रहा था। वीरेश्वर प्रताप ने रामप्रकाश से कहा, "रामप्रकाशजी, आप कुछ सलाह दे सकते हैं मुझे ?"

प्रकाश ने तत्काल उत्तर दिया, "जी, मेरी सलाह यह है कि आप कैरा कोमल से शादी कर लीजिए। आप केवल शौकिया चित्रकार हैं, वह पेशेवर चित्रकार है। आपकी कलम को बल मिलेगा। और जहाँ तक मैं समझता हूँ, औरत नेक व सीधी है।"

वीरेश्वर प्रताप ने ज़रा बिगड़कर कहा, "होश की बात कर रहे हैं आप ? कैरा के साथ भला मैं शादी कर सकता हूँ ! मैं तो यह जानना चाहता हूँ कि किस तरह उससे पिंड छूटे ?"

रामप्रकाश ने बड़ी गम्भीरतापूर्वक कहा, "जी, कैरा कोमल से पिंड छूटना आसान काम न होगा। वह औरत पैसे की भूखी नहीं है, वह तो हृदय पर विश्वास करती है।"

वीरेश्वर प्रताप ने देखा कि उन्हें रामप्रकाश से कोई सलाह नहीं मिल सकती, और वह वहाँ से चल दिया। अब केवल एक ऐसा स्थान था, जहाँ उन्हें ठीक ढंग से सलाह मिल सके, जहाँ उनकी समस्या सुलझ सके, और वह था श्री जयदेव भारती का घर।

जब वह जयदेव भारती के घर पहुँचे, तब ज्ञानेश्वरी ने उनका स्वागत किया। ज्ञानेश्वरी बरामदे में बैठी बुनाई कर रही थीं। वीरेश्वर प्रताप को बैठाते हुए ज्ञानेश्वरी ने कहा, "बेटा, भगवान की कृपा से आज तो मीना की तबीयत कुछ अच्छी है। पड़ोस में सिन्हा साहब की लड़कियों के साथ उनके बँगले में चली गई है। कल न जाने क्यों उसका मिज़ाज गरम हो गया था।"

लेकिन वीरेश्वर प्रताप जिस मानसिक स्थिति में थे, उससे मीना के सम्बन्ध में इतना सुन्दर संवाद पाकर उन्हें कोई विशेष प्रसन्नता नहीं हुई। वह चुपचाप बैठे हुए बड़ी तेज़ी के साथ सोच रहे थे। उन्होंने कहा, "आंटी, अंकल हैं ? उनसे कुछ ज़रूरी काम है।"

"वह तो आध घंटा हुआ कहीं चले गए, शायद मेहता के यहाँ गए हैं। ब्रिज की ऐसी बुरी लत पड़ गई है कि घर-बार की कोई फिक्र ही नहीं रहती। लड़की बीमार है। इन दिनों तो कम-से-कम इनको यह शाम-शाम भर गायब रहना छोड़ देना चाहिए था; लेकिन लाख समझाओ, मानते ही नहीं।"

इसी समय मीना की आवाज़ सुनाई दी, "मम्मी ! अरे युवराज, आप !" और मीना आकर बैठ गई।

वीरेश्वर प्रताप ने कहा, "तुम्हारी तबीयत तो ठीक है मीना ?"

एकाएक मीना को ख़याल हो आया कि उसकी तबीयत खराब है; लेकिन अब तो वह आकर बरामदे में बैठ ही गई थी। उसने कहा, "बड़ी कमज़ोरी है युवराज—उफ !" और उसने वीरेश्वर प्रताप को ध्यान से देखा, चेहरा पीला और मुरझाया हुआ था, "आपकी तबीयत भी कुछ अच्छी नहीं दिखाई देती है !"

वीरेश्वर प्रताप ने ठंडी साँस लेकर कहा, "तबीयत तो ठीक है, लेकिन मन बहुत भारी है। बड़ी मुसीबत में पड़ गया हूँ। आंटी, कुछ समझ में नहीं आता।"

ज्ञानेश्वरी ने वीरेश्वर प्रताप को देखा, "हाँ, मैं भी सोच रही थी कि क्या हो गया है मेरे युवराज को ! न मुख पर वह मुस्कान, न चाल में वह अकड़ और न मस्ती। चेहरा मुरझाया हुआ, होश-हवास गायब !"

मीना फिर भूल गई कि वह बीमार है। वह कौतूहल के साथ बोली, "क्या मुसीबत आ पड़ी युवराज ? बताओ, मुमकिन है, मम्मी कोई उपाय बता सकें।"

वैसे वीरेश्वर ज्ञानेश्वरी से अपनी करुण कथा कहने नहीं आए थे, लेकिन सहानुभूति के इस प्रदर्शन में जैसे उन्होंने अपने को खो दिया। उन्होंने कहा, "आप लोग यहाँ पर कैरा कोमल नाम की एक स्त्री को तो जानती होंगी।"

मीना ने कुछ तीखे स्वर में कहा, "वह लम्बी-सी बेढंगी स्त्री, जिसके साथ आप कल आए थे और जो आपकी पार्टी में बराबर आपके साथ नाचती रही ?"

मीना के स्वर में जो खतरे की सूचना थी, उसे वीरेश्वर प्रताप अपनी करुणा के आवेग में नहीं ग्रहण कर सके। उन्होंने कहा, "हाँ मीना रानी, वही तो। पार्टी की रात में ही उसका उसके पति पीतम कमल से कुछ झगड़ा हो गया, और उस समय से वह होटल इम्पीरियल में मौजूद है। वहाँ से अपने घर वापस जाने का नाम ही नहीं लेती। न जाने उसे मैंने कितना समझाया-बुझाया।"

मीना ने चीख के स्वर में कहा, "युवराज !"

और वीरेश्वर प्रताप को तो अपनी पूरी बात कहनी थी, "तो यह पीतम कमल कोमल कहता है कि उसका कैरा से कोई झगड़ा-वगड़ा नहीं हुआ। वह पीतम कमल को छोड़कर मुझसे विवाह करना चाहती है।"

मीना एक झटके के साथ उठ खड़ी हुई, "मम्मी ! मुझे सँभालो।" और वह ज्ञानेश्वरी की गोद में बेहोश होकर गिर पड़ी।

ज्ञानेश्वरी ने मीना को सँभालते हुए नौकरों को आवाज दी। नौकरों ने मीना को पकड़कर उसके कमरे तक पहुँचाया और ज्ञानेश्वरी मीना के साथ चली गईं। जाने के पहले वह वीरेश्वर प्रताप से कहती गईं, "युवराज, तुम्हें यह सोच-समझकर बात करनी चाहिए कि किससे बात कर रहे हो। उस दिन तुम्हारी पार्टी में ही बीमार पड़ी, और आज जब यह करीब-करीब अच्छी हो गई थी, तुम्हारी यह बेतुकी और भद्दी बात सुनकर बेहोश हो गई।"

वीरेश्वर एक अपराधी की भाँति सिर झुकाए हुए वहाँ से लौटे। अब उनके हृदय में एक भयानक और सर्वव्यापी निराशा ने अपना घर बना लिया था। उनके चारों ओर एक अभेद्य और गहरा अन्धकार था। वह अपने होटल लौटे और सीधे अपने कमरे में चले गए।

लेकिन ऐसा दिखता है, उनके भाग्य में शान्ति थी ही नहीं। जैसे ही वह कुर्सी पर बैठे, वैसे ही कैरा कोमल ने उनके कमरे में प्रवेश किया। कैरा के मुख पर वही भोली मुस्कान, वही विस्मृत तन्मयता ! आते ही उसने कहा, "लौट आए आराध्य ! बिना तुम्हें देखे मेरे प्राण छटपटा रहे थे। ओह ! मैं अपने को इतना अधिक खो दूँगी, यह मैंने सोचा ही न था !" और वह सामने पड़ी हुई कुर्सी पर बैठ गई।

वीरेश्वर प्रताप बेतरह थके हुए थे, तन से और मन से। उन्होंने थके हुए स्वर में पूछा, "पीतम कलम और दिलवरकिशन तुमसे मिले थे ?"

"मिलने की कोशिश तो उन दोनों ने अवश्य की थी, लेकिन मैंने उनसे मिलने से इनकार कर दिया। मिलना और बातचीत करना बेकार। मैं तो आपकी हो चुकी हूँ मेरे आराध्य ! अब आपके सिवा मेरे लिए दुनिया में कोई नहीं है, कोई नहीं है !" कैरा ने 'कोई' शब्द का विशेष ज़ोर देते हुए कहा।

वीरेश्वर प्रताप का दिल थोड़ा-सा और बैठ गया, कैरा के इस भावना के प्रदर्शन से लड़खड़ाते स्वर में उसने कहा, "कैरा, तुम जानती ही हो कि तुम्हारा पीतम कमल से विवाह हो चुका है, और इसलिए मैं तुमसे किसी भी हालत में विवाह नहीं कर सकता। फिर मैं तुमसे प्रेम भी नहीं करता।"

कैरा के मुख पर किसी तरह का परिवर्तन नहीं आया, "इससे क्या मेरे आराध्य ? मैं तो आपसे प्रेम करती हूँ। आपको छोड़कर क्या आप समझते हैं, मैं जीवित रह सकूँगी ? ज़हर खा लूँगी, जमुना में डूब मरूँगी, रेल के नीचे कट जाऊँगी ! मरनेवालों को भला कौन रोक सकता है ?"

यह सुनकर वीरेश्वर प्रताप के अन्दरवाला अन्धकार और भी बढ़ गया। वह चुपचाप आँखें बन्द करके कुर्सी पर लुढ़क गया। कैरा उठकर वीरेश्वर प्रताप के पास आई। उसके सिर पर अपना सिर रखते हुए उसने कहा, "इतने दुखी न हो मेरे आराध्य ! अगर तुम्हें मुझसे अलग होने ही में सुख है, तो मैं आज रात को ही यहाँ से चली जाऊँगी। अपने आराध्य को दुख पहुँचाना मेरे लिए बहुत बड़ा पाप होगा।" और कैरा की आँखों में आँसू आ गए।

"तुम कहाँ जाओगी यहाँ से ?" वीरेश्वर प्रताप ने पूछा।

"वहाँ, जहाँ से कोई कभी नहीं लौटता; वहाँ, जहाँ से मैं तुम्हें सताने न आ सकूँ।" और कैरा एक निश्चय की दृढ़ता की मुद्रा के साथ दरवाज़े की ओर बढ़ी।

कैरा की इस मुद्रा से वीरेश्वर प्रताप डर-सा गया। उसने कैरा को रोकते हुए कहा, "लेकिन कैरा, मैंने तुम्हें जाने को कब कहा है ? कैरा, यह समय भावना के प्रवाह में बहकर उचित-अनुचित कर डालने का नहीं है। यह समय तो गम्भीरतापूर्वक सोचने-समझने का है।"

कैरा वहीं दरवाज़े के पास रुककर बोली, "मेरे आराध्य ! सोचना-विचारना बेकार; क्योंकि सोचा-विचारा होता कब है ? ज़िन्दगी जिस तरह सामने आती है, उसे उसी तरह ले लिया जाए, मैं तो सिर्फ इतना जानती हूँ, और इसीलिए मैंने कभी सोचने-विचारने की आदत ही नहीं डाली। मैं तो सिर्फ इतना जान पाई हूँ कि मेरा सारा जीवन, सारा अस्तित्व तुम्हें अर्पित है मेरे सर्वस्व !"

कैरा की इस दृढ़ता और इस आत्मसमर्पण से वीरेश्वर प्रताप प्रभावित अवश्य हुआ। उठकर वह दरवाज़े तक कैरा के पास गया, "लेकिन कैरा, मुझे तो सोचना पड़ेगा। अपने लिए उतना नहीं, जितना तुम्हारे लिए। जब तुमने अपने को मेरे हाथों सौंप दिया है, तब तुम्हारा हित-अहित मेरा उत्तरदायित्व हो जाता है।"

कैरा ने एक करुण मुस्कराहट के साथ उत्तर दिया, "मेरे आराध्य ! अपने हित-अहित के उत्तरदायित्व का भार तुम पर डालकर मैं तुम्हारे सुख का कोई भी

भाग नहीं छीनना चाहती। मेरे हित-अहित पर तनिक भी ध्यान न देना। मैं तो केवल तुम्हें सुख प्रदान करने को बनी हूँ। अगर मैं तुम्हारे दुख या चिन्ता का कारण बन जाऊँ, तो मेरा प्रेम निरर्थक होगा।" और कैरा भावावेश में तेज़ी के साथ चली गई।

रात को दस बजे के समय, जब वीरेश्वर प्रताप सोने का प्रयत्न कर रहा था, उसे दिलवरकिशन ज़ख्मी की आवाज़ सुनाई दी, "हुज़ूर, अर्ज़ किया है :

"है वक्त अभी, उठ तू, नादान न बन ज़ख्मी,
जो तेरी मुसीबत है तू कर उसे गुडबाई !"

ज़ख्मी अकेला न था, उसके साथ पीतम कमल कोमल भी था। वीरेश्वर प्रताप ने अन्यमनस्क भाव से कहा, "कहिए, क्या बात है ? बहुत थका हूँ। सोने का वक्त हो रहा है।"

पीतम कमल ने कुर्सी पर बैठते हुए उत्तर दिया, "जी, बात यह है कि बिना फैसला किए मैं अब घर न लौटूँगा। मैंने यह तय कर लिया है।"

वीरेश्वर प्रताप ने उदास भाव से कहा, "मैं क्या करूँ कोमल साहब, मैं खुद बड़ी मुसीबत में हूँ। समझ में नहीं आता कि क्या किया जाए ! कोई मुझे सलाह देनेवाला भी तो नहीं है।"

दिलवरकिशन ने वीरेश्वर प्रताप की ओर देखा। "हुज़ूर का नमक खाता हूँ। अगर हुज़ूर इजाज़त दें, तो खाकसार हुज़ूर को कुछ सलाह दे सकता है। ऐसी सलाह कि हुज़ूर कुछ न पूछिए, यानी हुज़ूर ने एकबारगी मैदान मार लिया।"

वीरेश्वर प्रताप उसी उदासी के साथ बोले, "आप ज़ख्मी साहब, आप सलाह देंगे ? कहिए !"

"हुज़ूर को दिल्ली से कोई खास दिलचस्पी तो नहीं है ?"

"नहीं तो। क्यों, यह प्रश्न क्यों ?" वीरेश्वर प्रताप ने आश्चर्य से पूछा।

"इसलिए कि हुज़ूर, कल सुबह डाकगाड़ी से बम्बई का टिकट कटाइए। न रहेगा बाँस, न बसेगी बाँसुरी।"

वीरेश्वर प्रताप एक झटके के साथ उठकर अपने पलँग पर बैठ गए, "अरे ! इतनी साधारण-सी बात, और यह मुझे सूझी तक नहीं ! लेकिन, लेकिन यह क्या निश्चय कि यह कैरा मेरा पीछा न करेगी ? गाड़ी सुबह साढ़े आठ बजे जाती है, उसे पता तो चल ही जाएगा।"

ज़ख्मी ने कुछ देर तक सोचा, "तो हुज़ूर, रातवाला हवाई जहाज़ कैसा रहेगा ? अभी कुल दस बजे हैं, प्लेन जाता है बारह बजे। टेलीफोन से टिकट खरीद लीजिए। हम दोनों मिलकर अभी पाँच मिनट में आपका सूटकेस ठीक किए देते हैं।"

वीरेश्वर प्रताप का मस्तिष्क अब तेज़ी के साथ काम कर रहा था। उन्होंने एयरोड्रम फोन किया। प्लेन में ज़गह थी। वीरेश्वर प्रताप ने उठते हुए कहा, "लेकिन, लेकिन अगर कैरा को पता चल गया तो ?"

पीतम कमल बोला, "आप ज़रा भी चिन्ता न कीजिए। हम लोगों की मौजूदगी में वह बाहर न निकलेगी, और अगर आ भी गई, तो हम लोग उसे बातचीत में उलझा लेंगे। तब तक आप लम्बे पड़िएगा।"

वीरेश्वर प्रताप ने उसी समय होटलवालों को अपना हिसाब चुकाया। टैक्सी पर बैठने के पहले उन्होंने पीतम कमल से कहा, "पीतम साहब, कैरा तीन दिन इस होटल में रही है। करीब एक सौ रुपये होटल के चार्ज होंगे। यह होटल का बिल आपके हाथों अदा हो, तो यही अच्छा है।" यह कहकर उसने एक सौ रुपये का एक नोट पीतम कमल कोमल की ओर बढ़ाया। पीतम कमल कोमल ने रुपया लेने से इनकार करते हुए कहा, "जी, कैरा का खर्च मेरे ज़िम्मे ! मेरे रहते हुए आप कैरा का खर्च बर्दाश्त करें, यह नहीं हो सकता।"

वीरेश्वर प्रताप ने पीतम कमल को देखा और उसकी आँखें भर आईं। "पीतम कमलजी, काश इस दुनिया में आप ऐसे आदमी और भी होते !" फिर उसने ज़ख्मी से कहा, "मैं पन्द्रह दिन तक बम्बई के ताजमहल होटल में ठहरूँगा। आप यह सौ रुपये ले लें और बम्बई आकर मुझसे मिलें। मैं आपका इन्तज़ार करूँगा।" और वीरेश्वर प्रताप ने टैक्सी को एयरोड्रम ले चलने का आदेश दिया।

वीरेश्वर प्रताप को रवाना कर पीतम कमल ने दिलवरकिशन से कहा, "चलो भाई, अब कैरा को समझाया जाए।" कैरा सो गई थी। बड़ी मुश्किल से उसकी नींद टूटी। उसने कमरे के अन्दर से पूछा, "कौन है ?" पीतम कमल बोला, "मैं हूँ तुम्हारा पीतम। वीरेश्वर प्रताप होटल छोड़कर चले गए। अब घर चलो।"

वीरेश्वर प्रताप के जाने की खबर पाकर कैरा ने किवाड़ खोले। बिना पीतम कमल और ज़ख्मी पर ध्यान दिए वह वीरेश्वर प्रताप के कमरे की ओर दौड़ी। कमरा खाली पड़ा था।

कैरा चुपचाप अपने कमरे में लौटी। उसके साथ पीतम कमल ने भी कमरे में प्रवेश किया। कैरा ने पीतम कमल का सहारा लेते हुए कहा, "इस तरह भागा जाता है ! कायर कहीं का ! मेरे पीतम, मुझे घर ले चलो !"

[13]

ज्ञानमल ध्यानमल के मालिक का लड़का श्रीकृष्ण कुछ अजीब चक्कर में पड़ गया। पन्ने का सेट उसने मीना को दिया था कि वह उसे अपनी माता से पसन्द कराके या तो खरीद लेगी या सोमवार तक वापस कर देगी। सोमवार के दिन वह मीना या रामप्रकाश की सारे दिन प्रतीक्षा करता रहा। जब दिन बीत गया, तब शाम के समय उसने हारकर जयदेव भारती के बँगले पर फोन किया; पर उस दिन उसे दो बार फोन करने पर नम्बर

इंगेज़्ड मिला। मंगलवार के दिन उसने तीन बार फोन किया, लेकिन फोन पर उसे बार-बार यही उत्तर मिला, "मीना बिटिया बीमार हैं। रामप्रकाश भइया घर पर नहीं हैं।" बुधवार को श्रीकृष्ण कुछ अधिक चिन्तित हुआ। मीना और रामप्रकाश का कोई पता नहीं। जब चार बार फोन करने पर भी उसे श्री भारती के घर से कोई सन्तोषजनक उत्तर नहीं मिला, तब उसका माथा ठनका। बृहस्पतिवार के दिन वह प्रातः ग्यारह बजे सुबह श्री जयदेव भारती के बँगले पर स्वयं पहुँचा।

मीना का पिछली शामवाला दौरा कुछ अधिक देर तक रुका था। सुबह जब मीना सोकर उठी, उसका मिज़ाज बिगड़ा हुआ था। साढ़े दस बजे जब रामप्रकाश अन्नपूर्णा के यहाँ से लौटा, तो उसने देखा कि मीना ड्राइंगरूम के सोफे पर लेटी हुई स्वयं एक उपन्यास पढ़ रही और रो रही है। ज्ञानेश्वरी बगल में बैठी हुई मीना को उपन्यास पढ़ने से रोक रही हैं और स्वेटर बुन रही हैं। रामप्रकाश ने भी एक फिल्म मैगज़ीन हाथ में लेकर उसे उलटना-पुलटना आरम्भ कर दिया।

श्रीकृष्ण ने बिना किसी को इत्तिला दिए हुए ड्राइंगरूम में प्रवेश करते हुए कहा, "नमस्ते प्रकाश बाबू ! नमस्ते मीना बहनजी ! नमस्ते माताजी !"

मीना हड़बड़ाकर सोफे से उठी, "बिना इत्तिला दिए हुए तुम कैसे घुस आए यहाँ ? देखते नहीं, मेरी तबीयत खराब है !" और यह कहकर मीना अपने कमरे में चली गई। श्रीकृष्ण ने कुर्सी पर बैठते हुए ज्ञानेश्वरी से कहा, "माताजी ! मैं ज्ञानमल ध्यानमल का श्रीकृष्ण हूँ !"

रामप्रकाश ने श्रीकृष्ण की बात वहीं टोकी, "बुआजी, यह श्रीकृष्ण मुझसे मिलने आए हैं। आप तब तक मीना को सँभालिए चलकर।"

ज्ञानेश्वरी ऊन वगैरह समेटकर मीना को सँभालने के लिए चल दी। ज्ञानेश्वरी के जाने के बाद रामप्रकाश ने श्रीकृष्ण से पूछा, "कहिए श्रीकृष्णजी, कैसे कष्ट किया ?"

श्रीकृष्ण ने आश्चर्य के साथ रामप्रकाश को देखा, "कैसे कष्ट किया—इसके क्या मतलब होते हैं प्रकाश बाबू ? आज बृहस्पतिवार है। आपने वह पन्ना का सेट सोमवार को लौटाने का या उसके दाम देने का वादा किया था। यह तो ऐसी बात नहीं है कि कोई इसे भूल जाए !"

रामप्रकाश ने कहा, "ओह, याद आ गया। भाई, मैं क्षमा माँगता हूँ—उस पन्ने के सेट की बात ही मेरे दिमाग से उतर गई थी। बात यह है कि इतवार की रात को जो मीनाजी बीमार पड़ीं, तो इससे हम सब बुरी तरह परेशान हैं। आपने खुद अभी-अभी मीना को देखा है !"

श्रीकृष्ण ने कुछ अनिश्चय के साथ कहा, "ऐसी कोई खास तो बीमारी नहीं दिखाई दी। हाँ, माथा ज़रूर गरम था। खैर, कोई बात नहीं, बड़े आदमियों की बड़ी बीमारियाँ। हाँ, तो कल तक मैंने आप दोनों की राह देखी, जब आप नहीं आए तो मुझे खुद आना पड़ा, देखने के लिए कि क्या बात है। अच्छा, तो वह सेट मुझे वापस कर दीजिए।"

रामप्रकाश ने कहा, "हाँ, हाँ वह सेट पसन्द नहीं आया, वापस हो जाएगा; लेकिन इस समय नहीं। आप देख ही रहे हैं कि मीनाजी बीमार हैं !"

श्रीकृष्ण बोला, "प्रकाश बाबू ! मीनाजी बीमार हैं, लेकिन यह सेट तो बीमार नहीं है। कृपा करके वह सेट मुझे अभी वापस कर दीजिए—बड़ा कीमती सेट है।"

"कह तो दिया कि दो-चार दिन में जब मीनाजी की तबीयत ठीक हो जाएगी, वह सेट वापस हो जाएगा !" रामप्रकाश ने कड़वाहट के साथ कहा।

श्रीकृष्ण ने कुर्सी पर फैलकर छत की ओर देखा, "और अगर दो-चार दिन में न हुआ तो ? क्या भरोसा ? ये आजकल की बीमारियाँ भी अजीब होती हैं। इनका कोई ठिकाना नहीं। अभी पार साल मेरी घरवाली इसी तरह एकाएक बीमार पड़ी। बड़े-बड़े डॉक्टर आए, यही कहते रहे कि आज ठीक हो जाएगी, कल ठीक हो जाएगी। और प्रकाश बाबू, तीसरे ही दिन बिना कुछ कहे-सुने टें हो गई।"

रामप्रकाश ने बिगड़कर श्रीकृष्ण को डाँटा, "यह क्या अनाप-शनाप बक रहे हो ?"

"अनाप-शनाप नहीं बक रहा हूँ प्रकाश बाबू—इस ज़िन्दगी का कोई भरोरास नहीं। यह नौ द्वारे का पिंजरा शरीर, इससे प्राण का पखेरू न जाने कब उड़ जाए ! तो मुझे मेरा माल वापस कीजिए और मैं अपना रास्ता नापूँ। आखिर दुकान का काम-काज भी तो सँभालना है, आप लोगों की हाज़िरी कब तक बजाऊँ !"

"अजीब आदमी हो ! कह तो दिया दो-एक दिन में वापस दे आऊँगा !"

"प्रकाश बाबू, मैं तो आज ही और इसी वक्त वह सेट वापस लेकर जाऊँगा। बिना उसे लिए मैं यहाँ से उठूँगा थोड़े ही !"

हारकर रामप्रकाश को उठना पड़ा, वह मीना के पास गया। मीना पलँग पर लेटी सोने का प्रयत्न कर रही थी। रामप्रकाश ने कहा, "वह ज्ञानमल ध्यानमलवाला श्रीकृष्ण अपना पन्ने का सेट वापस माँग रहा है।"

मीना रामप्रकाश की ओर से अपना मुँह फेरती हुई बोली, "अभी मैं नहीं उठ सकती, उससे कह दो कि कल भिजवा दिया जाएगा।"

"लेकिन वह तो अड़कर बैठ गया है, कहता है कि बिना सेट लिए वापस न जाऊँगा।" रामप्रकाश ने कुछ लड़खड़ाते स्वर में कहा।

मीना चिल्ला उठी, "मैं किसी हालत में नहीं उठ सकती। अगर सीधी तरह न जाए, तो उसे धक्का मारकर बाहर निकाल दो।"

रामप्रकाश चुपचाप लौट आया; लेकिन मीना ने अपना पिछला आदेश इतनी तेज़ आवाज़ में दिया था कि बहरा-से-बहरा आदमी भी उसे सुन लेता, श्रीकृष्ण तो मीना के कमरे से लगे ड्राइंगरूम में ही बैठा था और श्रीकृष्ण के कान काफी तेज़ थे। रामप्रकाश के आते ही उसने कहा, "तो मुझे धक्का मारकर निकालोगे ? निकालो मुझे यहाँ से—मैं भी तो देखूँ ! चोरी और सीनाज़ोरी इसी को कहते हैं प्रकाश बाबू, लेकिन मुझे निकालना आसान काम न होगा। अपना सिर फोड़ लूँगा मैं ! आपने, समझ क्या रक्खा है ?"

रामप्रकाश झल्लाया हुआ तो था ही, वह अब थोड़ा-सा गरम होकर बोला, "यह क्या शोहदापन मचा रक्खा है तुमने ? सीधे-सीधे चले जाओ, नहीं तो पुलिस को बुलाना पड़ेगा।"

श्रीकृष्ण भी गरम हुआ, "पुलिस बुलाइए, फौज बुलाइए, तोप-बन्दूक, मशीनगन, टैंक—सब बुला लीजिए। 'जबरा मारे और रोने न दे !' लेकिन प्रकाश बाबू, मैं भी अपनी जान हथेली पर रख के आया हूँ, मौत का क्या डर ? देख क्या रहे हैं, इस तरह, उठाइए फोन। बड़े अफसर का बँगला है। आप जो मेरा माल हड़पे जा रहे हैं सो साहूकार हैं, और मैं जो लुट रहा हूँ, वह चोर है। स्वराज हो गया है न, चलाइए खूब अन्धेरखाता, मचाइए धाँधली।"

रामप्रकाश निराश-भाव से कुर्सी पर बैठ गया, "अजीब आदमियों से पाला पड़ा है। अच्छी बात है श्रीकृष्णजी, दीजिए धरना !"

दोनों चुपचाप बैठे थे और बीच-बीच में जलती आँखों से एक-दूसरे को देख लेते थे। करीब पन्द्रह मिनट तक दोनों इसी हालत में बैठे रहे। इसी समय अशोक ने ड्राइंगरूम में प्रवेश किया। अशोक थका हुआ-सा कुछ चिन्तित था। तीन दिन से उसकी मीना से न कोई बातचीत हुई थी, और न मुलाकात हुई थी। दोस्तों और रिश्तेदारों में उनकी बदनामी तेज़ी के साथ फैलती जा रही थी। कमरे में प्रवेश करते ही उसने इन दोनों सज्जनों को आँखें मूँदे हुए बैठे पाया। उसने रामप्रकाश के पास जाकर उसे हिलाते हुए कहा, "कहो प्रकाश ! मीना की तबीयत अब कैसी है ?"

अशोक को देखकर रामप्रकाश की जान-में-जान आई। वह उठकर खड़ा हो गया, "आज तो तबीयत काफी अच्छी दिख रही थी। थोड़ी देर पहले यहाँ ड्राइंगरूम में बैठी हुई एक उपन्यास पढ़ रही थी; लेकिन इस बीच में यह आ टपके—जी, देखे रहे हैं आप इन श्रीकृष्ण साहब को। फिर वही दौरा आ गया; लेकिन आप हैं कि अड़े बैठे हैं, उठने का नाम ही नहीं, लेते हैं। धरना दे रहे हैं।"

अशोक श्रीकृष्ण की ओर घूमा। श्रीकृष्ण ने आँखें खोल दी थीं। अशोक ने पूछा, "क्यों श्रीकृष्णजी, इस समय आपका कैसे आना हुआ ?"

श्रीकृष्ण ने तमककर कहा, "चोरी करने आया हूँ, डाका मारने आया हूँ। जी, बिना पुलिस और फौज-फाटा बुलाए काम नहीं चलेगा। मुझे धक्का मारकर निकाल देने को कहा गया है।"

अशोक श्रीकृष्ण की बात तनिक भी नहीं समझा, "सीधी बात कहो श्रीकृष्ण, क्या काम है तुम्हें ?"

श्रीकृष्ण ने उसी ढंग से कहा, "सीधी बात तो इन प्रकाश बाबू से पूछिए। मुझे यह क्या पता था कि शरीफ घरों के लड़के-लड़कियाँ चार सौ बीसी पर उतर आएँगे; लेकिन मैं हूँ श्रीकृष्ण—ये चार सौ बीस हैं, तो मैं आठ सौ चालीस से कम न साबित हूँगा !"

अशोक ने श्रीकृष्ण को डाँटा, "ज़रा तमीज़ से बात करो !"

श्रीकृष्ण डाँट खाने के मूड में ज़रा भी न था, "जी, तमीज़ की सारी ठेकेदारी आपने ले रक्खी है ! तमीज़ सिखाने का भी एक स्कूल खोल दो, सरकार से रुपया बँट रहा है, यह भी पुण्य कमा लो !"

अशोक ने हारकर रामप्रकाश से पूछा, "क्या मामला है प्रकाश ? यह तो ठीक तरह से बतलाएगा नहीं !"

रामप्रकाश ने सारी स्थिति अशोक को बता दी। इसे सुनकर अशोक ने श्रीकृष्ण से कहा, "बस इतनी-सी बात ! अरे तुम जाओ; तुम्हारा सेट वापस हो जाएगा। यह मेरी ज़िम्मेदारी रही।"

श्रीकृष्ण ने व्यंग्य की मुस्कराहट के साथ कहा, "चोर के भाई गिरहकट ! आप में कौन ऐसे सुरखाब के पर लगे हैं कि आपकी ज़िम्मेदारी मंजूर करके मैं खाली हाथ चला जाऊँ ! मैंने तो कसम खा ली है कि बिना अपना सेट लिए मैं वापस न जाऊँगा।"

अशोक को क्रोध आ गया, "तो क्या मुझे बेईमान समझते हो ?"

श्रीकृष्ण के पास उत्तर तैयार था, "जी, नम्बरी और खानदानी बेईमान ! बिना बेईमानी किए कहीं कोई करोड़पति बना है ! नहीं अशोक साहब, मुझसे यह सब चार सौ बीसी नहीं चलेगी। दूसरों का रुपया मारकर ही यह सब जमा-जथा इकट्ठा होती है !"

ड्राइंगरूम में इतना हंगामा मचे और घरवालों को इसकी खबर न हो, यह कैसे सम्भव था ! ज्ञानेश्वरी ने कमरे में प्रवेश करते हुए कहा, "इतना शोर क्यों हो रहा है—क्या बात है ?"

उत्तर श्रीकृष्ण ने दिया, "माताजी, यह रामप्रकाश और मीनाजी मेरे यहाँ से एक पन्ने का सेट आपको पसन्द कराने को लाए थे। कहा था कि सोमवार के दिन या तो सेट वापस कर देंगे, या खरीद लेंगे। आज बृहस्पतिवार है, लेकिन न पैसा देते हैं और न सेट वापस करते हैं।"

ज्ञानेश्वरी ने रामप्रकाश को डाँटा, "प्रकाश, वह सेट अभी इसी समय वापस कर दो। इतना हंगामा मचा रक्का है इसने। आगे से मैं इसकी शक्ल नहीं देखना चाहती।"

रामप्रकाश फिर उठकर मीना के कमरे में गया। मीना को नींद कहाँ, वह तो कान लगाए हुए ड्राइंगरूम में होनेवाली बातचीत को सुन रही थी। रामप्रकाश को देखते ही उसने वार्डरोब से सेट निकालकर रामप्रकाश को दे दिया; लेकिन सेट देने के पहले उसकी तबीयत न मानी और उसने सेट को एक ललचाई और करुण दृष्टि से देखते हुए कहा, "बड़ा प्यारा सेट है प्रकाश भइया, वापस करने का जी नहीं होता !"

रामप्रकाश सेट लिए हुए चुपचाप मीना के कमरे से वापस आया। ड्राइंगरूम में पहुँचकर उसने अशोक से कहा, "अशोकजी, ज़रा एक बात सुनिएगा !"

अशोक ने रामप्रकाश की बात सुनकर सेट अपने हाथ में ले लिया। श्रीकृष्ण के पास आकर उसने कहा, "क्यों श्रीकृष्ण, क्या दाम बतलाए तुमने इस सेट के ?"

"वैसे तो आठ हज़ार का है; लेकिन मैंने मीनाजी से साढ़े सात हज़ार कह दिए थे !"

"इससे कम नहीं कर सकते ?" अशोक ने पूछा।

"कम क्या, बात तो इस सेट के दाम बढ़ाने की है। पन्ने के दाम चढ़ते जा रहे हैं बाबूजी नाराज़ हो रहे थे, बम्बई में इस सेट के दाम दस हज़ार तक मिल सकते हैं।"

अशोक ने अपने पोर्टफोलियो से चैकबुक निकालकर साढ़े सात हज़ार का चैक लिखते हुए कहा, "रसीद तुम मीना के नाम लिख दो !"

श्रीकृष्ण चैक लेकर चला गया। ज्ञानेश्वरी ने अशोक से कहा, "बेटा अशोक ! तुमने हमारी इज़्ज़त रख ली, तुम्हीं अपने हाथों से मीना को यह सेट दो चलकर।"

अशोक ज्ञानेश्वरी के पीछे-पीछे मीना के कमरे में पहुँचा। अशोक को देखते ही मीना चिल्ला पड़ी, "मम्मी ! यह क्यों आए यहाँ ? तुम इन्हें क्यों मेरे कमरे में ले आईं ?"

ज्ञानेश्वरी ने मीना के सिर पर हाथ फेरते हुए कहा, "तुझे पन्ने का सेट देने आया है यह मेरा अशोक ! आज इसने हम लोगों की इज़्ज़त रख ली।"

अशोक ने चुपचाप पन्ने का सेट मीना की ओर बढ़ा दिया।

"मैं नहीं लूँगी, नहीं लूँगी !" यह कहते-कहते मीना ने सेट का केस अपने हाथ में ले लिया। केस को लेकर उसने खोला, और उस पन्ने के सेट को देखकर उसका मुख प्रफुल्लित हो उठा। ज्ञानेश्वरी ने अशोक के कान में कहा, "यह मौका है, अपने हाथ से पहना दो !"

और अशोक के हाथ से वह पन्ने का सेट पहनकर मीना मुस्करा दी।

[14]

वीरेश्वर प्रताप को अपने यहाँ से रवाना करने के बाद अन्नपूर्णा को चैन नहीं मिला। सुबह जब उसकी नींद खुली, उसकी तबीयत कुछ भारी थी। अन्नपूर्णा की समझ में न आ रहा था कि उसकी तबीयत क्यों भारी है। बड़ी देर तक वह उस पर सोचती रही और अन्त में वह इस निर्णय पर पहुँची कि बहुत सम्भव है उसने तबीयत के भारीपन में वीरेश्वर प्रताप की पूरी बात नहीं सुनी थी। भावावेश के पागलपन में वह वीरेश्वर प्रताप के सामने से उठ गई थी; लेकिन बाद में पूरी बात जानने की उसकी उत्कंठा बढ़ने लगी, और एक रात में वह बहुत अधिक बढ़ गई। सुबह सोकर उठते ही उसने होटल इम्पीरियल में फोन किया। उधर से उत्तर मिला, "श्री वीरेश्वर प्रताप सिंह रात में ही होटल छोड़कर कहीं चले गए। उन्होंने होटल में अपना पता भी नहीं छोड़ा !"

अन्नपूर्णा ने पूछा, "क्या अकेले गए हैं या कोई और भी साथ में गया है ?"

उत्तर गिला, "यह हग लोगों को नहीं गालूम।"

"कैरा कोमल नाम की जो स्त्री ठहरी है, क्या वह है ?" अन्नपूर्णा ने पूछा।

"नहीं, वह भी रात के समय कमरा छोड़कर चली गई। उसने भी अपना कोई पता नहीं छोड़ा।"

काँपते हुए हाथों से उसने टेलीफोन रिसीवर पर रख दिया। उसे ऐसा लग रहा था कि आसमान फटकर उसके सिर पर गिरनेवाला है। उसे और कुछ न सूझा, तो वह अशोक के कमरे में पहुँची, लेकिन अशोक अपने कमरे में न था। अशोक को ढूँढ़ती हुई वह ड्राइंगरूम में पहुँची। वहाँ उसने देखा कि पीतम कमल कोमल बैठा हुआ अशोक से बात कर रहा है। पीतम कमल कह रहा था, "आप ज़रा भी चिन्ता न कीजिए। यह वायलिन कम-से-कम तीन सौ साल पुराना है। ज़ख्मी के उस यहूदी दोस्त के परबाबा का है, देख रहे हैं न आप इसे। इसकी कीमत बम्बई में आसानी से एक हज़ार रुपया तक मिल सकती है, लेकिन ज़ख्मी साहब यह सौदा तीन सौ रुपये में तय करा देंगे। अगर आप इसे न लेना चाहें तो आप मुझे तीन सौ रुपया एडवांस दे दें, मैं इसे अपने वास्ते खरीद लूँगा। इतनी प्यारी चीज़ हाथ से न निकल जानी चाहिए गुप्ता साहब !"

अशोक बोला, "मुझे इस वायलिन में कोई दिलचस्पी नहीं, और आप अभी एक हफ्ता हुआ, ढाई सौ रुपया ले चुके हैं।"

पीतम ने मुस्कराते हुए कहा, "जैसी आपकी मर्ज़ी ! लेकिन मेरा रुपया खत्म हो गया है। कैरा मुझसे रूठकर जो तीन दिन इम्पीरियल होटल में रही, तो कल रात मैंने उसका बिल अदा कर दिया।"

अन्नपूर्णा अभी तक किवाड़ के पास खड़ी-खड़ी यह बातचीत सुन रही थी। अब उससे न रहा गया। उसने कमरे में प्रवेश करते हुए कहा, "कैरा तो कल रात युवराज वीरेश्वर प्रताप के साथ कहीं भाग गई, और बिल चुकाया तुमने ! तुम लोग बेचारे अशोक को धोखा दे रहे हो !"

पीतम कमल एक झटके के साथ उठ खड़ा हुआ। उसने एक क्षण अन्नपूर्णा को गौर से देखा, फिर उसने कहा, "देखिए मिसेज़ बंसल, आप श्रीमान् अशोक गुप्ता की बुआ अवश्य हैं, लेकिन आपको मेरी कैरा का अपमान करने का कोई अधिकार नहीं है। कैरा अभी यहाँ आती होगी, मुझे साथ लेकर उसे अपने आर्ट स्कूल का सामान खरीदने जाना है।"

अन्नपूर्णा ने अचकचाकर पीतम कमल को देखा, "तो क्या कैरा यहीं है ? फिर युवराज वीरेश्वर प्रताप सिंह कहाँ है ?"

"वह कल रात हवाई जहाज से बम्बई चले गए। बड़े शरीफ आदमी थे।"

अन्नपूर्णा को ऐसा लग रहा था, मानो वह बेहोश होकर गिरनेवाली है। बड़ी मुश्किल से उसने अपने को सँभाला और चुपचाप अपने कमरे को लौट गई।

कमरे में पहुँचकर वह लेट गई। अब उसका मन बहुत अधिक भारी हो उठा था। उसके सामने वीरेश्वर प्रताप की वह दयनीय और करुण मुद्रा आ गई, जिसके साथ वीरेश्वर प्रताप अपनी दुख-गाथा सुनाकर उसकी सहायता माँगने आए थे। और सहायता

देना तो दूर रहा, अन्नपूर्णा ने उसकी दुख-कथा सुनी तक नहीं। अब अन्नपूर्णा को यह लग रहा था कि वीरेश्वर प्रताप के इस निर्वासन में उसका भी अनजाने में बड़ा योग है। अन्नपूर्णा अपने को धिक्कार रही थी।

अक्टूबर महीनेवाला वह सुन्दरता और सुरभि से भरा बगीचा उसके सामने था; धूप हँस रही थी, पक्षी गा रहे थे; लेकिन अन्नपूर्णा को ऐसा लग रहा था कि उसके चारों ओर एक करुण हाहाकार मच रहा है। उससे लेटे भी नहीं रहा गया। घंटी बजाकर उसने नौकर को बुलाया और नौकर से उसने कहा, "अशोक के यहाँ जो आदमी बैठा है, उससे कह देना कि अशोक से बात करके वह मुझसे मिल ले।"

नौकर चला गया। अब अन्नपूर्णा ने स्वस्थ होकर बैठने का प्रयत्न किया। और स्वस्थ होने के बाद उसका पहला काम हुआ, उस दिनवाली डाक पर नज़र डालना। इधर-उधर की पत्र-पत्रिकाएँ, दूकानदारों के बिल। अन्नपूर्णा के वितृष्णा के साथ अपनी दृष्टि उधर से हटानी चाही; पर उसमें वह सफल नहीं हो सकी। पोस्ट ऑफिस में बिकनेवाला एक लिफाफा, उसके ऊपर बच्चों की लिखावट में अन्नपूर्णा का नाम व पता। लिफाफे के ऊपर लिखा था—'व्यक्तिगत'। एक झुंझलाहट के साथ अन्नपूर्णा ने वह पत्र उठाया, लिफाफा फाड़कर उसने पत्र निकाला और सरसरी नज़र से उसने उस पत्र को पढ़ने का प्रयत्न किया। एक सादे से गुड़मुड़ाए कागज़ पर लिखा था :

"जो चाहा था वह न मिला, जो न चाहा वह गले पड़ रहा है। न कोई अपना है, जो मेरी बात सुने; न मैं किसी का हूँ, जिससे अपने मन की बात कह सकूँ। मैं नितान्त अकेला हूँ। फिर भी ऐसा लगता है कि मैं स्वच्छन्द हूँ और दुनिया काफी बड़ी है। आप मुझे हमेशा याद रहेंगी।

आपका—वीरेश्वर प्रताप"

अन्नपूर्णा सुन्न और संज्ञारहित-सी रह गई। उसने पत्र को प्रायः आठ-दस बार पढ़ा। वह पत्र बहुत जल्दी में सम्भवतः एयरोड्रम से लिखा गया था। अन्नपूर्णा ने मन-ही-मन कहा—'किसी अच्छे कागज़ पर लिखा होता, किसी अच्छे लिफाफे में भेजा होता ! बेचारे युवराज !' और अन्नपूर्णा की आँखें तरल हो गईं। पत्र को उसने अपने हृदय से लगाया, फिर उसने पत्र को अपने लोहे की सेफनुमा अलमारी में बन्द कर दिया। इसी समय उसे बरामदे से आवाज़ सुनाई दी, "हम लोग आ गए हैं।"

अन्नपूर्णा बरामदे में आ गई। पीतम कमल के साथ कैरा कोमल भी थी, शान्त और गम्भीर ! दिलवरकिशन ज़ख्मी ने मुस्कराते हुए कहा, "अगर हुजूर को कुछ पराइवेट बात करनी हो, तो गुलाम यहाँ से चला जाए ?"

"नहीं-नहीं।" अन्नपूर्णा ने तीनों को बिठलाते हुए कहा, "मुझे कुछ युवराज की बाबत पूछताछ करनी थी। क्यों कमलजी, आपको कुछ पता है कि युवराज बम्बई में कहाँ ठहरेंगे ?"

उत्तर दिलवरकिशन ज़ख्मी ने दिया, "इनको क्या मालूम हुजूर, मुझे मालूम है। लेकिन बताऊँगा नहीं, बड़ी मुश्किल से जान छुड़ाकर भागे हैं यहाँ से।"

अन्नपूर्णा को ऐसा लगा, मानो दिलवरकिशन ज़ख्मी ने उसके ऊपर व्यंग्य किया। उसका मुख लाल हो गया। उसने कहा, "कोई बात नहीं, मैंने तो वैसे ही पूछ लिया था। मैंने बेकार ही आप लोगों को कष्ट दिया, आप लोग अपने काम की जल्दी में होंगे।" और वह उठ खड़ी हुई। उसके खड़े होते ही ये तीनों भी उठकर चले गए।

अन्नपूर्णा फिर बैठ गई। अब उसकी उदासी बहुत अधिक बढ़ गई थी; वह मन-ही-मन अपने को अपराधिनी समझ रही थी, मन-ही-मन अपने को धिक्कार रही थी। उसे वीरेश्वर प्रताप का पता लगाना ही होगा; यही नहीं, उसे वीरेश्वर प्रताप से क्षमा माँगनी होगी, उसे मनाना होगा।

शाम के समय तक अन्नपूर्णा को अनुभव होने लगा कि कहीं उसके अन्दर की बेचैनी पागलपन का रूप न ले ले। वह तैयार हुई, एक बेहोशी की हालत में वह अपनी कार में बैठी, ड्राइवर से उसने जयदेव भारती के बँगले चलने को कहा। कार से उतरकर उसने ड्राइंगरूम में प्रवेश किया।

ड्राइंगरूम उस समय परामर्श का कमरा बना हुआ था, एक गम्भीरता का वातावरण था वहाँ पर। जयदेव भारती, ज्ञानेश्वरी देवी, मीना, रामप्रकाश और अशोक एक महत्त्वपूर्ण मसले को हल कर रहे थे। अन्नपूर्णा के आते ही मीना ने उसका इन शब्दों में स्वागत किया, "तुम अच्छी आ गईं आंटी ! ये सब लोग न जाने क्या-क्या कह रहे हैं, मैं तो तुम्हारी सलाह मानूँगी।"

अन्नपूर्णा ने मुस्कराने का प्रयत्न करते हुए कहा, "क्या बताऊँ मीना, इधर दो दिन तबीयत ठीक नहीं रही, वही पुराना सिर का दर्द है। अब तो तुम बड़ी अच्छी दीख रही हो, भगवान का लाख-लाख धन्यवाद !"

अन्नपूर्णा के बैठ जाने के बाद जयदेव भारती ने कहा, "बात यह है अन्नपूर्णा कि डॉक्टरों ने मीना को जलवायु-परिवर्तन की सलाह दी है, और वह भी जितना जल्दी हो सके उतना अच्छा। मैं तो मीना को पहाड़ भेजना चाहता हूँ; लेकिन अब सर्दियाँ आ गई हैं, वहाँ ज़्यादा दिन रहा नहीं जा सकता और मीना भी वहाँ नहीं जाना चाहती।"

अन्नपूर्णा बोली, "भाईजी, मैं तो मीना को पहाड़ जाने की सलाह किसी हालत में न दूँगी।"

"तुम्हारी सलाह पहले ही मान ली गई," जयदेव ने कहा, "लेकिन अब जाया कहाँ जाए, यह प्रश्न है !"

अशोक बोला, "मैं कह तो रहा हूँ, समुद्र-तट बहुत अच्छा रहेगा। पुरी में एक छोटा-सा कॉटेज..."

मीना ने अशोक की बात काटी, "मैं पुरी-वुरी नहीं जाने की !"

"फिर क्या हो ?" ज्ञानेश्वरी ने विवशता के साथ पूछा।

इस समय तक अन्नपूर्णा सुव्यवस्थित हो गई थी। उसने कहा, "पहाड़ नहीं जाना, समुद्र-तट नहीं जाना, अजीब उलझन पैदा कर दी है तुमने मीना ! फिर दूसरा सवाल और है कि तुम्हारे साथ भी किसी को जाना होगा।"

"मैं तो साथ चलने को कह रहा हूँ।" अशोक ने कहा।

"नहीं, मैं अशोक के साथ नहीं जाऊँगी किसी भी हालत में नहीं जाऊँगी !" मीना दृढ़ता के साथ बोली।

साथ ही अन्नपूर्णा ने अशोक को डाँटा, "कैसी नासमझी की बात कर रहे हो ! मीना तुम्हारे साथ कैसे जा सकती है ? बेचारी मीना ! सबसे पहला सवाल यह है कि मीना के साथ जाएगा कौन ?"

अभी तक रामप्रकाश चुप बैठा था। अब उसके बोलने की बारी थी, "अगर आप लोग अनुचित न समझें, तो मैं एक बात कहूँ। कला-भारती की बारह शाखाएँ खोलनी हैं, इस काम में वैसे भी काफी देर हो रही है। मैं सोच रहा था कि हम लोग पूर्व की चार शाखाएँ खोल दें—लखनऊ, पटना, कलकत्ता और शिलांग। मीनाजी और मैं—हम दोनों इस टूर पर चले जाएँ। जलवायु-परिवर्तन के साथ-साथ काम भी हो जाएगा। इससे मीना की तबीयत भी बहल जाएगी। क्यों मीना, क्या कहना है तुम्हें ?"

जयदेव भारती बोल उठे, "हाँ, यह सबसे ठीक बात है। क्यों मीना, तुम्हें इसमें तो कोई आपत्ति नहीं ?"

मीना ने अन्यमनस्क भाव से कहा, "मुझे तो इसमें कोई विशेष आपत्ति नहीं। प्रकाश भइया तो साथ में हैं ही, यह काम-काज करेंगे और मैं आराम करूँगी और घूमूँगी।"

जयदेव ने अशोक की ओर देखा, "तो फिर अशोक, तुम इस सबकी व्यवस्था कर दो !"

अशोक उठ खड़ा हुआ, "हाँ, हाँ ! मैं आज ही इस सबकी व्यवस्था किए देता हूँ, चलो मेरे साथ प्रकाश !" यह कहकर अशोक रामप्रकाश के साथ चला गया।

अशोक और रामप्रकाश के जाने के बाद अन्नपूर्णा को मौका मिला। उसने जयदेव भारती से कहा, "भाईजी, मैं एक काम से आई थी। मुझे आज सुबह पता चला है कि युवराज वीरेश्वर प्रताप कल रात के समय दिल्ली छोड़कर कहीं चले गए।"

जयदेव भारती ने चौंककर कहा, "क्या कहा ? दिल्ली छोड़कर कहीं चला गया और मुझे बताया तक नहीं। कहाँ गया ?"

अन्नपूर्णा बोली, "यही तो मैं भी आपसे पूछने आई थी।"

मीना ने कहा, "मेरा ख़याल है वह बम्बई गए, कल रात हवाई जहाज़ से। आज सुबह मुझे उनका एक पत्र मिला है जो उन्होंने जाने के पहले एयरोड्रम से लिखा था। उसमें उन्होंने यह लिखा है कि बम्बई पहुँचकर वह मुझे अपना पता लिखेंगे।"

मीना की बात सुनते ही अन्नपूर्णा के अन्दर से वीरेश्वर प्रताप सिंह के प्रति सारी भक्ति, सारी सद्भावना अनायास ही गायब हो गई। तो वीरेश्वर प्रताप ने अकेले उसे ही पत्र न लिखा था, मीना को भी पत्र लिखा था, और मीना से यह भी वादा किया था कि बम्बई पहुँचकर वह फिर पत्र लिखेगा ! अन्नपूर्णा अपने क्रोध को दबाकर बोली,

"अच्छी बात है भाईजी, अब मैं चलूँगी। एकाएक सिर में बड़ी ज़ोर का दर्द उठ पड़ा है।" और एक झटके के साथ वह कमरे के बाहर हो गई।

पर अन्नपूर्णा के क्रोध ने उसकी उदासी को और भी अधिक बढ़ा दिया। जब वह घर लौटी, वह मर्माहत और निश्चेष्ट थी। वह बरामदे में पड़े हुए कोच पर लेट गई, थकी-हारी-सी। वह वीरेश्वर प्रताप, जो कुछ पहले तक उसकी ममता, उसकी संवेदना, उसकी भावना का आधार बना हुआ था, अब उसके क्रोध का पात्र बन चुका था। वह वीरेश्वर प्रताप मीना को बतला सकता था कि कहाँ जाएगा, कहाँ ठहरेगा, और उसे नहीं ? वीरेश्वर प्रताप इतना सीधा, इतना भला—आखिर वह यह सब क्यों कर रहा है ?

रात का अन्धकार घिर रहा है। और उस अन्धकार में सारी दुनिया डूब रही है, वह डूब रही है। उसे कोई सहारा देनेवाला नहीं है, वह अकेली है, नितान्त अकेली है। उसने चाहा कि वह उठे, मिसेज़ गर्ग के यहाँ पार्टी है, उसमें जाए; लेकिन लाख इच्छा करते हुए भी वह उठ न सकी, उसके शरीर ने मानो जवाब दे दिया हो। निराशा से भरी एक निष्क्रियता—उसे ऐसा लगा कि वह अपने को खोए दे रही है; और वह एकाएक ढल गई।

इसी समय उसे दूर से रामप्रकाश की आवाज़ सुनाई दी, जो सम्भवतः अशोक से बात कर रहा था। और उसे मानो एक सहारा मिला। वह जानती थी कि प्रकाश उसके पास आएगा, और वह रामप्रकाश की प्रतीक्षा करने के लिए उठकर बैठ गई—यह रामप्रकाश भला, भोला और सुशील। यह रामप्रकाश उसे कितना भाता है। यही नहीं, यह रामप्रकाश उससे डरता है, उसके इशारों पर नाचता है। तो क्या रामप्रकाश उससे प्रेम करता है ?

अन्नपूर्णा के मुख पर मुस्कराहट आ गई। उसे तुलसीदास का वह दोहा याद हो गया, जिसमें उन्होंने कहा है—'बिनु भय होय न प्रीति !' तो रामप्रकाश के अन्दर जो भक्ति है, जो भय है, जो भावना है—क्या वह सचमुच प्रेम की है ? और अनायास ही उसे यह अनुभव हुआ कि उसने रामप्रकाश की भावना को न समझकर अभी तक उसके साथ खिलवाड़ किया है। अब उसे वीरेश्वर प्रताप के स्थान पर अपने ऊपर क्रोध आया। उसने धीरे से कहा, 'ओह बेचारे प्रकाश ! मैं अभी तक तुम्हारी भावना का रूप नहीं पहचान सकी—इसके लिए मुझे क्षमा करो। मैं अकेली नहीं हूँ, मेरे सुख-दुख को बाँटने के लिए कोई तैयार है—और वह तुम हो ! मेरे प्रकाश ! मुझे क्षमा करो !'

अन्नपूर्णा बल खाकर खड़ी हो गई, उसने बरामदे की बत्ती जलाई। एक बार उसकी इच्छा हुई कि वह स्वयं रामप्रकाश को बुला लाए, बड़ी मुश्मिल से उसने अपनी इच्छा को दबाया और फिर आकर कुर्सी पर बैठ गई। बैठते ही वह कल्पना के उस सुन्दर लोक में पहुँच गई, जहाँ केवल रामप्रकाश था और वह थी। अपनी इस सुखद निद्रा से वह चौंकी अशोक का स्वर सुनकर, "बुआजी ! एक बात कहनी है, लेकिन यह वचन दीजिए कि जो मैं कहूँगा, उसे आप मानेंगी।"

अशोक अकेला न था, रामप्रकाश भी उसकी बगल में खड़ा था। थोड़ी देर तक अन्नपूर्णा मौन रही, इस प्रतीक्षा में रामप्रकाश भी कुछ कहे, फिर उसने उत्तर दिया, "मानने लायक बात होगी, तो जरूर मानूँगी। बोलो !"

अशोक बोला, "बात यह है कि मीना और रामप्रकाश दोनों कला-भारती की स्थापना करने के लिए बाहर जा रहे हैं; लेकिन दोनों ही अनुभवहीन हैं। इन लोगों के साथ आप भी यह दौरा कर डालिए—इनकार न कीजिएगा बुआजी !"

अन्नपूर्णा ने ज़रा बिगड़कर कहा, "तो तुम्हारी मीना रानी को एक दाई चाहिए !"

अशोक सहम-सा गया। अन्नपूर्णा के इस वाक्य में और उसकी उस मुद्रा में उसे विस्फोट का पूर्वाभास हुआ। वह लड़खड़ाते स्वर में बोला, "बुआजी, आप ही का सहारा है। रामप्रकाश और मीना—दोनों ही अनुभवहीन हैं ओर कला-भारती का संगठन कठिन काम है। आपके बल पर मैंने कला-भारती का काम उठाया है, इसका संगठन अगर आप न करेंगी तो कौन करेगा ?"

तीर निशाने पर बैठा। अन्नपूर्णा ने कोमल पड़ते हुए कहा, "प्रकाश तो इसके मन्त्री हैं, यह संगठन का काम बड़े मज़े में कर सकते हैं।"

अशोक ने तत्काल उत्तर दिया, "हाँ, यह तो ठीक है, लेकिन प्रकाश को अभी अनुभव की आवश्यकता है। इनमें लोगों की पहचान नहीं, भला-बुरा यह समझते नहीं। इन्हें कोई सलाह देनेवाला चाहिए। मैं इन दिनों मिलों के कामकाज में बुरी तरह उलझा हुआ हूँ, नहीं तो मैं ही चला जाता।"

अन्नपूर्णा ने मुस्कराते हुए कहा, "तुम ज़रूर चले जाते, मीना से तो पूछ के देखो न ! पाजीपन तुम करो और मीना की तबीयत सँभालूँ मैं ! अच्छी बात है प्रकाश, अभी बैठकर कार्यक्रम बना डालो। कब चलना है ?"

अशोक बोला, "जब आप चाहें बुआजी, आप मीना से फोन करके तय कर लें। इस दौरे में मेरा ख़याल है पाँच हज़ार से काम चल जाएगा। कल मैं आपको रुपया दे दूँगा। अब रामप्रकाश के साथ बैठकर एक विस्तृत कार्यक्रम बना लीजिए, मुझे लालाजी ने ऑफिस में बुलाया है !"

अशोक के जाने के बाद अन्नपूर्णा ने रामप्रकाश से कहा, "ओह प्रकाश ! मैं बहुत उदास हूँ !"

"क्यों, क्या बात है रानीजी ?" रामप्रकाश ने पूछा।

"यहाँ आओ मेरे पास ! प्रकाश, मुझे ऐसा लगता है कि मैं अकेली हूँ नितान्त अकेली हूँ।"

रामप्रकाश बोला, "नहीं रानीजी, ऐसा मत कहिए। आप अकेली नहीं हैं, बिलकुल अकेली नहीं हैं। मैं हमेशा आपके साथ हूँ—आपका, हमेशा-हमेशा आपका !"

"सच ! सच कह रहे हो मेरे प्रकाश !" अन्नपूर्णा ने प्रकाश का हाथ पकड़ते हुए कहा, "क्या कह रहे हो प्रकाश ! तुम मेरे साथ हो ! तुम मेरा साथ न छोड़ना मेरे प्रकाश !"

[15]

दिलवरकिशन ज़ख्मी ने कहा, "अहाहा! लखनऊ बड़ा प्यारा शहर है यह लखनऊ ! हुज़ूर, यकीन मानिए आप वहाँ पहुँचीं नहीं कि आपकी सेहत एक दिन में अच्छी हो गई। वहाँ की हवा में एक अजीब गफलत है, एक अजीब मस्ती है, जी हाँ हुज़ूर, एक अजीब दीवानगी है !"

"सच !" मीना ने आश्चर्यचकित-सी होकर पूछा, "अच्छा ज़ख्मी साहब, क्या आप लखनऊ के निवासी हैं ?"

दिलवरकिशन ने एक ठंडी आह भरी, "किसी वक्त था, लेकिन बदकिस्मत हूँ कि दुनिया की ठोकरें खा रहा हूँ। वरना गोमती किनारे बैठकर अशआर लिखना, अमीनाबाद में चाय-शरबत पीना और चौक में घूमना। आह, उन दिनों की याद आते ही कलेजा मुँह को आ जाता है !"

"आप कब से लखनऊ नहीं गए ?" मीना ने सहानुभूति के स्वर में पूछा।

"मत पूछिए, बस यह मत पूछिए, दिल को एक ठेस-सी लगती है। हाय ! कहाँ वह ऐशबाग, आलमबाग, चारबाग, बादशाहबाग, चाँदबाग, नज़रबाग, लालाबाग, कैसरबाग, बंदरियाबाग, मुहम्मदबाग, बनारसीबाग ! कहाँ वह इमामबाड़ा, वह मच्छी भवन, और कहाँ यह वीरान और उजाड़ दुनिया ! रोने को जी हो आता है !"

ज़ख्मी के इस भावावेश से मीना कुछ प्रभावित हुई, "ज़ख्मी साहब ! इसी से मैंने पूछा कि आप कब से लखनऊ नहीं गए हैं ?"

"हुज़ूर, यही कोई चार साल हो गए। बुरा हो इन फिल्मवालों का, मुझे बहकाकर बम्बई ले गए। बड़े सब्ज़बाग दिखलाए उन्होंने। वालिदा वहाँ तड़प-तड़पकर मर गईं, छोटा भाई कलकत्ता भाग गया। बड़े भाई साहब इस क़दर नाराज़ हैं कि उन्होंने मेरा मुँह न देखने की कसम खा ली है। हाय, कौन-सा मुँह लेकर जाऊँ वहाँ पर, यह अरमान लेकर मर जाऊँगा कि अपने प्यारे वतन की शक्ल न देखी !"

मीना को कुछ दुख हो रहा था, हँसी भी आ रही थी। यह ज़ख्मी भी अच्छा-खासा तमाशा था। उसने कुछ सोचकर कहा, "ज़ख्मी साहब ! अगर मैं आपसे कहूँ कि आप भी लखनऊ चलें, हम लोगों के साथ, तो कैसा रहेगा ? अगर आपकी तबीयत हो, तो हमारे साथ लम्बा दौरा भी कर लीजिएगा।"

एकाएक ज़ख्मी उठकर मीना के सामने घुटनों के बल बैठ गया और उसने मीना का पल्ला चूमकर कहा, "हुज़ूर ! आप तो देवी बनकर इस पापी पर अपनी रहतम बिखेर रही हैं। आप हुक्म दें तो भला मैं इनकार कर सकता हूँ ? आपको पूरा लखनऊ शहर दिखा दूँगा, गुलाम की तरह आपके पीछे-पीछे घूमूँगा। लेकिन हुज़ूर, यह अशोक गुप्ता साहब मेरे आपके साथ जाने पर एतराज़ करेंगे, न जाने क्यों, उन्हें मेरी शक्ल से नफरत हो गई है। मुझे बेहद डर लगने लगा है उनसे !"

"तुम उनकी चिन्ता न करो ! जैसा मैं चाहूँगी वैसा होगा। चार बर्थवाला एक फर्स्ट क्लास का डिब्बा रिज़र्व है। मैं, रामप्रकाश और अन्नपूर्णा आंटी—हम तीन हैं। तुम चौथे

हुए तुम ठीक साढ़े आठ बजे अपना असबाब लेकर स्टेशन पहुँच जाना—टिकट हम लोगों के पास रहेंगे ही !"

ज़ख्मी ने उठते हुए कहा, "हुज़ूर, अर्ज़ किया :

फिर से दिल को एक आस्ताना मिला,
और' जुनूँ को नया फसाना मिला !"

बरामदे से उतरते हुए ज़ख्मी ने मुड़कर मीना से फिर कहा, "हुज़ूर, दूसरा मिसरा भी अर्ज़ है :

फिर से आई बहार हँसती हुई,
और बुलबुल को फिर से गाना मिला !"

रात के समय मीना, रामप्रकाश और अन्नपूर्णा को पहुँचाने के लिए प्लेटफार्म पर काफी भीड़ इकट्ठी हुई—जयदेव भारती, ज्ञानेश्वरी, अशोक और कला-भारती के सदस्यगण; लेकिन मीना की आँखें दिलवरकिशन ज़ख्मी को ढूँढ़ रही थीं। पौने नौ बज रहे थे, गाड़ी छूटने में कुल पन्द्रह मिनट की देर। इतने में भीड़ को चीरता हुआ ज़ख्मी आगे बढ़ता हुआ दिखाई दिया। एक हाथ में एक सूटकेस लटकाए हुए और दूसरे हाथ की बगल में एक रंगीन दरी, चादर और तकिए का एक बंडल। आते ही ज़ख्मी ने कहा, "आ गया बीबीजी ! पहुँचा तो स्टेशन ठीक साढ़े आठ बजे था, लेकिन फाटक पर टिकट कलक्टर से कुछ हुज्जत हो गई। बिना टिकट वह मुझे स्टेशन में घुसने ही न देता था। काफी कहा-सुनी के बाद प्लेटफार्म टिकट लेकर आया हूँ !"

अशोक ने तीखी नज़र से जख्मी को देखते हुए कहा, "कहो, तुम भी कहीं जा रहे हो क्या ?"

जख्मी के उत्तर देने के पहले ही मीना बोल उठी, "हाँ अशोक, मैं इन्हें अपने साथ लखनऊ लिए जा रही हूँ। यह लखनऊ के रहनेवाले हैं—मुझे लखनऊ घुमा देंगे।" फिर उसने जख्मी से कहा, "ऊपरवाले बर्थ पर अपना बिस्तर बिछा लीजिए जख्मी साहब !"

"नहीं, यह इस कम्पार्टमेंट में नहीं जा सकते। मैं इनके लिए सरवेंट्स टिकट खरीदे देता हूँ।"

जख्मी मुस्कराया, "हुजूर अर्ज़ किया है :

देखूँ हैवानियत मैं दौलत की,
मुफलिसी का मुद्दो बहाना मिला !"

मीना कड़े स्वर में बोल उठी, "नहीं जख्मी ! तुम मेरे साथ इसी कम्पार्टमेंट में चलोगे। क्यों आंटी, यह जख्मी बड़े अच्छे शायर हैं, आप उनकी कविताएँ सुनकर प्रसन्न हो जाइएगा। आपको तो इनके हम लोगों के साथ चलने में कोई आपत्ति नहीं है ?"

अन्नपूर्णा ने उत्तर दिया, "बिलकुल नहीं। यह कविता सुनाएँगे। लखनऊ घुमाएँगे—यह तो बड़ा अच्छा है, हम लोगों का मन बहलेगा।"

और जयदेव भारती बोले, "हाँ, हाँ, तुम लोगों का जी बहल जाएगा। अशोक, जाने दो इन्हें इनके साथ। एक टिकट बेकार जाने में क्या फायदा ?"

अशोक को चुप हो जाना पड़ा। इसी समय गार्ड ने सीटी दी।

दिल्ली से ही लखनऊ के कार्लटन होटल में दो कमरे रिज़र्व करा लिए गए थे। जिस समय इन लोगों की टैक्सी कार्लटन होटल पहुँची, उस समय कम्पाउंड में एक बहुत बड़ी भीड़ इकट्ठी थी। असबाब कमरे में रखवाकर ज़ख्मी इस भीड़ को देखने निकला। अच्छे-से-अच्छे सूट पहने और एक-से-एक भड़कीली टाइयाँ लगाए हुए, अजीब तरह के चेहरे बनाए हुए एक ओर नवयुवकों का झुंड घूम रहा था और दूसरी ओर साड़ियों, शलवारों और गरारों में रँगी-पुती पुतलियाँ घूम रही थीं। जख्मी की समझ में कुछ न आया, तो उसने बढ़कर एक नवयुवक से पूछा, "क्यों साहब ! यहाँ कोई मेला लगा है क्या ? क्या बात है, जो इतने लोग यहाँ इकट्ठा हैं ? यहाँ न कोई मन्दिर नज़र आता है, न कोई दरगाह दिखाई पड़ती है !"

उस नवयुवक ने एक अदा के साथ सिगरेट का कश खींचकर कहा, "अजी, आपको पता नहीं। यहाँ हम लोगों की तकदीर का फैसला होनेवाला है। हम सब लोग यहाँ अपनी किस्मत आज़माने आए हैं, यहाँ एक साहब से मुलाकात करनी है !"

दिलवरकिशन ने चारों ओर देखते हुए कहा, "अगर आप बुरा न मानें, तो एक अर्ज़ मैं कर दूँ। किसी भी ज्योतिषी या साधू-महात्मा पर भरोसा न कीजिएगा, ये लोग बड़े जालिया होते हैं !"

उस नवयुवक के साथवाले दूसरे नवयुवक ने उत्तर दिया, "जनाब, साधू-महात्मा या ज्योतिषी की बात छोड़िए—यहाँ तो खुद मसीहा आए हुए हैं !"

ज़ख्मी ने आश्चर्य से इन दोनों को देखा, "मसीहा आए हैं ? कहाँ हैं वह ? मैं भी ज़रा उनके दर्शन कर लूँ !"

पहले नवयुवक ने सामनेवाले कमरे की ओर इशारा करते हुए कहा, "वहाँ उस कमरे में बैठे हैं—जी, वह चपरासी उन्हीं का है। हम लोगों को एक-एक कर बुलाते हैं। लेकिन शायद वह आपको अपना दर्शन इस समय न दें। आप बुज़ुर्ग आदमी हैं, और वह निकले हैं हीरो-हीरोइन की तलाश में !"

ज़ख्मी ज़ोर से हँस पड़ा, "अख्खाह ! तो कोई फिल्मवाला है ! ठीक है; लेकिन अगर वह कुछ पेशगी की तौर से कुछ रुपया-वुपया जमा करवाए, तो मत फँस जाइएगा। लोगों ने आजकल एक धन्धा निकाल लिया है दुनिया को ठगने का। हीरो-हीरोइन बनाने के सब्ज़बाग दिखलाकर लोगों के सौ-पचास, या दस-पाँच रुपया-वसूल किया और फिर गायब ! यह हिन्दुस्तान बहुत बड़ा मुल्क है और हम हिन्दुस्तानी बहुत ज़्यादा भोले या गावदी—मज़े में कटती है इन लोगों की !" और यह कहकर ज़ख्मी अपने कमरे में लौट आया।

लेकिन वहाँ से कमरे तक आते-आते ज़ख्मी का मन भारी हो गया। इन नवयुवकों ने उसे फिल्म की याद दिला दी थी। मीना और अन्नपूर्णा स्नान करके और कपड़े बदलकर बैठ गई थीं और चाय उन लोगों ने कमरे में ही मँगवा ली थी। रामप्रकाश बाथरूम में था। मीना ने कहा, "ज़ख्मी साहब, आप भी नहा-धोकर तैयार हो जाइए—नाश्ता आ रहा है ! अरे, आप बड़े उदास दिख रहे हैं ! क्या बात है ?"

ज़ख्मी ने एक करुण दृष्टि से मीना को देखते हुए कहा, "क्या बतलाऊँ हूज़ूर ! अर्ज़ किया है :

एक घुटती हुई तमन्ना लिए,
मुझको गुज़रा हुआ ज़माना मिला !"

मीना खिलखिलाकर हँस पड़ी; लेकिन अन्नपूर्णा पर ज़ख्मी के स्वर में जो दर्द था, उसका प्रभाव पड़ा। उसने मीना से कहा, "इसमें हँसने की क्या बात है ? बेचारे ज़ख्मी ! क्या बात है—साफ-साफ कहो !"

"बात यह है बहनजी, बाहर लोगों की भीड़ देखी, जी न माना तो दरियाफ्त किया। हीरो-हीरोइन की तलाश में बम्बई का कोई डॉयरेक्टर आया है। दिल का ज़ख्म ताजा हो गया। आह ! बड़ी प्यारी दुनिया थी यह फिल्म की।" और ज़ख्मी की आँखों में आँसू भर आए।

अन्नपूर्णा ने ज़ख्मी को सान्त्वना देते हुए कहा, "बेचारे ज़ख्मी ! मुझे बड़ा अफसोस है तुम्हारे ऊपर ! तुम बम्बई पर कोई अच्छी-सी ग़ज़ल लिख डालो। और अगर तुम बम्बई जाना चाहते हो, तो कल तुम वहाँ चले जाओ—मैं रामप्रकाश से कहे देती हूँ, वह तुम्हारा टिकट कटवा देंगे !" यह कहकर अन्नपूर्णा ने आवाज दी—"प्रकाश !"

ज़ख्मी घबराया, "नहीं, नहीं—मैं तो बम्बई छोड़ आया हूँ बहनजी, वह तो यूँ ही याद आ गई थी—और जब याद आती है, तब रोना भी आ जाता है ! मैं आप लोगों का खादिम हूँ—भला आपकी खिदमत छोड़कर कहीं जा सकता हूँ !"

जब सब लोग नाश्ता करके उठे, उस समय ग्यारह बज चुके थे। रामप्रकाश ने अन्नपूर्णा से कहा, "रानीजी, इस समय मैं ज़रा यहाँ के कलाकारों का पता लगा लूँ, देखूँ उन लोगों का क्या हाल-चाल है, क्या रंग-ढंग है ! शाम के समय हम घूमने निकलेंगे !" फिर उसने ज़ख्मी से कहा, "आप चलते हैं मेरे साथ ज़ख्मी साहब, मुझे तो इस शहर का पता ही नहीं है। सुना है यहाँ एक संगीत का सरकारी कॉलेज है, एक सरकारी आर्ट स्कूल भी है। वहाँ चल के लोगों से मिला-जुला जाए !"

"बिलकुल ठीक ! हुजूर, बिलकुल ठीक ! यह आर्ट स्कूल सरकारी, यह संगीत कॉलेज सरकारी। गोया कि लखनऊ में कलाकारों की परवरिश सरकार कर रही है। और हुजूर, यहाँ लखनऊ में एक रेडियो स्टेशन भी है और वहाँ भी कलाकारों की परवरिश होती है। तो हुजूर, लगे हाथों वहाँ भी हो आया जाए। संगीत, नाटक सभी कुछ है वहाँ पर।"

मीना बोली, "हाँ प्रकाश ! रेडियो से तुम्हें यहाँ के लेखकों और साहित्यकारों का पता भी चल जाएगा। और साथ ही तुम आए हो तो अपने दो-एक गानों का भी रिकार्ड करवा लो।"

रामप्रकाश और ज़ख्मी संगीत विद्यालय पहुँचे। संगीत विद्यालय के प्रधान अध्यापक आचार्य गन्धर्व कुर्सी पर बैठे और मेज़ पर पैर फैलाए ऊँघ रहे थे। आचार्य गन्धर्व एक बूढ़े-से आदमी थे, कुछ थके हुए से, कुछ झुके हुए से। इन दोनों का स्वागत उन्होंने

बैठे-ही-बैठे किया, "कहिए—आप लोगों ने किस उस्ताद की शागिर्दी की है। किस कॉलेज में संगीत की शिक्षा प्राप्त की है या घर में ही संगीत सीखा है ? मेरे पास समय कम है, संक्षेप में उत्तर देने की कृपा करें। और देखिए, नियमपूर्वक कॉलेज में आना पड़ेगा; यह संगीत है, हँसी-खेल नहीं है कि दिनभर दफ्तर में गपबाज़ी की और सुबह-शाम यहाँ हम लोगों का समय बरबाद करने आ पहुँचे।"

ज़ख्मी ने आचार्य गन्धर्व को उत्तर दिया, "हुज़ूर अर्ज किया है :

आँख पुरनम, लबों पै छाई घटा,
या खुदा, खूब यह दीवाना मिला !"

आचार्य गन्धर्व ने बिगड़कर कहा, "हमारे यहाँ यह ग़ज़ल-वज़ल नहीं सिखाई जाती। यह शास्त्रीय संगीत का कॉलेज है। न स्वर का पता, न राग की पहचान, चले आते हैं संगीत कॉलेज में दाखिल होने। लखनऊवालों को संगीत क्या आता है ? ठुमरी-दादरा, ग़ज़ल-कव्वाली। ख़याल जानते हैं न धुरपद, न ठप्पा आता है न तराना। जाइए आप लोग, क्यों मेरा वक्त बरबाद कर रहे हैं !"

रामप्रकाश चक्कर में था कि कहाँ आ फँसा। उसने गला साफ करते हुए कहा, "जी, मैं संगीत सीखने नहीं आया हूँ। बात यह है कि कला-भारती..."

आचार्य गन्धर्व ने मुँह बनाते हुए रामप्रकाश की बात काटी, "वह अशोक गुप्तावाली दिल्ली की कला-भारती ! तो उसके आदमी हो तुम लोग ! देखो यहाँ कला-भारती का काम नहीं जमने का। हमारा विद्यालय जब से सरकार के हाथ में आया है, तब से बड़ी उन्नति की है इसने। महीने में दो नृत्य-उत्सव और दो लोक-गीत-उत्सव तो हमारा कॉलेज आयोजित करता ही है, फिर जितने विदेशी शिष्ट-मंडल आते हैं, जितनी कानफरेंसें होती हैं, उन सबों का सांस्कृतिक पक्ष सँभालना हमारे कॉलेज ने स्वीकार कर लिया है। यहाँ लखनऊ में तुम्हारी कला-भारती नहीं चल सकती।"

रामप्रकाश ने बिगड़कर कहा, "क्या उत्तर प्रदेश सरकार ने कला और संस्कृति का ठेका अपने हाथ में उठा लिया है ? यह तो बड़ी बेजा बात है। इससे कला और संस्कृति के मुक्त और स्वच्छन्द विकास में अवरोध पैदा हो जाएगा।"

आचार्य गन्धर्व रामप्रकाश की बात पर कुछ सोचने लगे, फिर एक ठंडी साँस लेकर बोले, "कहते तो तुम ठीक होगे, लेकिन अवरोध होगा या मुक्त-धारा बहेगी, इस सब पर सोचने की हम कलाकारों को एक तरह से मनाही है। देखो न ! यह लोक-संगीत, यह लोक-नृत्य—यह सब गँवारू चीज़ें हमसे करा रहे हैं। हमें मजबूरन करनी पड़ती हैं, नहीं तो निकाल दिए जाएँ यहाँ से। अभी क्या, कुछ लोग—वह क्या कहलाता है, लाइट-म्यूज़िक, अरे वह फिल्मी गाना, जो इक्के-ताँगेवाले गाते हैं, इस संगीत को भी कॉलेज के कार्यक्रम में रखना चाहते हैं। वह तो मैं था जो इनकार कर गया; लेकिन यह सब एक दिन हो के रहेगा। तो अगर यह पूछना है तो यहाँ के मिनिस्टरों से या डॉइरेक्टरों से पूछिए और हमारे प्राण छोड़िए !" यह कहकर आचार्य गन्धर्व ने ज़ोर से घंटी बजाई।

ज़ख्मी ने रामप्रकाश के कान में कहा, 'चलिए हुजूर ! कब्ल इसके कि यह आदमी चपरासी से हम लोगों को धक्का मारकर बाहर निकलवाए, हम लोग खुद ही बाहर निकल चलें।

रामप्रकाश के साथ ज़ख्मी आचार्य के कमरे से निकलकर कुछ सोचता रहा, फिर उसने कहा, "कोई बात नहीं, चलिए ज़रा रेडियो का एक चक्कर लगा लिया जाए। सुनते हैं कि हिन्दी के मशहूर शायर व नावलिस्ट स्वच्छन्दजी और मशहूर ड्रामाटिस्ट सुधाकरजी वहाँ तशरीफ-अफज़ां हैं। मुमकिन है इन लोगों से कुछ सलाह मिले, कुछ मदद हासिल हो।"

"चाहिए !" रामप्रकाश ने अन्यमनस्क भाव से घड़ी देखते हुए कहा, "अभी लंच में एक घंटे की देर है, वहाँ भी हो लें। यद्यपि मैं इन लेखकों से बड़ा घबराता हूँ, सब अपने को तीसमारखाँ समझते हैं।"

ज़ख्मी ने मुस्कराते हुए उत्तर दिया, "अजी, जो सरकारी नौकरी करे, वह क्या तीसमारखाँ बनेगा—बहुरूपिए हैं।"

जिस समय ये रेडियो स्टेशन के फाटक पर पहुँचे, स्वच्छन्दजी और सुधाकरजी बैठे हुए आपस में बातचीत कर रहे थे। सुधाकरजी ने बड़ी नज़ाकत के साथ स्वच्छन्दजी को पान पेश करते हुए कहा, "यह वह नाटक है कि दुनिया में तहलका मचा देगा। आज रात आप इसे अवश्य सुनिएगा रेडियो पर—चित्त प्रसन्न हो जाएगा।"

स्वच्छन्दजी ने पान मुँह में रखते हुए कहा, "अवश्य सुनूँगा, भला आपका नाटक और मैं न सुनूँ ! हाँ, ज़रा तम्बाकू बढ़ाइएगा—ठीक ! अच्छा, अब चला जाए—खाना खाना है।"

"अभी तो कुछ साढ़े बारह बजे हैं, आधे घंटे की देर है !" सुधाकरजी ने कहा।

"हाँ, लेकिन ढाई बजे से शिक्षा-विभाग की एक मीटिंग है, उसमें मुझे जाना है। तो भोजन करने के बाद बिना घंटा डेढ़ घंटा आराम किए मस्तिष्क की गुत्थियाँ खुलतीं नहीं।"

सुधाकरजी हँस पड़े, "बिलकुल ठीक ! तो मैं भी चला। शाम को छह बजे आना है—नाटक है न !" और दोनों सज्जन उठ खड़े हुए। उसी समय चपरासी ने रामप्रकाश का कार्ड इन दोनों को दिया।

स्वच्छन्दजी ने चपरासी से पूछा, "किससे मिलना चाहते हैं ? मुझसे या सुधाकरजी से ?"

"आप दोनों का नाम लिया था !" चपरासी ने कहा।

स्वच्छन्दजी ने सुधाकरजी ने कहा, "आप इनसे मिल लीजिए सुधाकरजी, मेरी ओर से भी। मैं चलता हूँ !"

सुधाकर ने मुस्कराते हुए उत्तर दिया, "वाह ! गुरुजनों के रहते भला मैं कैसे मिल सकता हूँ ! आप तो हमारे नेता हैं—उनसे मिलना तो आपका अधिकार है। फिर मुझे जाना भी बहुत दूर है, गलत समय पर लोग-बाग मिलने चले आते हैं।"

स्वच्छन्द ने चपरासी से पूछा, “उनसे यह तो नहीं कह दिया कि हम लोग यहाँ मौजूद हैं ?”

“कह तो दिया है !” चपरासी ने उत्तर दिया।

सुधाकर ने मामला सुलझाया, “हम लोग पीछे से निकल जाते हैं, उनसे कह दो कि चले गए।” और दोनों सज्जन रेडियो के पिछवाड़े से अपने-अपने स्थानों को रवाना हो गए।

चपरासी ने रामप्रकाश और दिलवरकिशन से कहा, “वे लोग तो कहीं चले गए।”

“कब तक लौटेंगे ?” रामप्रकाश ने पूछा।

पास में खड़ा एक युवक इन लोगों को बड़े कौतूहल के साथ देख रहा था। इनके प्रश्न को सुनकर वह आगे बढ़ा, “अजी लौटे तो लौटे, न लौटे तो न लौटे, इन लोगों का क्या ठिकाना ! मौजी और गैरज़िम्मेदार साहित्यकार-कलाकार ठहरे। इन लोगों से मिलना हो, तो इनके घर जाकर मिलिए, गो कि वहाँ भी यह तय नहीं कि मिल ही जाएँगे; कभी घर पर हैं, कभी घर से गायब हैं।”

रामप्रकाश ने कुछ आश्चर्य के साथ पूछा, “लेकिन रेडियो की नौकरी तो सरकारी नौकरी है, उन लोगों को दफ्तर तो नियमित रूप से आना चाहिए।”

वह नवयुवक हँस पड़ा, “कलाकार और नियम की पाबन्दी ! आप होश की बातें कर रहे हैं ? कलाकार को निर्बंध होता है। आप लोगों का परिचय प्राप्त कर सकता हूँ ? मेरा नाम मधुकर है—कवि, गीतकार और संगीतज्ञ !”

दिलवरकिशन ज़ख्मी ने बढ़कर कहा, “अहा-हा-हा ! आप खूब मिल गए—सारी मुसीबत हल हो गई और हमारा काम बन गया। यह हैं श्री रामप्रकाश ! इनके गाने तो आप रेडियो से सुना करते होंगे ही। दिल्ली की कला-भारती के ये मन्त्री हैं। लखनऊ में कला-भारती की एक शाखा खोलना चाहते हैं, इसलिए हम लोग लखनऊ में शायरों, लेखकों व दीगर किस्म के कलाकारों से मिलना चाहते हैं। इन्हें लखनऊ का पता नहीं, और खाकसार को लोग दिलवरकिशन ज़ख्मी कहते हैं। फिल्मों में मेरे गीत तो सुने होंगे। तो भई, मैं पुराने ज़माने का उर्दू-शायर ठहरा, नई दुनिया से एकदम नावाकिफ। अगर आप कुछ मदद कर सकें, तो बड़ी मेहरबानी होगी।”

मधुकर ने बड़ी विनम्रता व शालीनता के साथ उत्तर दिया, “यह मेरे अहोभाग्य कि आप लोगों के दर्शन हुए। इस समय तो मुझे यहाँ अपना एक गीत रिकार्ड करवाना है, शाम के समय अगर आप कॉफी हाउस में—यही हज़रतगंज में—जी, तो वहाँ आने का कष्ट करें, तो वहाँ लखनऊ के अधिकांश कलाकार एकत्रित होते हैं, उन लोगों से आपको मिलवा दूँगा।”

ज़ख्मी और रामप्रकाश जब कार्लटन होटल वापस लौटे, मीना और अन्नपूर्णा लाउंज में बैठी हुई बातें कर रही थीं। इन लोगों से कुछ दूर बैठा हुआ एक व्यक्ति बड़े गौर से मीना को देख रहा था, और मीना तथा अन्नपूर्णा को उसकी दृष्टि का पता था। यह व्यक्ति एक अधेड़-सा, मोटा-सा, लम्बा-सा और गोरा-सा आदमी था, पतलून और

बुशशर्ट पहने हुए। उँगलियों में हीरे की अँगूठी जगमगा रही थी, कलाई में सोने की रिस्टवाच, आँख पर सुनहरे फ्रेम का चश्मा। उसके सामने जिन का गिलास रखा था।

रामप्रकाश और ज़ख्मी इन दोनों के पास बैठ गए। रामप्रकाश स्वभावतः बहुत अधिक उदास था। अन्नपूर्णा ने सहानुभूमि के स्वर में पूछा, "तुम्हारा चेहरा क्यों इतना उतरा हुआ है—बेचारे, प्रकाश ! मालूम होता है, तुम्हें रात में ठीक तरह से नींद नहीं आई। लंच खाकर तुम एक अच्छी नींद ले लेना, बहुत थके हुए दिखाई देते हो !"

ज़ख्मी ने कहा, "रानीजी, यह थकान नहीं है, मायूसी है, नाउम्मीदी है, घुटन है। अर्ज़ किया है :

निकले थे हम तलाशे गौहर में,
जिसको देखा महज़ वह दाना मिला !"

लाउंज में बैठे हरेक आदमी ने ज़ख्मी को आश्चर्य से देखा, क्योंकि ज़ख्मी ने यह शेर तरन्नुम के साथ पढ़ा था। लेकिन जैसे ज़ख्मी को लाउंज में बैठे आदमियों का पता ही नहीं था। एकाएक ज़ख्मी चौंका, एक व्यक्ति उसके बगल में खड़ा कह रहा था, "क्या शेर कहा है आपने ! ज़रा फिर से पढ़िएगा। मैं नोट कर लूँ। क्या बात पैदा की है आपने ! मेरे दिल की सारी निराशा, घुटन आपने अपने एक छोटे-से शेर में उड़ेल दी। अगर आप लोगों को कोई आपत्ति न हो, तो मैं यहीं बैठकर इस शेर को लिख लूँ !" उस व्यक्ति ने मीना और अन्नपूर्णा को देखते हुए कहा।

यह व्यक्ति वही था, जो मीना को पन्द्रह मिनट से घूर रहा था और जिस पर मीना बेतरह नाराज़ थी। मीना ने रूखाई के साथ कहा, "हमें आपके यहाँ बैठने पर निश्चय ही आपत्ति है। अगर आप शेर लिखना चाहते हैं, तो इन्हें अपनी मेज़ पर ले जाइए; एक शेर क्या, आपको यह पूरी ग़ज़ल लिखा देंगे। क्यों आंटी ?"

अन्नपूर्णा बोली, "बिलकुल ठीक ! हम लोग अनजाने आदमियों से खासतौर से शोहदों से जान-पहचान नहीं बढ़ाना चाहतीं। ज़ख्मी, तुम इनके साथ इनकी मेज़ पर जाकर अपना शेर लिखा दो। और देखो, लंच का समय हो रहा है, देर मत करना।"

बात अधिक न बढ़े, इसलिए ज़ख्मी ने उठकर उस आदमी का हाथ पकड़कर कहा, "आइएगा, मैं आपकी खिदमत में हाज़िर हूँ।"

ज़ख्मी को लेकर वह व्यक्ति अपनी मेज़ पर पहुँचा। "आपका नाम मैं जान सकता हूँ ?" उसने कहा।

"पहले आप अपना नाम बतलाने की तकलीफ गवारा करें !" जख्मी ने उत्तर दिया।

"जी मेरा नाम आप नहीं जानते, ताज्जुब है ! क्या आप फिल्में देखते हैं ?" उस व्यक्ति ने पूछा।

"जी, हाँ, कोई अच्छी फिल्म नहीं बची है, जिसे मैंने न देखा हो !" ज़ख्मी ने उत्तर दिया।

उस व्यक्ति ने बेयरा को बुलाकर पूछा, "आपको थोड़ी-सी जिन लेने में कोई एतराज़ तो न होगा ?"

"जी, जिन क्या, हम लोग जिन्नात हज़्म कर जाएँ। मँगवाइए।" ज़ख्मी ने उत्तर दिया।

उस व्यक्ति ने बेयरा को ऑर्डर देकर कहा, "जब आपने हरेक अच्छी फिल्म देखी है, तब तो आपको मेरे नाम का पता होगा ही—रामकृष्ण शैदा ! डाइरेक्शन में तो इस समय मेरे मुकाबले का नाम कोई दूसरा है नहीं।"

ज़ख्मी एक झटके के साथ उठ खड़ा हुआ, झुककर उसने शैदा को सलाम किया, "मेरी खुशकिस्मती कि यहाँ लखनऊ में मुझे फिल्मी दुनिया के राजा के दर्शन हो गए। अजी, आपका नाम तो दुनिया में रोशन है। मैंने बम्बई में आपसे मिलने की कोशिश की, लेकिन नाकामयाब रहा। अजी साहब, आप ऐसे बड़े आदमियों तक हम नाचीज़ों की रसाई कहाँ ! अभी कुल एक महीना हुआ बम्बई से आए हुए। मुझे लोग दिलवरकिशन ज़ख्मी कहते हैं, शायर व गीतकार हूँ। तो हुजूर का इस तरफ कैसे दौरा हुआ ? क्या किसी पिक्चर की शूटिंग-वूटिंग कर रहे हैं ?"

शैदा ने उत्तर दिया, "अजी साहब, अभी-अभी तो पिक्चर पूरी की है, दूसरी पिक्चर की तैयारी में लगा हूँ। अहा हा—क्या कहानी है ! बिलकुल नए किस्म की। और साहब, कहानी चलती है सिर्फ हीरोइन पर, जो एक छाया से प्रेम करने लगती है। यह छाया क्या है, गोया कि एक ख़याल है, एक ख्वाब है, एक ख्वाहिश है। तो इस नए किस्म की कहानी के लिए एक नई हीरोइन चाहिए। बस तो समझिए कि हीरोइन की तलाश में निकला हूँ। साथ में एक कोई अच्छा-खासा हीरो मिल जाए, तो और भी अच्छा।"

"अहा ! तो आज सुबह यहाँ जो भीड़ इकट्ठा हुई थी, वह आपसे इंटरव्यू लेने आई थी ! कहिए, कोई हीरोइन मिली आपको ?"

"अजी, वह आपका शेर मुझ पर पूरी तरह लागू होता है—इसीलिए लिख लेना चाहता हूँ। ज़रा फरमाइएगा—मैं लिख लूँ।"

ज़ख्मी ने अपना शेर लिखा दिया :

"निकले थे वह तलाशे गौहर में,
जिसको देखा महज वह दाना मिला !"

इसी समय लंच की घंटी बजी और ज़ख्मी एक साँस में जिन का गिलास खाली करके अपनी मेज़ की तरफ दौड़ा, "फिर आपसे मुलाकात होगी !"

शाम का समय जब ज़ख्मी सोकर उठा, रामप्रकाश कपड़े पहनकर तैयार बैठा था और शाम की चाय पी रहा था। ज़ख्मी ने आँख मलते हुए पूछा, "मेरे लिए भी चाय आई है कि नहीं ? अरे, आप तो एकदम तैयार हो गए—कहाँ जाने का इरादा है ?"

"भूल गए—शाम के समय कॉफी हाउस में साहित्यिकों से मुलाकात करनी है न ! चाय पी लो और कपड़े बदल लो; पाँच बज रहे हैं !"

"अरे हाँ, वह क्या नाम है उसका, वह गोरा-सा दुबला-सा नौजवान—क्या नाम है उसका जो रेडियो स्टेशन पर मिला था ? याद आ गया—मधुकर, तो उसने कॉफी हाउस में बुलाया है इस वक्त। लाओ भई, जल्दी से चाय पी लूँ और कपड़े बदल लूँ !"

मीना और अन्नपूर्णा अपने कमरे से निकलकर रामप्रकाश और ज़ख्मी के कमरे में आ गईं। दोनों बाहर चलने के लिए तैयार थीं। मीना ने कहा, "प्रकाश भइया, हम लोग भी आप लोगों के साथ चलेंगी। दिनभर यहाँ इस होटल में पड़े-पड़े तबीयत ऊब गई। कहाँ जाने का प्रोग्राम है ?"

"कॉफी हाउस चलना है—सुना है वह यहाँ के कलाकारों का अड्डा है। चलिए, कुछ तमाशा ही रहेगा !" ज़ख्मी ने उत्तर दिया।

[16]

मधुकर उत्तर प्रदेश के कला-संस्कृति-विभाग में प्रचाराध्यक्ष था और सुलझा हुआ नवयुवक था। मधुकर की कविता सीधी-सादी, छन्दों में बँधी हुई, अलंकारों-अन्त्यानुप्रासों से युक्त होती थी तथा उसका स्वर कोमल और संगीतमय था। स्वभावतः लखनऊ और आसपास के क्षेत्रों के सम्मेलनों एवं साहित्यिक उत्सवों में उसकी उपस्थिति एक प्रकार से अनिवार्य समझी जाती थी। मधुकर जिस समय अपने ऑफिस से उठा, उसके साथ उसके कुछ मित्र थे और इसलिए वह यह भूल ही गया कि उसने शाम के समय कॉफी हाउस में किसी से मिलने का वादा कर लिया है।

रामप्रकाश की टैक्सी जब कॉफी हाउस पहुँची, स्वभावतः मधुकर वहाँ नहीं था। दिलवरकिशन ज़ख्मी ने टैक्सी से उतरकर मधुकर को इधर-उधर तलाश किया, फिर उसने रामप्रकाश से कहा, "वह लौंडा तो बुत्ता दे गया। चलिए, कॉफी हाउस के अन्दर चलकर हम लोग बैठें और कॉफी पिएँ, मुमकिन है वह आ ही जाए। फिर मुमकिन है मेरा कोई मुलाकाती ही मिल जाए !"

चारों व्यक्ति एक मेज़ पर बैठ गए। कॉफी हाउस अभी पूरी तरह भरा नहीं था, लोगों का आना शुरू हो रहा था। कॉफी का आर्डर देकर ये लोग चुप बैठे इधर-उधर देख रहे थे कि एकाएक उन लोगों को सुनाई पड़ा "नमस्कार स्वच्छन्दजी, कहिए क्या सोच रहे हैं ?"

रामप्रकाश और ज़ख्मी ने चौंककर उस ओर देखा जिधर से यह आवाज़ आई थी। इन लोगों की मेज़ से तीसरी मेज़ पर एक सज्जन बैठे हुए आँखें मूँदे कुछ सोच रहे थे। शेरवानी और गरारेदार पैजामा पहने, गालों के नीचे पान दबे हुए। चश्मा और टोपी मेज़ पर रखे और सामने कॉफी का प्याला था। दोहरे बदन के नाटे के अधेड़ आदमी, मुख पर गम्भीरता और चिन्तन।

नमस्कार करनेवाला व्यक्ति एक लम्बा-सा युवक था। स्वच्छन्दजी ने उसकी बात का कोई उत्तर नहीं दिया। बगलवाली कुर्सी पर बैठते हुए युवक बोला, "तो इंटरनेशनल कान्फ्रेंस ऑफ राइटर्स में बम्बई जा रहे हैं या नहीं ?"

आँखें बन्द किए हुए स्वच्छन्दजी ने कॉफी का एक घूँट पिया, फिर प्याला मेज़ पर रखते हुए बोले, "जा भी सकता हूँ, कहिए। आप क्या चाहते हैं ?" और स्वच्छन्द ने बेमन आँखें खोलते हुए बेयरा को आवाज़ दी, "एक कप कॉफी और।"

वह नवयुवक मुस्कराते हुए बोला, "धन्यवाद ! बात यह है स्वच्छन्दजी, कि मैं भी उस कान्फ्रेंस में डेलीगेट की हैसियत से चलना चाहता हूँ।"

"मैं किसी भी हालत में आपको उस कान्फ्रेंस का डेलीगेट नहीं बना सकता। यहाँ से केवल पाँच व्यक्ति ही चुने जा सकते हैं और उनका चुनाव हो गया है। फिर आप अभी तक लखनऊ के लेखकों में नहीं आ सके, अखिल भारतीय या अन्तर्राष्ट्रीय लेखक बनने का सपना देखना बेकार।"

ज़ख्मी ने रामप्रकाश के कान में कहा, "लीजिए, स्वच्छन्दजी तो यहीं मिल गए।" और वह उठकर स्वच्छन्दजी की मेज़ की ओर बढ़ा।

ज़ख्मी को देखते ही स्वच्छन्दजी ने बेयरा को आवाज़ दी, "एक कप कॉफी और।" और फिर उसने ज़ख्मी से कहा, "नहीं साहब, इस अन्तर्राष्ट्रीय कान्फ्रेंस में मैं और किसी को डेलीगेट नहीं बना सकता। अगर आप लोग मुझे और ज़्यादा परेशान करेंगे, तो मैं भी न जाऊँगा।"

ज़ख्मी ने स्वच्छन्दजी को सलाम किया, "हुज़ूर, न मुझे कॉफी पीनी है और न इंटरनेशनल कान्फ्रेंस में जाना है। मैं तो आपके दर्शन करने चला आया। मेरे साथ कुछ और लोग भी हैं जो आपका दर्शन करना चाहते हैं।"

एक ठंडी साँस लेकर स्वच्छन्दजी ने कहा, "बुला लीजिए उन्हें भी, कितने हैं ?" स्वच्छन्दजी के जेब में कुल दो रुपये ही थे।

"जी, अगर आपको तकलीफ न हो, तो हमारी मेहमानदारी मंजूर करके हमें मशकूर कीजिए। हम लोग वहाँ उस मेज़ पर बैठे हैं।" और ज़ख्मी ने मीना, अन्नपूर्णा तथा रामप्रकाश की ओर संकेत किया।

उस ओर देखते ही स्वच्छन्दजी के मुख पर चमक आ गई। बड़े तपाक के साथ उन्होंने कहा, "हाँ, हाँ, मैं चलता हूँ। उन लोगों को यहाँ बुलाकर कष्ट देने की कोई आवश्यकता नहीं।" और बिना पास बैठे नवयुवक से कुछ कहे-सुने स्वच्छन्दजी रामप्रकाश की मेज़ पर पहुँच गए।

रामप्रकाश ने सब लोगों का परिचय स्वच्छन्दजी को देकर कला-भारती की योजना विस्तार के साथ बतलाई। योजना सुनकर स्वच्छन्दजी बोले, "मुझे दुख है कि मैं इस योजना में सहयोग नहीं दे सकूँगा। हमारे उत्तर प्रदेश की सरकार के पास इस प्रकार की न जाने कितनी योजनाएँ हैं।"

मीना ने कहा, "लेकिन सरकार द्वारा चलाई जानेवाली सांस्कृतिक संस्थाओं का संचालन तो मन्त्रियों और सरकारी अफसरों के हाथ में रहता है, जिन्हें कला और संस्कृति से कोई मतलब नहीं है, साहित्य की धाराओं का कोई पता ही नहीं, जो साहित्यकारों से अपनी खुशामद करवाते हैं।"

मीना की यह बात स्वछन्दजी को अखर गई, "कला-भारती का संचालन कब साहित्यिक या कलाकार कर रहे हैं ? आप लोग या वह अशोक गुप्ता, आप लोगों को साहित्य और संस्कृति का क्या पता ! यह आप लोगों की कला-भारती तो सरकारी संस्थाओं से कहीं गई-बीती है। इन सरकारी संस्थाओं का रुपया या तो कलाकारों को बँटता है, या फिर इससे देश की बेकारी कम होती है; क्योंकि तनख्वाहों के रूप में यह रुपया सैकड़ों लोगों में बँट जाता है। जबकि व्यक्तिगत संस्थाओं में जो दान मिलता है, या सरकारी ग्रांट मिलती है, उसका पता ही नहीं लगता। संस्थाओं को चलानेवाले उस रुपयों को खा-पीकर बराबर कर देते हैं। और जहाँ तक कलाकार का सवाल है, वहाँ उस गरीब कलाकार के भाग्य में ही खुशामद करना बदा है, चाहे वह मिनिस्टर या किसी सरकारी अफसर की खुशामद हो, चाहे वह पूँजीपति की खुशामद हो।"

अन्नपूर्णा ने देखा कि बात बिगड़ रही है। उसने मुस्कराते हुए कहा, "आप ठीक कहते हैं, दुर्भाग्यवश आज यही सब हो रहा है; पर, मैं आपको विश्वास दिलाती हूँ कि अशोक कलाकार पहले हैं, पूँजीपति बाद में। इस कला-भारती के संगठन में हम लोगों ने इस बात का विशेष ध्यान रखा है कि इसकी व्यवस्था साहित्यिकों और कलाकारों के हाथ में ही रहे। इसीलिए आपको हम कष्ट दे रहे हैं। लखनऊ की शाखा का सारा उत्तरदायित्व आप लोगों पर रहेगा। हम तो दिल्ली में आप लोगों को केन्द्रीय सरकार के बीच में मध्यस्थता का काम करेंगे। फिर जितनी भी आर्थिक व्यवस्था और कठिनाई की ज़िम्मेदारी है, आप लोग इसकी चिन्ता से मुक्त रहेंगे।"

स्वच्छन्दजी कुछ मुलायम पड़े, "अब आपने ढंग की बात कही, इस तरह के प्रयोग के लिए मैं तैयार हूँ। आप लोग, यहाँ सुधाकरजी हैं, उनसे अवश्य मिल लें और फिर दो-एक दिन में नगर के प्रमुख कलाकारों की तथा साहित्यकारों की एक मीटिंग बुला ली जाए।"

इसी समय मधुकर ने कॉफी-हाउस में प्रवेश किया। मधुकर ने इन लोगों को देखा, तो उसे एकाएक इन लोगों से अपने वादे की बात याद हो आई। मीना और अन्नपूर्णा को देखकर उसे अनुभव हुआ कि उससे बहुत बड़ी गलती हो गई। वह सीधा इन लोगों की मेज़ की ओर बढ़ा। स्वच्छन्दजी को प्रणाम करते हुए उसने रामप्रकाश से कहा, "अरे, आप कब आए ? मैं तो करीब आध घंटे से कॉफी-हाउस के बाहर बरामदे में अपना इन्तज़ार कर रहा था, आप लोगों को अन्दर आते मैंने देखा ही नहीं। स्वच्छन्दजी से तो आप लोगों का परिचय है ही।"

स्वच्छन्दजी ने हँसते हुए मधुकर की पीठ पर हाथ रखा, "ठीक है, ठीक है ! तुम शायद आँखें बन्द किए हुए कोई कविता गुनगुना रहे होगे।" फिर उन्होंने अन्नपूर्णा से कहा, "यह हमारे मधुकरजी पूरे कवि हैं। तन्मयता में सब कुछ भूल जाते हैं। तुम बिना कहीं अपने को खोए हुए यहाँ सही-सलामत आ गए यही क्या कम है ! तो मधुकर, तुम इन लोगों को सुधाकरजी से मिला दो। और श्रीरामप्रकाशजी, कल शाम को ही आप कार्लटन होटल में मीटिंग रख लें। छह बजे ठीक रहेगा, चाय का समय है। मधुकर,

लखनऊ के प्रायः बीस चुने हुए कलाकारों एवं साहित्यकारों को मेरे नाम से कार्लटन होटल में कल छह बजे के समय आमन्त्रित कर देना।"

स्वच्छन्दजी को कुछ ऐसा लगा कि मधुकर उनकी बातें नहीं सुन रहा; क्योंकि मधुकर एकटक मीना को देख रहा था। स्वच्छन्दजी ने मधुकर का हाथ पकड़कर कहा, "क्यों, क्या सोच रहे हो ? यह कुमारी मीना भारती हैं और यह श्रीमती अन्नपूर्णा बंसल। रामप्रकाश और ज़ख्मी से तो तुम शायद मिल ही चुके हो। तो तुमसे मेरी बात सुन ली न ? सुधाकरजी का तो इस समय एक नाटक है। कल सुबह—आठ-नौ बजे इन लोगों को सुधाकरजी से मिला देना और वहाँ उनके साथ बैठकर कलाकारों और साहित्यकारों की सूची बना लेना। इसके बाद वह सूची मुझे दिखला देना, मैं उसे ठीक कर दूँगा। और हाँ, ये लोग कार्लटन होटल में ठहरे हैं।"

"बहुत अच्छा !" मधुकर ने कुछ खोया-सा उत्तर दिया।

दूसरे दिन नौ बजे के करीब मधुकर इन चारों व्यक्तियों को लेकर सुधाकरजी के मकान पर पहुँचा। उनके दरवाज़े पर एक शानदार कार खड़ी थी, जो यह बतला रही थी कि कुछ अतिथि वहाँ पहले से ही मौजूद हैं। सुधाकर के ड्राइंगरूम में,—या उसे बैठकखाना कहना अधिक उपयुक्त होगा—जब इन लोगों ने प्रवेश किया तो सुधाकर ने उठकर इनका स्वागत किया, "आइए—पधारिए आप लोग ! मेरे बड़े भाग्य कि इतने महानुभावों के दर्शन मुझे एक साथ ही मिले। आज मेरे किस पुण्य का उदय हुआ !"

सुधाकरजी के बैठकखाने में एक अच्छी-खासी भीड़ थी। फर्श पर तीन आदमी बैठे थे। दो के पास बटेरें थीं। तीसरा इन दो बटेरबाज़ों का चौधरी दीखता था। सुधाकरजी के तख्त के इर्द-गिर्द कुरसियाँ पड़ी थीं, जिनमें दो पर एक अमेरिकन दम्पती बैठे थे। सुधाकरजी ने इन लोगों को बिठलाते हुए, अमेरिकन अतिथियों का परिचय कराया, 'आप लोग श्री और श्रीमती बटलर हैं। आप अमेरिका के करोड़पति हैं। दुनिया घूमने निकले हैं। लखनऊ आए हैं, यहाँ की संस्कृति का अध्ययन करने। बटेरबाज़ी और कनकौआबाज़ी इन दोनों शब्दों में यहाँ की संस्कृति की परिभाषा की जाती हैं। तो मैं इन्हें बटेरों की लड़ाई दिखला रहा था। आप लोग ज़रा विलम्ब से पहुँचे। क्यों म्यां शुकराती, एक-एक चोट और हो सकती है, इन बटेरों की , ये लोग भी ज़रा देख लें।'

"हुजूर, चुटैल हो गई हैं, अब आज के लिए माफी बख्शी जाए !" बटेरबाज़ों के चौधरी ने कहा। इसी समय नौकर ने चाय और नाश्ते की एक ट्रे के साथ बैठक में प्रवेश किया। एक बड़ी प्लेट में गरमागरम जलेबियाँ थीं, एक में लखनऊ की मशहूर दालमोठ और समोसे। साथ में चाय का सामान। सुधाकरजी ने ट्रे अपने सामने रखवाकर नौकर से कहा, "अबे, देखता क्या है, दौड़ के पाँच आदमियों की चाय का इन्तज़ाम और करो।" यह कहकर सुधाकरजी बटलर-दम्पती की ओर घूमे, "जलेबी भारतवर्ष की सर्वश्रेष्ठ मिठाई समझी जाती है। दिमाग को ताज़ा रखती है...शक्ति को बढ़ाती है, और स्वाद में तो अतुलनीय है ! और भारतवर्ष में सबसे प्रसिद्ध जलेबी लखनऊ की होती है। और यह समोसे और दालमोठ—इनका कहना ही क्या ! खाकर आप देखेंगे और

यहाँ लखनऊ में तो हम लोग खालिस बालाई की चाय पीते हैं। लखनऊ की बालाई दुनिया भर में मशहूर है।"

श्रीमती बटलर मुस्कराईं, "लखनऊ की संस्कृति के सम्बन्ध में बहुत कुछ सुना था, लेकिन उसका असली रूप तो हमें आज देखने को मिल रहा है। क्यों डार्लिंग !" श्रीमती बटलर ने जैसे बटलर को बात आगे बढ़ाने का निमन्त्रण दिया।

पर श्री बटलर की दृष्टि दीवार के बीचोबीच दो चित्रों के बीच में टँगी हुई एक पतंग पर गड़ी थी। वह एक काला चाँदतारा था, जो काफी पुराना और मटमैला हो गया था और जिसका काग़ज़ फटने की हालत में आ गया था। श्री बटलर श्रीमती बटलर की बात से चौंककर बोले, 'डार्लिंग, और वह देखती हो—वह पतंग ! क्यों मिस्टर सुधाकर, क्या आप पतंग उड़ाते हैं ?"

सुधाकरजी हँस पड़े, "ओह ! तो आप वह पतंग देख रहे हैं ?—जी, मैं पतंग नहीं उड़ाता, यह पतंग तो मैंने इसके ऐतिहासिक महत्त्व के कारण टाँग रखी है। आप देख रही हैं, कितनी पुरानी है, फटने लगी है। इसके लिए मैंने एक शीशे का केस बनवाया है, तो अगर मैं कहूँ कि यह पतंग करीब एक सौ दस बरस पुरानी है, तो आप क्या समझेंगे ?"

श्री बटलर ने उत्तर दिया, "मैं आपकी बात पर यकीन करता हूँ, आप मुझे इसका ऐतिहासिक महत्त्व बतलाएँ।" और यह कहकर श्री बटलर ने काग़ज़-कलम सँभाला।

सुधाकरजी ने भी आसन बदला, "आपको यह पता होगा ही कि नवाब वाजिदअली शाह की एक सौ आठ बेगमें थीं।"

श्रीमती बटलर ने आश्चर्यचकित होकर पूछा, "एक सौ आठ बेगमें। आदमी नहीं, जानवर रहा होगा; क्यों डार्लिंग, क्या यह सम्भव है,"

श्री बटलर ने श्रीमती बटलर को मीठी डाँट दी, "डार्लिंग, अविश्वास मत करो और बीच में बात भी मत काटो ! बादशाहों में यह सब चलता है।"

सुधाकरजी को नवाब वाजिदअली शाह के साथ जानवरवाली तुलना अखर गई थी, "श्रीमती बटलर, नवाब वाजिदअली बड़े धार्मिक आदमी थे—उन्होंने बेगमों की माला बनाई थी और उस माला से भगवान का भजन करते थे। माला में एक सौ आठ गुरिए होते हैं।"

श्रीमती बटलर की आँखें फैल गईं, "ओह ! यह बात है ? वह आदमी बड़ा पहुँचा हुआ फकीर रहा होगा। हाँ, तो फिर आगे कहिए।"

"जी, वही कह रहा था—तो नवाब वाजिदअली शाह रहते थे छतर मंज़िल में, नौकरों-चाकरों और दरबारियों से घिरे और बेगमों के लिए बनवा दिया था केसरबाग़। हर बेगम के लिए अलग-अलग कोठी। शाम के वक्त जब मुसाहिब और दरबारी चले जाते, तब उनको बेगमों की याद सताती, तो शाम के समय वे छतर मंज़िल की ऊपर वाली छतरी पर चढ़ जाते थे और वहाँ से वह पतंग उड़ाते थे। आप देखेंगे कि छतर मंज़िल के पूरब-दक्खिन केसरबाग है और हमारे यहाँ पछवा चला करती है। तो यह तय

है कि पतंग केसरबाग के ऊपर मँडराती थी। अब नवाब साहब का यह कायदा कि जिस बेगम को बुलाना हुआ, उसके मकान की छत पर पतंग गिरा दी। बड़ा सधा हुआ हाथ था उनका। और जिस बेगम के मकान की छत पर पतंग गिरी, वह निसार हो गई। मिस्टर बटलर, यह हाल था कि शाम के वक्त सब बेगमें अपनी-अपनी छतों पर आसमान की तरफ आँखें उठाकर खड़ी हो जाती थीं कि पतंग उनके कोठे पर गिरे। तो मिस्टर बटलर, यह नवाब वाजिदअली शाह की उन पतंगों में से एक है।"

ज़ख्मी से अब न रहा गया, वह बोला, "अहा हा ! सुधाकरजी, मेरी ताई की फूफी की खाला की सहेली की नवाब वाजिदअली शाह की एक बेगम से दोस्ती थी। उनके यहाँ से एक इसी किस्म की पतंग मेरे वालिद को मिल गई थी, ठीक ऐसी ही थी।"

सुधाकरजी ने दिलवरकिशन ज़ख्मी को गौर से देखा, "अरे तुम गुलशन के छोटे भाई तो नहीं हो ? यह पतंग, पन्द्रह दिन हुए, गुलशन भाई मुझे दे गए थे। बड़ी तंगदस्ती की हालत में हैं बेचारे। रो रहे थे कि उनका एक भाई बम्बई भाग गया और एक कलकत्ता भाग गया। तन-बदन का होश नहीं है बेचारों को।"

दिलवरकिशन ज़ख्मी ने कहा, "जी, मैं मँझला भाई बदकिस्मत दिलवरकिशन हूँ।" इस बार उसने रामप्रकाश से कहा, "मेरा मकान यहाँ पास में है, मैं अभी भाई साहब से मिलकर हाज़िर हुआ। तब तक आप लोग सुधसकरजी से बातचीत करें, बड़े दिलचस्प किस्म के आदमी हैं।" और दिलवरकिशन अपने बड़े भाई से मिलने चल पड़ा।

गुलशनकिशन ने बड़ी नाराज़ी के साथ दिलवर को गले लगाया। बिना दिलवरकिशन से कुछ बोले हुए उन्होंने अपनी बीवी को आवाज़ दी, "अरे, सुनती हो ! देखो तो, कौन आया है। मैं तो इस नालायक से बात करूँगा नहीं, तुम्हीं आकर इससे पूछो कि असबाब कहाँ है इसका। बदतमीज़ कहीं का !...आती क्यों नहीं—कहाँ रह गई ?"

दिलवर की भाभी ने कमरे में आकर दिलवरकिशन को देखा, "अरे ! दिलवर भाई तुम ? तुम्हीं तो हो न—सचमुच बताओ।"

दिलवरकिशन ने कहा, "हाँ भाभी जी, मैं ही हूँ दिलवरकिशन।"

गुलशनकिशन बोले, "यह नालायक इतने दिनों के बाद लौटा है, तो आज बिरियानी तो बननी ही चाहिए। नौकर से कह दो कि एक मुर्ग कटवा लाए—पट्ठा हो।"

दिलवरकिशन की भाभी ने कहा, "हाँ, अभी कहे देती हूँ, रुपये निकालो।"

गुलशनकिशन ने मत्थे पर हाथ लगाया। "रुपया ! खैर जाने दो, न सही बिरियानी, तो ज़रा आलूदम बना लेना और पुलाव के चावल। कुछ मज़ेदार खाना बने।"

"अजी, पुलाव का चावल तो परसों खत्म हो गया, मैंने आपको पहले ही बतला दिया था।" इस बार दिलवर की भाभी दिलवरकिशन की ओर घूमी, "तुम अच्छे आ गए दिलवर भाई, इनका तो दिमाग खराब हो गया है। मकानों का किराया दो दिन में खा-पीकर बराबर कर देते हैं और पूरा महीना कर्ज़ लेकर चलाते हैं। फिर कर्ज़ लेकर

यह देना तो जानते ही नहीं। बनिए का हज़ारों चढ़ गया है, उसने दावा कर दिया है। कहता है, मकानात कुर्क करा लेगा। एक दिन भूखों मरने की नौबत आ जाएगी।"

गुलशनकिशन ने अपनी पत्नी को डाँटा, "क्या अनाप-शनाप बकती हो, वह बनिया साला तो उल्लू का पट्ठा है। वे सब मकानात मैंने यतीमखाने के नाम लिख दिए हैं, इस शर्त पर कि पहले हम दो यतीम—जी हाँ, हम लोग यतीम तो हैं ही—इस मकान की आमदनी से पलेंगे, हमारे बाद दूसरे यतीमों के लिए यह जायदाद। देखूं कैसे कुर्क कराए लेता है ! जवाहर भाई ने जब से समाजवाद का ऐलान किया है, तब से मौज से रहते हैं और चैन की बंसी बजाते हैं।"

दिलवरकिशन ने कहा, "खाना तो मुझे होटल में खाना है, इस वक्त मुआफी दीजिए, मैं कार्लटन होटन में ठहरा हूँ।" और उसने घर के अन्दर जाकर अपनी भाभी के हाथ में सौ का नोट रख दिया, जो वीरेशवर प्रताप ने उसे दिया था। "गुलशन भाई को न बताइएगा, खुदा ने चाहा, तो जल्दी ही आपके पास कुछ और रुपया भेजूँगा।" और वह तेज़ी से उलटे पैर सुधाकरजी के यहाँ वापस लौटा।

जब वह सुधाकरजी के यहाँ पहुँचा, अमेरिकन दम्पती चले गए थे और साहित्यकारों की सूची तैयार हो गई थी। सिर्फ सुधाकरजी के सामने कुछ थोड़ी-सी टेढ़ी-बकौली, छोटी-बड़ी बदशक्ल ईंटें और मिट्टी के बरतनों के टुकड़े एकत्रित थे और सुधाकरजी कह रहे थे, "जी, कला-भारती खोलकर हमारा पहला काम होगा इस लछमन टीले को खुदवा डालना। कम-से-कम चार-पाँच हज़ार बरस पुरानी संस्कृति दबी पड़ी है इसमें। यह लखनऊ लक्ष्मण ने बसाया था और इसका नाम पहले लक्ष्मणपुर था।"

ज़ख्मी के आते ही सब लोग चलने के लिए उठ खड़े हुए। रामप्रकाश ने सुधाकरजी से कहा, "मैं स्वच्छन्दजी से मिलकर आपको सूचना दे दूँगा। मीटिंग के पहले योजना तैयार हो जानी चाहिए। दोपहर के समय तक सुधाकरजी ने सब लोगों को सूचित करने का भार तो उठा ही लिया है। सुना है यहाँ के संस्कृति-संचालक बड़े अनुभवी और कुशल साहित्यकार एवं कलाप्रेमी हैं। संस्कृति मन्त्री एवं मुख्यमन्त्री भी साहित्यकार हैं।"

सुधाकरजी ने दबी ज़बान से कहा, "हाँ, हैं तो। मीटिंग के बाद आप इन लोगों से भी मिल लीजिएगा; लेकिन इन लोगों का दृष्टिकोण कुछ अजीब-सा है, वह आपको इनसे मिलकर ही मालूम होगा।

[17]

लखनऊ में कला-भारती की औपचारिक स्थापना हो गई। सभापति स्वच्छन्दजी बने और प्रधानमन्त्री बने सुधाकरजी। कला-भारती की स्थापना हो जाने के बाद रामप्रकाश आदि के साथ ये सज्जन कला-भारती की योजना को आगे बढ़ाने बैठे।

अन्नपूर्णा बोली, "सबसे पहले हमें स्थान की आवश्यकता है। एक बँगला यदि हमें मिल जाए, तो उसमें हम संगीत और नृत्य की क्लासेज़ आरम्भ कर सकते हैं।"

सुधाकरजी ने कहा, "नृत्य और संगीत बाद में भी लिया जा सकता है, सबसे पहले हमें नाटक पर ध्यान देना चाहिए। संगीत और नृत्य का तो यहाँ एक सरकारी कॉलेज भी चल रहा है; नाटकों पर अभी कोई काम नहीं हो रहा है। यहाँ एक रंगमंच की स्थापना होना नितान्त आवश्यक है।"

स्वच्छन्दजी मुस्कराए, "मेरा ऐसा ख़याल है कि संगीत-विद्यालय द्वारा रंगमंच की भी व्यवस्था की जा रही है; आवश्यकता यहाँ एक बहुत बड़े पुस्तकालय का है, जहाँ हिन्दी की जितनी भी अच्छी पुस्तक हैं, वे प्राप्त हो सकें।"

सुधाकरजी को स्वच्छन्दजी द्वारा नाटक का विरोध अखरा, "पुस्तकालय तो यहाँ स्थान-स्थान पर हैं। स्वयं कौंसिल हाउस में सरकार ने एक बहुत बड़ा पुस्तकालय खोला है : फिर सरकार और भी कई पुस्तकालय खोल रही है। सूचना-केन्द्र से इस काम का श्रीगणेश हो गया है।"

रामप्रकाश ने कहा, "हम नृत्य, संगीत, नाटक और साहित्य—सभी विभागों को लेंगे। प्रश्न हमारे सामने स्थान का है। क्या यहाँ की सरकार हमारे लिए किसी स्थान को प्राप्त करने में सहायक हो सकती है ?"

"अगर आप रंगमंच को प्राथमिकता दें, तो मैं समझता हूँ कि हमें स्थान आसानी से मिल जाएगा। लखनऊ में आजकल नाटकों की धूम है, और सरकार से नाटकों के लिए काफी रुपया मिल रहा है। प्रयाग में एक संस्था खुल गई है। बनारस में...।"

स्वच्छन्दजी ने टोका, "बनारस मत कहिए, वाराणसी कहिए !"

सुधाकरजी मुस्कराए, "जी, वाराणसी ! तो वाराणसीवाले यहाँ लखनऊ में तीन-चार नाटक खेल गए हैं; लेकिन हम लखनऊवाले..."

स्वच्छन्दजी ने फिर टोका, "जी, हम लखनऊवाले तो टीका-टिप्पणी कर सकते हैं, लेकिन काम नहीं कर सकते; जब कि प्रयाग-वाराणसीवाले काम करते हैं। उनमें लगन है, उत्साह है, उमंग है, उनके पास एक संस्कृति है, वे कला को नया मोड़ दे रहे हैं।"

ज़ख्मी को बनारस की यह तारीफ अच्छी नहीं लगी—विशेषतः लखनऊ के मुकाबले। वह बोला, "जी, यह लखनऊ तो लखनऊ रहा है, लखनऊ है और लखनऊ रहेगा। भला कहाँ लखनऊ और कहाँ बनारस ! वह नफासत, वह शाइस्तगी और वह दीवानगी जो लखनऊ में है, भला ये दुनिया में और कहीं मिलेगी !"

स्वच्छन्दजी ने ज़ख्मी को कड़ी नज़र से देखा, "आप शायद उर्दू के शायर हैं और लखनऊ के रहनेवाले हैं ?"

"जी हाँ, लेकिन आपका मतलब ?" ज़ख्मी ने ज़रा सकपकाते हुए पूछा।

"वही कह रहा हूँ ! यह जो शुद्ध भारतीय संकृति है, गुरु-गहन गम्भीर—इसका प्रतिनिधित्व वाराणसी करती है, जहाँ वेदपाठ और मन्त्रोच्चार होते हैं, जहाँ भगवती

भागीरथी कोटि-कोटि तीर्थ-यात्रियों को मुक्ति प्रदान करती है तथा उनके कलुष हरती है, जो विश्वनाथ की पुण्य नगरी है और तुम्हारा यह लखनऊ—इसकी संस्कृति कृत्रिम है, अकर्मण्यता से भरी है, आडम्बरपूर्ण है। यहाँ की संस्कृति निष्टकुष्ट भावनाओंवाली और निष्प्राण है। यहाँ तो नवीन संस्कृति की प्राण-प्रतिष्ठा करनी होगी।"

ज़ख्मी मुस्कराया, "हुज़ूर, यह तो साइंस का ज़माना है !"

"हाँ, है तो !" मीना ने आश्चर्य से ज़ख्मी की ओर देखा, "आपका मतलब ?"

"जी, मैंने सुना है कि साइंस के ज़रिए लोग अमेरिका में सौ-सौ मंज़िलों के मकानों को एक जगह से उठाकर दूसरी जगह ले जाते हैं।"

"हाँ, लेकिन आप कहना क्या चाहते हैं ?" स्वच्छन्दजी ने झल्लाहट से पूछा।

"हुज़ूर, अलग बनारस शहर को चार पहिए लगाकर आप उसको यहाँ लखनऊ में ले आएँ, तो मामला जल्दी हल हो जाएगा ! वैसे तो बड़ी देर लग जाएगी—वह जो क्या कहा आपने—वह नई संसकीरत यहाँ कायम करने में।"

स्वच्छन्दजी उबल पड़े, "आप समझते हैं कि हरेक बेवकूफी से भरी बात मज़ाक हो सकती है ?"

ज़ख्मी उठ पड़ा, "मुझे गुस्ताखी के लिए मुआफ कीजिएगा, आप लोग अपना काम करें, मैं पुराने ज़माने का नाख्वांदा आदमी ठहरा, न जाने कौन-कौन-सी बेवकूफी कर बैठूँ !" यह कहकर ज़ख्मी वहाँ से चल दिया।

ज़ख्मी वहाँ से लाउंज की ओर चला। वह लाउंज में प्रवेश कर ही रहा था कि उसकी पीठ पर किसी ने हाथ रखा, "कहिए, क्या इरादे हैं ?"

ज़ख्मी ने चौंककर पीछे देखा। शैदा साहब मुस्करा रहे थे। ज़ख्मी ने कहा, "अजी, मेरे इरादे क्या, इरादे तो बड़े आदमियों के हुआ करते हैं। हुज़ूर ही फरमाएँ कि क्या इरादे हैं ?"

शैदा ने उत्तर दिया, "गम गलत किया जाए, कुछ सुख-दुख की बातें की जाएँ, कोई तरकीब निकाली जाए.!"

दोनों सज्जन लाउंज में बैठ गए। बैठकर शैदा ने कहा, "एक हफ्ता हो गया लखनऊ आए हुए। वैसे बड़ा शहर है, लेकिन निहायत निकम्मा व सोया हुआ। अजीब आलम है ! हर आदमी फुर्सत से गाफिल व गुम। शहर क्या है गोया कि एक नशा है, जिसमें इनसान अपने को खो देता है, भूल जाता है।"

ज़ख्मी के प्यारे वतन पर पाँच मिनट के अन्दर ही अब यह दूसरा वार था; एक ठंडी आह भरकर वह बोला, "हुज़ूर अर्ज़ किया है :

हो मुबाकर तुम्हें ये जंगो-जहद,
हमको तो एक ख्वाबखाना मिला !"

शैदा ने ज़ख्मी को गौर से देखा, "ज़रा फिर से पढ़िएगा इस शेर को ! क्या बात कही है आपने। हाय ! ज़िन्दगी को कितना गलत समझ लिया है हम लोगों ने ! वाकई यह सारी दौड़-धूप, यह धर-पकड़, धुक्का-फजीहत, यह सब जंगो-जहद ही है; जहां

इनसान थक जाता है, उसकी आँखों से खून टपकने लगता है। हम अपने मकसद को भूल गए—हाय, कहाँ जिन्दगी की रंगीनी, कहाँ जिन्दगी के सपने !" और शैदा और ज़ख्मी ने एक साथ व्हिस्की के गिलास होंठों से लगाए, जो वेटर इनके सामने रख गया था।

गिलास मेज पर रखकर शैदा ने ज़ख्मी का हाथ पकड़कर कहा, "ज़ख्मी साहब ! अगर मैं आपसे कहूँ कि आप मेरी अगली पिक्चर के गाने लिखें, तो कैसा रहेगा ?"

ज़ख्मी को जैसे अपने कानों पर विश्वास नहीं हुआ। उसने जल्दी से गिलास खाली करके अपने सिर को एक झटका दिया, "हुज़ूर, मैं सपना तो नहीं देख रहा ?"

"बिलकुल नहीं। मैं आपसे और पिक्चर के गाने लिखवाने को तैयार हूँ, लेकिन एक शर्त है !" शैदा ने अपना गिलास खाली करते हुए कहा।

"जी, तो फिर अपनी शर्त पेश कीजिए !"

शैदा बोला, "बात यह है, ज़ख्मी साहब, कि मुझे एक नई और लाजवाब हीरोइन की सख्त ज़रूरत है। आप लोगों के साथ वह जो लड़की है—मीना भारती—वह करोड़ों में एक है। क्या शक्ल है, क्या तमक, क्या अदा ! मैं तो निसार हो गया हूँ उसकी सूरत पर ! आप उसे हीरोइन बनने पर राज़ी कर दें—मेरी शर्त सिर्फ इतनी है। पच्चीस हज़ार का कांट्रेक्ट तीन महीने की एक-पिक्चर का है—या यों कहिए, मैं साल-भर का कांट्रेक्ट चार पिक्चरों के लिए एक लाख का करूँगा। छह महीने के बाद वह बाहर से दो पिक्चरें भी कर सकती हैं, मुझे कोई एतराज़ न होगा।"

ज़ख्मी ने कुछ सोचते हुए कहा, "कोशिश करूँगा; लेकिन मेरा क्या होगा ?"

"एक साल के लिए एक हज़ार महीना पर आप गाना लिखने के लिए मुकर्रर हो जाएँगे !" शैदा मुस्कराया।

"कल सुबह मैं आपको जवाब दूँगा; भगवान ने चाहा, तो फतह मिलेगी। लेकिन हम दोनों के कांट्रेक्ट एक साथ होंगे, यह याद रखिएगा, बिना मेरा कांट्रेक्ट हुए उनका कांट्रेक्ट नहीं होने का।"

"अजी, मैंने जो वचन दे दिया, उसे पत्थर की लकीर समझिए।" शैदा ने उत्तर दिया।

दूसरे दिन सुबह मौका ढूँढ़कर मीना से बात की—"बीबीजी ! वह आदमी, जिस पर आप बेहद नाराज़ हैं, जानती हैं आप, वह कौन है और आपको क्यों इतने गौर से देख रहा था ?"

मीना ने कुछ कौतूहल के साथ पूछा, "नहीं, मैंने तो उसे पहले कभी नहीं देखा। कौन है वह ?"

"जी, वही कह रहा था। तो वह फिल्मी दुनिया के राजा, मशहूर डाइरेक्टर रामकृष्ण शैदा हैं। उनका कहना है कि आपके मुकाबले की सुन्दर स्त्री उन्होंने अपने जीवन में नहीं देखी है, बेर-बेर वह आपकी सुन्दरता को निरख रहे थे।"

मीना मन-जी-मन फूल उठी। एक प्रसिद्ध फिल्म डाइरेक्टर का उसके सम्बन्ध में

यह मत है, यह बहुत बड़ी बात थी। उसने हँसी-हँसी में पूछा, "तो क्या मुझे अपनी किसी पिक्चर की हीरोइन बनाना चाहता है ?"

"हुज़ूर को कुछ नुजूम आता है क्या ? यह आप कैसे जान गईं ? वह तो आप पर दीवाने हो चुके हैं कहते हैं कि आपके सामने नरगिस-फरगिस सब मात; बस फिल्मी दुनिया में आप-ही-आप दिखेंगी। एक साल का कांट्रेक्ट एक लाख पर करने को तैयार हैं, साथ में दो पिक्चरें आपको बाहर बनाने की छूट होगी। इन दो पिक्चरों में आपको करीब पचास-साठ हज़ार मिल जाएगा।"

मीना चौंक उठी, उसने तेज़ी के साथ मन-ही-मन हिसाब लगाया—साल में डेढ़ लाख के होते हैं बारह हज़ार रुपये महीना। बारह हज़ार रुपये महीना ! और यह अशोक—उसे अपमानित और ज़लील करनेवाला अशोक, उसे पता चल जाएगा कि मीना क्या है ! उसने कुछ सोचकर कहा, "ज़ख्मी साहब, वह ठीक कह रहा है न ? इसमें धोखाधड़ी की तो कोई बात नहीं है ?"

ज़ख्मी ने उत्तर दिया, "हुज़ूर, पहले बीस हज़ार रुपया नकद पेशगी के तौर से ले लीजिएगा, तब कांट्रेक्ट कीजिएगा, झख मारेगा और देगा; लेकिन पहले लिखा-पढ़ी पक्की हो जाए—मैं इन फिल्मवालों की नस-नस से वाकिफ हूँ। और हुज़ूर, यह ज़माना तो औरतों का है, फिल्मी हीरोइनों की क्या इज़्ज़त है, क्या रुतबा है ! देखिए न, हमारे राष्ट्रपति और प्रधानमन्त्री उनके साथ अपनी तस्वीरें खिंचवाते हैं, उनको अपने यहाँ दावतों पर बुलाते हैं। देश-विदेश घूमिए, मज़े-ही-मज़े हैं !"

मीना तेज़ी के साथ सोच रही थी। अशोक के साथ शादी करके वह आश्रित ही रहेगी, उसका कोई व्यक्तित्व नहीं रहेगा। इतना अच्छा मौका उसे अनायास ही मिल गया। वह बोली, "लेकिन—पापा शायद राज़ी न होंगे, और अगर वह राज़ी भी हो जाएँ, तो मम्मी तो किसी भी हालत में राज़ी न होंगी !"

ज़ख्मी ने कहा, "हुज़ूर, क्या यह ज़रूरी है कि आप अपने पापा या मम्मी की राय लें ही ? भगवान की कृपा से आप बालिग हैं, अपना अच्छा-बुरा खुद समझ सकती हैं। मौका एक बार चूका तो चूका, फिर तो ज़िन्दगी-भर का पछतावा रह जाता है। और जहाँ तक आपके वालिद और वालिदा का सवाल है, वहाँ एक दफे आपने फिल्म लाइन ज्वाइन कर ली और आप मशहूर हो गईं, तो यह समझिए कि वे लोग तो आप पर नाज़ करेंगे। हाँ, अशोक गुप्ता साहब का मामला दूसरा है ! उस पर भी हुज़ूर सोच लें; क्योंकि उनसे आपकी हमेशा के लिए टूट जाने का अन्देशा है।"

मीना बिगड़कर बोली, "मैं अशोक की ज़रा भी परवाह नहीं करती, ज़रा भी नहीं। ज़ख्मी साहब, आप इस डाइरेक्टर से बात कीजिए। बीस हज़ार पेशगी लिए बिना मैं कांट्रेक्ट पर साइन नहीं करूँगी—और हाँ, रामप्रकाश और अन्नपूर्णा आंटी के कानों में इस बात की तब तक भनक न पड़े, जब तक मुझे पेशगी न मिल जाए और कांट्रेक्ट न साइन हो जाए। साथ ही एक बात और, आपको मेरे साथ रहना होगा—मुझे आपका ही भरोसा है !"

मामला इतनी आसानी से हल हो जाएगा, ज़ख्मी ने यह सोचा भी न था।

दोपहर के समय ज़ख्मी ने शैदा से मीना की स्वीकृति की बात बतला दी। पेशगीवाली बात सुनकर शैदा ने कहा, "रुपये तो मेरे पास नहीं हैं, वह तो प्रोड्यूसर ही दे सकता है। बम्बई चलकर सब ठीक हो जाएगा !"

ज़ख्मी ने उत्तर दिया, "आपको पता नहीं, किस मुसीबत से राज़ी किया है उन्हें। पेशगीवाली ज़िद पर अड़ी हैं—कल तक का समय दिया है। परसों शायद हम लोग यहाँ से पटना के लिए रवाना हो जाएँ !"

शैदा ने घड़ी देखी, एक बजा था—"देखिए, मैं अपने प्रोड्यूसर से ट्रंक मिलाता हूँ, वह दिल्ली गए हैं—कुछ फाइनेंस की बात करने। अगर आज वह बैंक ड्राफ्ट भेज सके, तो कल तक मिल जाएगा, नहीं परसों तक तो आ ही जाएगा।" और यह कहकर उसने दिल्ली से टेलीफोन मिलाया।

दूसरे दिन शाम के समय दिलवरकिशन ने मीना के कान में कहा, "बीबीजी, वह शैदा साहब आपसे बात करना चाहते हैं, उन्हें सब शर्तें मंजूर हैं। सिर्फ पेशगी के तौर से वह यहाँ दस हज़ार रुपये दे सकेंगे, बाकी पन्द्रह हज़ार बम्बई चलकर देंगे !"

"सच !" मीना ने आश्चर्य से कहा; क्योंकि वह पेशगी के पच्चीस हज़ार की आशा नहीं किए थी, "ज़ख्मी साहब, वह नकद दस हज़ार आज दे देंगे ?"

"जी हाँ हुज़ूर, और कांट्रेक्ट भी बम्बई में ही होगा। उनका कहना है कि कल सुबह की गाड़ी से हम लोगों को बम्बई रवाना हो जाना चाहिए।"

मीना चुपचाप थोड़ी देर तक सोचती रही। फिर उसने कहा, "लेकिन अगर पापा और मम्मी ने इनकार कर दिया तो ? और कल ही चलना है क्या ?"

"जी हाँ हुज़ूर। और अगर आपके वालदैन इनकार करें, तो आप यह पेशगीवाला रुपया वापस कर दें, कोई कांट्रेक्ट तो अभी हुआ नहीं है। फिर बम्बई जाने का खर्च तो शैदा साहब की कम्पनी ही देगी। आपका तो हर तरफ से फायदा-ही-फायदा है।"

मीना चुपचाप सोचने लगी।

ज़ख्मी ने कहा, "हुज़ूर, अब सोचने-विचारने का वक्त नहीं है। मौका निकला, तो फिर नहीं मिलने का। आज की मीटिंग में आप मत जाइए, सिरदर्द का बहाना कर दीजिए। जब ये लोग चले जाएँ, तब शैदा से मिलकर सब बातें तै कर ली जाएँगी।" यह कहकर ज़ख्मी मीना के पास से चला गया।

मीना चुपचाप कमरे में बैठ गई। अन्नपूर्णा ने तैयार होकर कहा, "मीना, अरे तुम चुपचाप बैठी हो, कपड़े भी नहीं बदले ! मीटिंग में चलने का समय हो रहा है। उठो, तैयार हो जाओ !"

मीना उठकर अन्नपूर्णा के निकट गई, उसने कुछ हिचकते हुए कहा, "आंटी, तुमसे एक सलाह लेनी है, बड़ा महत्त्वपूर्ण प्रश्न उठ पड़ा है मेरे सामने !"

"यह अचानक ही ऐसा कौन-सा महत्त्वपूर्ण प्रश्न उठ पड़ा, बोलो !"

मीना ने सब बात अन्नपूर्णा को बतला दी।

"सच मीना, तुम्हें फिल्म में हीरोइन बना रहा है और दस हज़ार नकद दे रहा है ?

अच्छा तुम्हारे सिर में दर्द हो गया—लेटी रहो; मीटिंग में जाने की कोई ज़रूरत नहीं। ज़ख्मी तुम्हारी देखभाल के लिए यहीं रहेगा; लेकिन दस हज़ार नकद ले लेना !"

"लेकिन आंटी, उसका कहना है कि कल सुबह ही बम्बई चलना है, यह कैसे होगा ?"

"ओह, सुबह चलने में क्या मुसीबत है; लखनऊ का काम हम दोनों कर ही रहे हैं, ज़ख्मी को साथ लेती जाना। हम लोग सारा उत्तर भारत आर्गेनाइज़ कर लेंगे, तुम ज़रा भी चिन्ता मत करो। अगर वह रुपया दे दे, तो तुम अपना असबाब पैक कर लेना।"

"आंटी, क्या यह ठीक होगा ? लोग क्या कहेंगे ?"

"ओह, बिलकुल ठीक होगा, बेचारी मीना ! तुम हीरोइन बनोगी। वह पिक्चर मैं ज़रूर देखूँगी। एक लाख रुपया एक साल में—सच मीना—एक साल में एक लाख !"

"आंटी, अगर भाग्य साथ दे गया, तो दो लाख एक साल में। ज़ख्मी यही कहते हैं !"

अन्नपूर्णा ने अपने सिर को झटका देते हुए कहा, "अभी रामप्रकाश को मत बतलाना। जब रुपया ले लेना, तब प्रकाश से बात करना। ओह मीना ! मीना !" यह कहकर अन्नपूर्णा कमरे से चली गईं और मीना पलँग पर लेट गई।

अन्नपूर्णा और रामप्रकाश के जाने के बाद ज़ख्मी ने मीना के कमरे में प्रवेश किया, "मैदान साफ है बीबीजी, शैदा साहब लाउंज में आपका इन्तज़ार कर रहे हैं !"

मीना को देखते ही शैदा उठ खड़ा हुआ, "फिल्मी दुनिया के बड़े भाग्य कि आप इसमें अपनी कला व हुनर लेकर आ रही हैं। मैंने आज अपने प्रोड्यूसर रामास्वामी चेट्टियर से ट्रंक पर बात कर ली—मेरे पास यहाँ सिर्फ दस हज़ार रुपया था, उन्होंने कहा कि पन्द्रह हज़ार रुपया बम्बई चलकर देंगे; लेकिन कल सुबह की गाड़ी से चलना है।"

"दो-एक दिन का समय क्या नहीं दे सकते हैं आप ?"

"जी, बात यह है कि रामास्वामी दिल्ली में फाइनेंस के लिए गए थे; फाइनेंस उन्हें मिल गया है, इस शर्त पर कि पिक्चर एक हफ्ते में शुरू कर दी जाए। वह कल सुबह दिल्ली से बम्बई के लिए रवाना हो रहे हैं। फ्रंटियर मेल न लेकर वह पंजाब से रवाना हो रहे हैं; ताकि हम सब लोग साथ चलें।"

"अच्छी बात है; लेकिन रुपया मैं अभी इसी समय नकद लूँगी !"

"जी, वह हाज़िर है !" शैदा ने मुस्कराते हुए कहा।

रामप्रकाश और अन्नपूर्णा जिस समय मीटिंग से वापस लौटे, नौ बज गए थे। रामप्रकाश से अन्नपूर्णा ने रास्ते में सारी स्थिति बतला दी थी और इसलिए यह स्वाभाविक ही था कि रामप्रकाश सीधा मीना के कमरे में पहुँचा। मीना के हाथ में दस हज़ार रुपये के नोटों का बंडल था। उसने रामप्रकाश को देखते ही कहा, "प्रकाश ! यह देखो, दस हज़ार रुपये मैंने आज शाम को पैदा किए। जानते हो कैसे ?"

"जानता हूँ, और यह रुपया अभी इसी समय वापस करना है। तुम फिल्म में किसी भी हालत में नहीं जा सकतीं, बिना फूफाजी और अशोक बाबू से पूछे।"

मीना ने कड़े स्वर में कहा, "पापा मुझे कभी नहीं रोकेंगे, और तुम अशोक का नाम

मेरे सामने मत लो—मैं अशोक को बतला देना चाहती हूँ कि मैं ज़रा भी उसकी परवाह नहीं करती। मैं खुद दो लाख रुपया कमा सकती हूँ !"

रामप्रकाश ने मीना को मनाते हुए कहा, "मीना, बड़ी नादानी की बात कर रही हो। लोग क्या कहेंगे ? बड़ी बदनामी होगी तुम्हारी, क्यों रानीजी ?"—रामप्रकाश ने अन्नपूर्णा को देखा।

"इसमें मैं तो बदनामी की कोई बात नहीं देखती। देविका रानी भी तो फिल्म की हीरोइन थीं, आज प्रधानमन्त्री तक उनकी इज़्ज़त करते हैं। नर्गिस और सुरैया के साथ राष्ट्रपति चाय पीते हैं। मैं तो इसमें बदनामी की कोई बात नहीं देखती !" अन्नपूर्णा ने गम्भीरतापूर्वक कहा।

रामप्रकाश को पैरों के नीचे से ज़मीन खिसकती हुई मालूम हुई। घबराकर उसने दिल्ली में अशोक से ट्रंक मिलाया। अशोक ने झल्लाकर कहा, "तुम्हें किसी भी हालत में मीना को रोकना पड़ेगा। इस समय तो कोई ट्रेन नहीं है, मैं सुबह के प्लेन से लखनऊ आ रहा हूँ।"

पर रामप्रकाश मीना को जो न रोक सका, तो न रोक सका। हारकर उसने अन्नपूर्णा से कहा, "रानीजी, मैं अशोक का सुबह इन्तज़ार करूँगा; मीना का अकेले जाना तो ठीक न होगा !"

"अकेली तो नहीं जा रही, साथ में ज़ख्मी भी है !"

"रानीजी, ज़ख्मी के सम्बन्ध में हम लोग कुछ भी नहीं जानते; फिर मीना के साथ किसी स्त्री का होना ज़रूरी है, नहीं तो मैं फूफाजी को क्या जवाब दूँगा !"

"हाँ, यह तो ठीक है। भाईजी ने हम लोगों की ज़िम्मेदारी पर मीना को भेजा है !"

"तो रानीजी, अगर आप यहाँ रुकें, तो मैं साथ जाऊँ !"

"नहीं, मैं अकेली यहाँ क्या करूँगी, बेकार अशोक मुझसे झगड़ा करेगा। तुम रुक जाओ, मैं मीना के साथ बम्बई चली जाऊँगी। बहुत दिनों से बम्बई गई भी नहीं हूँ।"

"रानीजी, मीना की सारी ज़िम्मेदारी आप पर है, नहीं तो मैं फूफाजी को मुँह दिखाने के काबिल न रहूँगा !" रामप्रकाश ने आँखों में पानी भर कर रुआँसे स्वर में कहा।

"बेचारे रामप्रकाश ! तुम ज़रा भी चिन्ता न करो !"

[18]

झाँसी में जिस आदमी ने शैदा, मीना, अन्नपूर्णा और ज़ख्मी के कम्पार्टमेंट में प्रवेश किया, वह करीब तीस वर्ष का युवक था। उसका रंग कुछ कत्थई और कुछ काले के बीच में था—एक तरह की चमक लिए हुए। शरीर गठा हुआ और हृष्ट-पुष्ट, आँखें कुछ चमकती हुईं और कुछ लाल—दो गुलाबी और बड़ी कौड़ियों की भाँति। सिर पर

घने घुँघराले बाल, नाक कुछ बैठी हुई-सी और होठ कुछ मोटे-से; लेकिन इतना सब होते हुए भी वह कुरूप नहीं कहा जा सकता था। कान में हीरे की मुरकियाँ लटक रही थीं, माथे पर टीका, दाढ़ी-मूँछ साफ। विलायती सर्ज का कीमती सूट पहने हुए।

शैदा ने उठकर उसका स्वागत किया, "आइए मिस्टर चेट्टियर, गाड़ी ठीक वक्त पर आ गई।"

"हाँ, गाड़ी ठीक वक्त पर आ गई, लेकिन बेकार ! हम लोगों को मद्रास चलना होगा—पिक्चर बम्बई में नहीं बनेगी। राजरत्न स्टूडियोवालों से लिखा-पढ़ी हो गई है—पार्टनरशिप बेसिस पर। एक हफ्ते के अन्दर शूटिंग शुरू कर देनी है—सब-कुछ ठीक है। मिस्टर राजरत्न प्लेन से मद्रास चले गए, मुझे तुम लोगों को साथ लेने ट्रेन से आना पड़ा !" इस बार उसने मीना को देखते हुए कहा, "यह हैं हमारी हीरोइन—एक्सेलेंट ! एक्सेलेंट ! मैं रामास्वामी चेट्टियर हूँ, रामाचेट्टी कम्पनी का प्रोप्राइटर ! मेरी तीन मिलें हैं कपड़े की, एक वनस्पति का कारखाना है, सात कॉफी के बगीचे हैं। सोचा, एक फिल्म कम्पनी भी कर ली जाए !" फिर वह अन्नपूर्णा की ओर घूमा, "ओह ! मदर के लिए यह बहुत ठीक तो नहीं रहेंगी शैदा—यह तो बड़ी दुबली-पतली हैं, साइट-हीरोइन या वैम्प—हाँ-हाँ—वैम्प के लिए ठीक होंगी, एक्सेलेंट वैम्प !—क्या तुमने कोई वैम्प को भी इंट्रोड्यूस किया है कहानी में ? और यह—जोकर का तो कोई रोल नहीं था अभी तक—फिर इनको क्यों ले आए ? और अगर जोकर होना ही है, तो मोटा-सा आदमी होना चाहिए, इनको देखकर तो हँसी आने की जगह रोना आ जाएगा। नहीं मिस्टर शैदा—इनका चुनाव गलत किया है तुमने !"

अपनी प्रशंसा ज़ख्मी को अखर गई, उसने कहा, "हजूर, अर्ज़ किया है :

दौलत को जो अँधियारा, छाया है तेरे दिल पर,
हैं बहकी हुई नज़रें—हैं बहकी हुई बातें।"

शैदा मुस्कराया, "वाह ज़ख्मी साहेब, क्या शेर कहा है आपने ! सेठ, यह हैं दिलवरकिशन ज़ख्मी, उर्दू के प्रसिद्ध शायर ! हमारी पिक्चर के गीत लिखेंगे। और यह श्रीमती अन्नपूर्णा बंसल हैं, मीना रानी के साथ चल रही हैं, एक्टिंग करने के लिए नहीं आई हैं !—तो फिर क्या प्रोग्राम है अब ?"

चेट्टियर भी हँस पड़ा, "ओह, गलती हो गई ! तो अब मद्रास के लिए ग्रांट ट्रंक एक्सप्रेस लेनी है। मैंने झाँसी से चार बर्थ का एक कम्पार्टमेंट रिज़र्व करा लिया है, लेकिन यहाँ तो पाँच आदमी हैं ! यह ज़ख्मी—यह किसी दूसरे कम्पार्टमेंट में चले जाएँगे।"

अन्नपूर्णा मन-ही-मन चेट्टियर से बुरी तरह नाराज़ हो रही थी, उसने कहा, "नहीं, ज़ख्मी हम लोगों के साथ रहेंगे—तुम दोनों में से कोई एक दूसरे कम्पार्टमेंट में चला जाए।"

चेट्टियर बोला, "कम्पार्टमेंट तो मेरे नाम रिज़र्व है, और मुझे शैदा से पिक्चर की आवश्यक बातें करनी हैं !"

शैदा ने हल निकाला, "हम लोग इटारसी में क्यों न गाड़ी बदलें ! इटारसी तक

इसी तरह चले चलें, वहाँ पहुँचकर ये तीनों एक कम्पार्टमेंट में रहेंगे—हम दोनों एक में। मैं अभी यहाँ के टी.टी. से सब कुछ ठीक किए लेता हूँ !"

चेट्टियर ने ज़ख्मी से कहा, "मिस्टर ज़ख्मी, आपको दूसरे कम्पार्टमेंट में जाने में कोई आपत्ति तो नहीं होनी चाहिए। यह गाड़ी इटारसी आधी रात के बाद पहुँचेगी, वहाँ मुसीबत होगी।"

ज़ख्मी बोला, "हज़ूर, फिक्र मत कीजिए। मैं फर्श पर अपना बिस्तर बिछा लूँगा, लेकिन रहूँगा इन लोगों के साथ ही। इसमें आपको क्या एतराज़ हो सकता है ?"

ज़ख्मी के इस हल से चेट्टियर निरुत्तर हो गया। झाँसी में सब लोग पंजाब मेल से उतर पड़े।

रात ज़ख्मी ने फर्श पर बिस्तर बिछाकर बिताई। मीना और अन्नपूर्णा नीचे की बर्थों पर थी, शैदा और रामास्वामी ऊपर की बर्थों पर। सुबह मीना और अन्नपूर्णा एक बर्थ पर आ गईं, ज़ख्मी भी उसी बर्थ पर बैठ गया। शैदा और रामास्वामी सामनेवाली बर्थ पर बैठे। गाड़ी इटारसी से अब नागपुर की ओर चल दी थी।

रामास्वामी इस समय बड़े उत्साह में था। वह कह रहा था, "मैंने अपना स्टूडियो बनवाना तय कर लिया है—मद्रास के दक्षिण में, शहर से करीब पाँच मील पर चालीस एकड़ ज़मीन ले ली है। एक करोड़ की लागत का स्टूडियो होगा। मशीनरी, लोहा और सीमेंट की बात दिल्ली में तय हो गई है। बम्बई के जितने हीरो-हीरोइन हैं, सबको मद्रास बुलवा लेना चाहिए। पाँच करोड़ की लिमिटेड कम्पनी तय हो गई है, डाइरेक्टरों में तुम्हारा नाम दे दिया है मैंने—दस डाइरेक्टर तय हो चुके हैं, ग्यारह होंगे। एक का नाम नहीं भरा है, मीनाजी हो जाएँ। एक साल का एडवांस इनको हम देकर आधा रुपया शेयर में डाल दें !"

शैदा मुस्कराया, "वाह सेठ, क्या बात सोची है ! मीनाजी, सुनी आपने चेट्टियर साहब की बात ? बड़े उदार आदमी हैं, बड़े उत्साही हैं। आदमी क्या हैं फरिश्ता हैं। चलते ही आप काग़ज़ात पर दस्तखत कर दीजिएगा। जब भाग्य खुलता है, तब इसी तरह खुलता है।"

मीना चुपचाप कौतूहल के साथ सारी बातचीत सुन रही थी। उसने उत्तर दिया, "मुझे तो बिज़नेस-विज़नेस आता नहीं, आप लोग मेरी तरफ से ज़ख्मी साहब को डाइरेक्टर बना लीजिएगा, क्यों आंटी ?"

अन्नपूर्णा बोली, "बिलकुल ठीक ! बेचारा ज़ख्मी ! तुम्हारा भाग्य खुलनेवाला है; तुम डाइरेक्टर बन जाओ—अपनी साल-भर की तनख्वाह एडवांस लेकर शेयर खरीद लेना। रहना, खाना-पीना और जेब-खर्च—सब मीना के ज़िम्मे रहा।"

यह बात सुनकर ज़ख्मी का दिल बल्लियों उछलने लगा, "हुज़ूर ! अर्ज़ किया है:

नाचीज़ हूँ, अदना हूँ, झुलसा हुआ ग़म से हूँ,
मुझको न बहा दें उफ—रहमत की ये बरसातें !"

रामास्वामी ने शैदा से पूछा, "क्या यह हमारी पिक्चर का कोई गीत है ? क्या कहा

है इसने ?" सब लोग हँस पड़े। शैदा ने रामास्वामी को शेर का मतलब समझाते हुए कहा, "बहुत बड़े शायर हैं, ज़बान पर सरस्वती है इनके !"

रामास्वामी भी मुस्कराया, "ओह ! तो यह उर्दू के शायर हैं, ग़ज़ल लिखते हैं ! क्या यह पिक्चर के गीत भी लिख सकेंगे ? हमने दिल्ली में सुना कि पार्टीशन के बाद ग़ज़ल हिन्दुस्तान से मिटने लगी है—गीत का फैशन है !"

ज़ख्मी ने इस भ्रम का निवारण करना उचित समझा, "हाँ, बीच में गीतों ने ज़ोर मारा था। मैंने न जाने कितने गीत लिखे हैं, लेकिन ग़ज़लें फिर आ गई हैं। रेडियो सुनिए—धड़ाधड़ ग़ज़लें गाई जा रही हैं। हुज़ूर ! इसी पर अर्ज़ किया है :

तू जाग ओ दीवाने ! क्यों डूबा तगाफुल में,
सुबहें भी वहीं होतीं, होती है जहाँ रातें।"

"इसका क्या अर्थ है ?" रामास्वामी ने शैदा से पूछा। शैदा ने इस शेर का अर्थ समझाया। अर्थ सुनकर रामास्वामी का मुँह बिगड़ गया, "क्या यह मुझे दीवाना कहता है—इसकी इतनी हिम्मत ?"

शैदा ने बतलाया कि दीवाना शब्द का प्रयोग रामास्वामी के लिए नहीं हुआ है। पूरी दिलजगई होने के बाद रामास्वामी के मुख का धुँधलापन दूर हुआ।

गाड़ी के नागपुर पहुँचते-पहुँचते ज़ख्मी ने रामास्वामी को अपने शेरों से पाट दिया। नागपुर तक तो रामास्वामी कभी उन शेरों में रस लेता रहा, कभी उनसे भड़कता रहा; लेकिन अब उसका मन विद्रोह कर उठा। शाम हो रही थी—गाड़ी अब नागपुर से वर्धा के लिए रवाना हो गई थी। रामास्वामी चुपचाप सामनेवाली खिड़की के बाहर देख रहा था। रह-रहकर उसकी दृष्टि मीना पर ठहर जाती थी। एकाएक रामास्वामी ने शैदा के कान में कहा, "हीरोइन तो तुम बहुत खूबसूरत ले आए हो—यह आदमी ज़ख्मी—क्या यह इस हीरोइन का कोई रिश्तेदार है ?"

"नहीं—यह तो इन लोगों के साथ हो लिया है। इसने मीना को हीरोइन बनने पर राज़ी किया है, इस शर्त पर कि पिक्चर में इससे गीत लिखाए जाएँ।"

"हूँ !" रामास्वामी शैदा का उत्तर सुनकर कुछ सोचने लगा।

गाड़ी वर्धा स्टेशन पर रुक गई। रामास्वामी गाड़ी रुकते ही उठ खड़ा हुआ, "मुझे यहाँ स्टेशन पर कुछ काम है, मैं अभी थोड़ी देर में आता हूँ !" और वह गाड़ी से उतर पड़ा।

गाड़ी छूटने का समय हो गया, लेकिन रामास्वामी का कोई पता नहीं। अब गाड़ी ने चलने की सीटी दी। इतने में रामास्वामी एक कुली के साथ कम्पार्टमेंट के पास आया। उसने बाहर ही से कहा, "मिस्टर ज़ख्मी, ज़रा यहाँ आइए—देखिए तो !"

ज़ख्मी उठकर दरवाज़े के पास गया, "कहिए !"

रामास्वामी ने दरवाज़ा खोलकर ज़ख्मी का हाथ पकड़ा और उसे प्लेटफार्म पर खींचकर उसने कुली से कहा, "वह बिस्तर और वह अटैची उतारो !"—इसके बाद उसने ज़ख्मी के हाथ में वर्धा से लखनऊ तक का एक फ़र्स्ट क्लास का टिकट और एक सौ

रुपये का नोट पकड़ाते हुए कहा, "मुझे तुमसे गाने नहीं लिखवाने—तुम लखनऊ लौट जाओ !"

गाड़ी प्लेटफार्म से खिसक रही थी, कुली असबाब लेकर प्लेटफार्म पर खड़ा था। रामास्वामी ने गाड़ी पर चढ़ने का प्रयत्न करते हुए ज़ख्मी को धक्का दिया और लपककर गाड़ी में चढ़ गया, "मैंने कुली को पैसे दे दिए हैं।" रामास्वामी ने कहा और दरवाज़ा बन्द कर लिया।

क्या हो रहा है और क्या नहीं हो रहा, ज़ख्मी को मानो इसका पता ही नहीं था। इतना भयानक अपमान—ज़ख्मी क्रोध से पागल हो गया। वह गाड़ी के साथ-साथ दौड़ा; टिकट उसने नोट में गुड़मुड़ाया और फिर उसने वह पुड़िया खींचकर रामास्वामी के मुँह पर मारते हुए कहा, "बदमाश कहीं का, तुझे इसका मज़ा न चखाया तो मेरा नाम दिलवरकिशन नहीं।" गाड़ी अब तेज़ हो गई थी।

यह सब कांड इस तेज़ी के साथ हुआ और इतने आकस्मिक ढंग से हुआ कि अन्नपूर्णा और मीना को इस सबका महत्त्व, जब गाड़ी दो-तीन स्टेशन निकल गई तब मालूम हुआ। अन्नपूर्णा ने रामास्वामी से पूछा, "तुमने ज़ख्मी को यहाँ से निकाल क्यों दिया ?"

"मुझे उसकी शायरी ज़रा भी अच्छी नहीं लगती। मैंने उससे पीछे के डिब्बे में बैठने को कहा; लेकिन बड़ी बदतमीज़ी के साथ वह पेश आया। वह कहने लगा कि अपनी बीवी से अलग होकर किसी भी हालत में नहीं बैठूँगा।"

"उसकी बीवी ?" अन्नपूर्णा ने तेज़ स्वर में पूछा, "उसकी बीवी यहाँ कहाँ हैं ?"

"ओह, तो आप उसकी बीवी नहीं हैं ? मैं जानता था, मिस्टर शैदा ने मुझसे पहले ही बतला दिया था। बदमाश आदमी मालूम होता है।"

अन्नपूर्णा और मीना के पास रामास्वामी की इस बात का कोई उत्तर न था।

गाड़ी अब तेज़ी के साथ बल्हारशा की ओर बढ़ी जा रही थी। रात घिर आई थी और शैदा और रामास्वामी चुप बैठे थे। मीना ने इन दोनों को देखा और वह अनायास ही सिर से पैर तक सिहर उठी। घबराकर वह अन्नपूर्णा से चिपट गई। अन्नपूर्णा ने रूखाई के साथ मीना को अलग करते हुए धीमे स्वर में कहा, "चुप बैठो—हर बात के लिए तैयार रहो !" और मीना ने देखा कि अन्नपूर्णा की मुद्रा अति कठोर है।

थोड़ी देर बार रामास्वामी ने उठकर एक जम्हाई ली, फिर उसने शैदा से कहा, "बड़ा थक गया हूँ—रात में ठीक तरह से नींद नहीं आई।" यह कहकर उसने अपना लकड़ी का सन्दूक खोला। सन्दूक में दो बोतलें व्हिस्की की और करीब बारह बोतलें सोडा की थी ! छह गिलास भी रक्खे थे। रामास्वामी ने व्हिस्की की एक बोतल और सोडा की चार बोतलें निकालते हुए कहा, "कुछ थोड़ा-सा हो जाए, सुस्ती तो दूर हो !"

"जी हाँ, यही मैं भी सोच रहा था। निकालिए।"

चार गिलासों में व्हिस्की और सोडा भरे गए। रामास्वामी ने दो गिलास हाथ में

लेकर मीना और अन्नपूर्णा को पेश किए। मीना से सिर हिलाते हुए कहा, "मैं नहीं पीती।"

अन्नपूर्णा ने मुँह बनाते हुए कहा, "और मैं अपने सामने दूसरों का पीना भी पसन्द नहीं करती।" यह कहकर दोनों चुप बैठ गईं।

रामास्वामी ने उनकी बात का कोई उत्तर नहीं दिया। शैदा और रामास्वामी दोनों ने मिलकर चार गिलास खत्म किए।

अब प्रोड्यूसर और डायरेक्टर दोनों ही उत्साहित हुए। रामास्वामी ने गिलास फिर भरे। इस बार भी चार गिलास। गिलास भरकर उसने एक गिलास शैदा को दिया, दूसरा गिलास खुद उठाया, "शैदा, हीरोइन तो तुमने बड़ी खूबसूरत चुनी, लेकिन...अभी कच्ची है !"

"धीरे-धीरी पक्की हो जाएगी !" शैदा ने मुस्कराते हुए उत्तर दिया। इस बार वह मीना की ओर घूमा, "मीनाजी ! फिल्म की ज़िन्दगी मौज-मज़े की है, कला की है। कला में और उसे क्या कहते हैं—अरे, वह संजम—तो कला में और संजम में वैर होता है। मेरा ख़याल है, अगर आप एक घूँट व्हिस्की का ले ही लें, तो कोई हर्ज न होगा, वैसे हीरोइनों को शेरी, वरथूम या अधिक-से-अधिक शैम्पेन से आगे न बढ़ना चाहिए !"

बात मीना से कही गई थी, उत्तर अन्नपूर्णा ने दिया, "शटअप—यू रास्कल !"

अन्नपूर्णा का यह तेवर रामास्वामी को बड़ा पसन्द आया, वह ठठाकर हँस पड़ा, "शैदा-शैदा—रास्कल शैदा ! यह रास्कल है—बहुत बड़ा रास्कल है ! यू रास्कल शैदा—स्टोरी में वैम्प का पार्ट आना ही चाहिए। गज़ब की लुक्स हैं इसमें, जब यह नाराज़ होती है तो हीरोइन से भी खूबसूरत दिखती है—पचास हज़ार का कांट्रैक्ट एक साल का देने को तैयार हूँ—माई डार्लिंग वैम्प ! यू रास्कल शैदा !" और रामास्वामी ने अपना गिलास खाली करके तीसरा गिलास उठाया।

बात अन्नपूर्णा की बर्दाशत के बाहर की थी, उसने तीखे स्वर में कहा, "तुम लोग बहुत बड़े स्काउंड्रल्स हो। अगला स्टेशन आने दो—मैं तुम दोनों को पुलिस के हवाले करती हूँ।"

रामास्वामी पर व्हिस्की का रंग जमने लगा था, "ओह, मुझे पुलिस के हवाले करोगी—यह कहकर कि हम स्काउंड्रल्स हैं; लेकिन माई डार्लिंग वैम्प—हम सब फिल्म वाले स्काउंड्रल्स हैं—छँटे हुए और नम्बरी। इन फिल्मवालों में प्रोड्यूसर-डाइरेक्टर, हीरो-हीरोइन, वैम्प-एक्स्ट्रा सभी शामिल हैं। हा-हा-हा !—दुनिया जानती है ! यू रास्कल शैदा !—गिलास खत्म करो, अब तो जम रहा है !—तो माई डार्लिंग वैम्प, तुम हम लोगों का कुछ भी नहीं बिगाड़ सकतीं; क्योंकि हम लोगों ने तुम्हारी भतीजी को खरीदा है, एक लाख पर एक साल के लिए। दस हज़ार पेशगी दिए हैं—हा-हा-हा !—करो—शिकायत पुलिस में ! शैदा, इन दोनों को एक-एक पैग पिलाना ही चाहिए, न मानें तो ज़बर्दस्ती !"

मीना चीख उठी—और वह बेहोश होकर गिरने लगी कि अन्नपूर्णा ने उसे सँभाला।

दाँत दबाकर किचकिचाकर उसने मीना के कान में कहा, "सँभालकर–मेरी मुसीबत ज़्यादा मत बढ़ाओ ! मैं अभी इन लोगों से समझती हूँ।" और अन्नपूर्णा ने अपनी अटैची खोलकर उसमें से एक बैग निकाला।

रामास्वामी और शैदा–दोनों ही फिर से गिलास भरने के क्रम में थे, इसलिए उन्होंने अन्नपूर्णा के अटैची केस से बैग निकालने पर ध्यान नहीं दिया। अन्नपूर्णा अपना बैग लेकर अपने स्थान पर बैठ गई। उसने कहा, "तुम जानते हो ! किससे यह सब हरकत कर रहे हो ? मीना भारती के पिता भारत सरकार के सेक्रेटरी हैं !"

रामास्वामी हँस पड़ा, "सेक्रेटरी !–तो क्या कर लेगा वह ? यह सेक्रेटरी बिकते हैं–उनकी लड़कियाँ बिकती हैं, बड़े-बड़े मिनिस्टर तक बिकते हैं। दुनिया में कौन ऐसा है, जो न बिक सके–कीमत चाहिए उसकी। यू रास्कल शैदा–बड़ा तगड़ा सौदा किया, एक लाख में एक सेक्रेटरी की लड़की–ब्रेवो यू रास्कल शैदा !" और रामास्वमी हाथ में दो गिलास लेकर इन दोनों की ओर बढ़ा "ओह, डैम इट–पियो और मौज करो !"

अन्नपूर्णा ने एक झटके के साथ अपना बैग खोला–और एक क्षण में उसके हाथ में मदर आफ पर्ल का हैंडल वाला एक छोटा-सा पिस्तौल आ गया। उसने तीखे स्वर में कहा, "अगर एक कदम भी आगे बढ़े, तो आत्मरक्षा में तुम्हें गोली मार दूँगी !"

रामास्वामी ठिठककर पीछे हटा, थोड़ी देर तक वह अन्नपूर्णा के हाथ वाले पिस्तौल को देखता रहा। गिलास उसने ज़मीन पर रख दिया, फिर मत्थे पर हाथ फेरकर वह पिस्तौल को पहचानने का प्रयत्न करते हुए शैदा से बोला, "यू रास्कल शैदा ! साफ-साफ नहीं दिखाई देता कि यह असली पिस्तौल है या ट्वाय पिस्तौल है–पहचानो तो !"

शैदा ने ज़मीन पर रखे व्हिस्की के गिलास को उठाकर पीते हुए कहा, "ब्यूटीफुल ! बड़ा खूबसूरत ट्वाय पिस्तौल है–सेठ, हीरोइन के पास ऐसा ही ट्वाय पिस्तौल होना चाहिए। मिसेज़ बंसल, देखूँ तो इसे ! कहाँ से मँगाया था ?" और शैदा अन्नपूर्णा का पिस्तौल देखने को उठा।

अन्नपूर्णा ने कहा, "खबरदार जो इधर बढ़े। मैं कहती हूँ, गोली मार दूँगी !"

रामास्वामी भी उठा खड़ा हुआ, "माई डार्लिंग वैम्प ! इस ट्वाय पिस्तौल को दिखाकर तुम मुझसे मेरी हीरोइन को अलग नहीं कर सकतीं, यू रास्कल शैदा, पिस्तौल छीन लो !" और यह कहकर वह मीना की ओर बढ़ा।

और इसी समय अन्नपूर्णा ने पिस्तौल का घोड़ा दबा दिया। एक ज़ोर का धड़ाका हुआ। और रामास्वामी को अनुभव हुआ कि कोई चीज़ सनसनाती हुई उसकी दाहिनी कनपटी के पास से निकल गई। वह चिल्ला उठा, "भागो शैदा–भागो !" और रामास्वामी ने तेज़ी के साथ बाथरूम में घुसकर अन्दर से किवाड़ बन्द कर लिए।

शैदा को कुछ न सूझा, तो उसने ट्रेन की एलार्म चेन खींच दी। गाड़ी कुछ दूर चलकर रुक गई। थोड़ी देर में गार्ड और टी.टी. और दो पुलिस गार्ड कम्पार्टमेंट में आ गए। अन्नपूर्णा शान्त भाव से अपनी जगह बैठी हुई थी और उसकी पिस्तौल उसके

हाथ में थी।

शैदा ने लड़खड़ाते हुए स्वर में कहा, "इस औरत ने पिस्तौल चलाई है मेरे मित्र पर–वह बाथरूम में ज़ख्मी पड़े हैं।"

अन्नपूर्णा ने इन लोगों को देखते ही पिस्तौल अपने बैग में रख ली, "मैंने आत्मरक्षा में गोली चलाई है; लेकिन मैंने हवाई फायर किया था, उसके गोली नहीं लगी।"

बाथरूम का दरवाज़ा पीटा गया; लेकिन भीतर से कोई आवाज़ नहीं। हारकर उसे तोड़ने के इरादे से दो सिपाहियों ने भरपूर ज़ोर लगाया और दरवाज़ा खुल गया। रामास्वामी ने अपने को गिरने से सँभालते हुए कहा, "मुझे बचाओ–मुझे बचाओ ! यू रास्कल शैदा !" और फिर अपनी आँखे बन्द करके रामास्वामी सो गया।

बल्हारशा स्टेशन निकट ही था। गार्ड ने सिपाहियों से कहा, "सीरियस केस है–बल्हारशा तक तुम दोनों इस कम्पार्टमेंट में चलो–वहाँ इन लोगों को उतारकर छान-बीन की जाएगी।"

बल्हारशा में चारों हवालात में बन्द कर दिए गए।

[19]

अशोक जिस समय कार्लटन होटल पहुँचा, रामप्रकाश कमरे में चुपचाप सिर पर हाथ रखे सोच रहा था। अशोक ने आते ही पूछा, "वे लोग कहाँ हैं ?"

"गई।" रामप्रकाश ने छोटा-सा उत्तर दिया।

"तुमने रोका क्यों नहीं ?" अशोक ने बिगड़कर पूछा।

"कोशिश तो बहुत की, लेकिन सब कोशिश बेकार रही। अन्नपूर्णा रानी को उनके साथ भेज दिया है, मैं आपके आने का इन्तजार कर रहा था।"

अशोक ने घड़ी देखी, ग्यारह बज रहे थे। उसने कुछ सोचते हुए कहा, "यह ट्रेन कल किस समय बम्बई पहुँचेगी ?"

"करीब दो बजे। टाइमटेबल में यही समय दिया हुआ है।"

"हूँ" अशोक ने मानो अपने-आप कहा, "तो कल दो बजे से पहले हम लोगों को बम्बई पहुँच जाना चाहिए–क्योंकि अगर ट्रेन में नहीं मिलीं तो बम्बई में उनका पता चलना मुश्किल हो जाएगा। अब सवाल यह है कि कल दो बजे दोपहर के पहले बम्बई कैसे पहुँचा जाए ?"

"यही सवाल मेरे सामने भी है, और असल बात तो यह है कि मेरा दिमाग सोचने-विचारने से इनकार करता है–मुझे बेतरह दुख है।" रामप्रकाश ने मर्माहत-सा होकर कहा।

"अगर हम कल सुबह छह बजे तक दिल्ली पहुँच जाएँ, तब हमें दिल्ली से बम्बई

के लिए सात बजे वाला हवाई जहाज मिल सकता है, जिससे हम ग्यारह बजे तक बम्बई पहुँच सकते हैं।"

रामप्रकाश ने कुछ सोचते हुए कहा, "अगर हम कानपुर से दिल्ली एक्सप्रेस पकड़ लें, तो सुबह साढ़े पाँच बजे हम लोग दिल्ली पहुँच जाएँगे।"

सौभाग्य से दिल्ली एक्सप्रेस ठीक साढ़े पाँच बजे सुबह दिल्ली पहुँची। अशोक की कार स्टेशन पर मौजूद थी। दोनों उतरकर एयरोड्रम के लिए रवाना हो गए। साढ़े छह बजे एयरोड्रम पहुँचकर दोनों ने चाय पी।

ग्यारह बजे हवाई जहाज शान्ताक्रूज हवाई अड्डे पर उतरा। जिस समय ये लोग विक्टोरिया टर्मिनस पहुँचे, साढ़े बारह बज रहे थे। स्टेशन पर पता चला कि गाड़ी ठीक ढाई बजे आएगी। आधा घंटा लेट है।

अशोक ने रामप्रकाश से कहा, "अब क्या हो—कहीं लंच खा लेना चाहिए, गाड़ी आने में अभी पूरे दो घंटे की देर है।"

जो थोड़ा-सा असबाव इन लोगों के पास था, उसे अशोक ने कालबादेवी रोड वाले अपने बम्बई ऑफिस में रखा और इसके बाद दोनों लंच के लिए रवाना हुए।

कालाबादेवी से निकलते ही अशोक ने धोबी तलाब में एक छोटे-से रेस्तराँ के सामने अपनी टैक्सी रुकवाई। रेस्तराँ एक घर-सा लगता था। रामप्रकाश ने कहा, "किसी अच्छे होटल में चलिए, अभी काफी वक्त है हम लोगों के पास।"

अशोक मुस्कराया, "इससे अच्छा रेस्तराँ बम्बई में नहीं मिलेगा। इसमें बहुत चुने हुए और इने-गिने लोग खाना खाने आते है। अन्दर चलो, तब पता चलेगा।"

उस रेस्तराँ के अन्दर घुसते ही रामप्रकाश दंग रह गया। संगमरमर का फर्श—उस पर छोटे-छोटे सबसे ताज़ी डिज़ाइनों के कालीन पड़े थे। छोटे-छोटे कमरे बने हुए, जिनमें चार आदमियों के बैठने की आरामदेह जगह। सारा फर्नीचर सागौन का। अशोक के प्रवेश करते ही होटल का मैनेजर काउंटर से उठकर अशोक की ओर बढ़ा, "अरे अशोकजी, आप ?" और उसने प्रश्नसूचक दृष्टि से रामप्रकाश की ओर देखा।

अशोक हँस पड़ा, "हम दोनों सुबह के प्लेन से आ रहे हैं। यह है श्रीरामप्रकाश, मेरे बड़े घनिष्ठ मित्र, और यह श्री त्रिभुवनदास इस रेस्तराँ के मालिक हैं।" यह कहते-कहते तीनों एक कमरे में चले गए।

"खाने के पहले कुछ हो जाए ?" अशोक ने कहा।

"आप जो कुछ कहें, लेकिन जयपुर से एक बड़ी नायाब चीज़ मँगवाई है। ऐसी चीज आपने न पी होगी—महाराज जयपुर के लिए खास तौर से बनती थी। कहिए तो वह पेश करूँ ?"

"लाओ, वही सही।" अशोक ने कहा।

त्रिभुवनदास के जाते ही रामप्रकाश ने अशोक से कहा, "यह बम्बई ड्राई एरिया है और सुना है यहाँ की पुलिस अपने बाप को भी नहीं छोड़ती। मोरारजी देसाई बड़ा

ज़ालिम आदमी है।"

अशोक ने मुँह बनाते हुए कहा, "अरे बड़े देखे हैं—हम व्यापारियों से बढ़कर ज़ालिम ज़रा मुश्किल से मिलेगा। हम लोग सीधे आँखों में धूल फेंकनेवाले हैं।"

त्रिभुवनदास ने एक खूबसूरत शीशी मेज़ पर रख दी।

आशोक ने पूछा, "बस इतनी ?"

"जी, इसकी आधी आप दोनों के लिए काफी होगी। इसका नशा बारह घंटे तक जमता है—जी, पूरे बारह घंटे तक मस्त घूमिए, और अगर आप सोना चाहें तो ठीक बारह घंटे सोते रहिए। एक दफे जो मूड आ गया, वह आ गया। शराब क्या है अमृत है। आपके लिए तीन महीने से बचाकर रखी थी, लोगों ने बहुत माँगी किसी को नहीं दी।"

इसे पीते ही दोनों की थकावट एकदम गायब हो गई। शरीर में एक तरह की फुर्ती आ गई। दोनों ने डटकर खाना खाया। खाना भी बड़ा स्वादिष्ट बना था। जब ये दोनों खाना खाकर उठे, दो बज रहे थे।

दोनों स्टेशन पहुँचे। गाड़ी आने का सिगनल हो चुका था। प्लेटफॉर्म टिकट लेकर जैसे ही इन लोगों ने प्लेटफॉर्म पर प्रवेश किया, गाड़ी आ गई। लखनऊ से आनेवाले डिब्बे की तरफ लपके ये लोग; लेकिन वहाँ कोई नहीं। मीना वगैरह जिस कम्पार्टमेंट में चढ़ी थीं, उस पर रिज़र्वेशन का कार्ड अभी तक लगा था, उसे दिखलाते हुए रामप्रकाश ने कहा, "यह देखिए—अब रास्ते से न जाने कहाँ गायब हो गईं।"

अशोक ने कहा, "गाड़ी के और भी डिब्बे ढूँढ़ लिए जाएँ—मुमकिन है, यह डिब्बा बदल दिया हो।"

पूरी गाड़ी के इन दोनों ने दो चक्कर लगाए। यहाँ तक कि गाड़ी के सब मुसाफिर चले गए; लेकिन ये दोनों गाड़ी में ढूँढ़ते ही रहे। अन्त में अशोक ने जलती हुई आँखों से रामप्रकाश को देखते हुए कहा, "तुम मुझे धोखा दे रहे हो—ठीक-ठीक बताओ, मीना कहाँ है ? नहीं तो अच्छा न होगा।"

जयपुरवाली शराब का असर अकेले अशोक पर ही नहीं था, वह रामप्रकाश पर भी था। वैसे रामप्रकाश शान्त स्वभाव का था और अशोक से डरता भी था; लेकिन अशोक की यह बात सुनकर उसने कहा, "देखिए, ठीक तरह से बात कीजिए—कह तो दिया, बम्बई के लिए इसी गाड़ी से चढ़ी थीं। अब मुझे क्या मालूम कि कहाँ गईं ?"

"तुम्हारे सिर में गईं ! बदमाश कहीं के ! तुम बेकार आवारों के साथ मीना और अन्नपूर्णा को भेजने पर यही होना था।"

रामप्रकाश को यह गाली अखर गई, उसने कहा, "आवारा तुम और तुम्हारी तीन पुश्त।"

यह गाली अशोक को नहीं थी, उसके पुरखों को थी; उसने आव देखा न ताव, एक चाँटा रामप्रकाश को रसीद किया, जयपुरवाली शीशी ने इस बला की फुर्ती उसमें

भर दी थी।

लेकिन जयपुरवाली रामप्रकाश की भी मदद कर रही थी। रामप्रकाश ने अशोक को उठाकर ज़मीन पर पटक दिया। अशोक का ज़मीन पर पटका जाना था कि उसने गालियाँ देकर चिल्लाना शुरू किया और अशोक ज्यो-ज्यों चिल्लाता और गालियाँ देता था, त्यों-त्यों रामप्रकाश के तुले हुए हाथ उस पर पड़ते थे।

यह स्वाभाविक ही था कि एक सार्वजनिक स्थान पर यह मार-पीट हो और कोई बीच-बचाव या घर-पकड़ करने वाले न पहुँचें। पाँच सेकंड के अन्दर ही बीच-बचाव करने वालों की भीड़ एकत्रित हो गई और दस सेकंड के अन्दर ही रेलवे पुलिस के चार सिपाही भी पहुँच गए। दोनों अलग किए गए; लेकिन दोनों एक-दूसरे के बाप-दादों से माँ-बहनों पर उतर आए। एक टी.टी. किस्म के आदमी ने कहा, "दोनों पिए हुए मालूम होते हैं।" और उसने पुलिसवालों को दोनों को हिरासत में लेने का संकेत किया।

जैसे ही पुलिसवालों ने दोनों को पकड़ा, गाली-गलौच बन्द हो गई। लेकिन जयपुर वाली सुगन्ध तो आ रही थी। बहुत माफी माँगने पर भी पुलिसवाले इन्हें स्टेशन के थाने की तरफ ले गए। सार्जेंट आप्टे वहाँ बैठ चाय पी रहे थे। दोनों उनके सामने पेश किए गए।

सार्जेंट आप्टे बड़े अनुभवी आदमी थे, इन्हें देखते ही ताड़ गए कि मोटे आसामी हैं। बड़ी विनय और शिष्टाचार के साथ उन्होंने इन दोनों को आरामकुर्सियों पर बिठलाया और फिर चाय पीने लगे। जब चाय पीकर आप्टे इन लोगों की ओर इनका नाम-धाम पूछने को उद्यत हुए, तो उन्होंने देखा कि दोनों सो रहे हैं। पुलिसवालों ने बहुत-बहुत हिलाया-डुलाया इन लोगों को, लेकिन दोनों सज्जन बेहोश थे। तलाशी लेने पर इन लोगों के कार्ड आदि मिले। दिल्ली के दो आदमी, रईस और सम्भ्रान्त, इन लोगों के पर्स और कार्ड से यही पता चल सका।

सार्जेंट आप्टे ने हारकर इन दोनों को आरामकुर्सियों सहित स्टेशन की हवालात में बन्द कर दिया। सिपाही से उसने कहा, "जैसे ही ये लोग जागें, मुझे खबर करना।"

रात में करीब साढ़े दस बजे इन दोनों की नींद टूटी। दोनों ने एक-दूसरे को देखा, और फिर अपने चारों ओर देखा। अशोक ने पूछा, "हम लोग कहाँ हैं ?"

"शायद हवालात में !" रामप्रकाश ने सींखचों की ओर संकेत करते हुए कहा।

"हवालात में ? हमें हवालात में किसने बन्द किया ? पता तो लगाओ प्रकाश !"

"पता किससे लगाऊँ ? यहाँ तो सन्नाटा है, कोई पुलिसवाला ही नहीं दिखता।"

"शोर मचाओ—जंगला खटखटाओ !" अशोक ने कहा।

रामप्रकाश और अशोक दोनों ने शोर मचाना शुरू किया। एक पुलिसवाला आया, "तो आप लोग जाग गए ? पन्द्रह मिनट ठहरिए, मैं सार्जेंट साहब को बुलाता हूँ।"

सार्जेंट आप्टे ने इन दोनों को हवालात से निकलवाया, "जो इतनी भी पी जाती है कि खुलेआम मार-पीट करें और दिनभर बेहोश पड़ें रहें ! आप लोग तो शरीफ आदमी

हैं—आपको मालूम होना चाहिए कि यहाँ मोरारजी भाई के राज में शराब पीना अपराध है।"

अशोक और रामप्रकाश एक-दूसरे का मुँह देख रहे थे। दोनों में से कोई कुछ नहीं बोला।

"कल सवेरे आप दोनों मैजिस्ट्रेट के सामने पेश किए जाएँगे।" सार्जेंट आप्टे ने कहा।

"और रातभर क्या होगा ?" अशोक ने पूछा।

"हवालात में रहेंगे—खाना आप लोगों के लिए मँगवाए देता हूँ सरकारी पैसों से जो खाना आपको मिलेगा, वह तो शायद आपको पसन्द न हो, इसलिए अपने पैसों से जो खाना आप मँगवाना चाहें, मँगवा दूँगा—इतनी रियायत आप लोगों के साथ।"

रामप्रकाश ने पूछा, "हवालात से छूटने का भी कोई उपाय है ?"

"आप लोग परदेसी मालूम होते हैं। अगर आपकी कोई ज़मानत करे, तो आप छूट सकते हैं—शायद आप लोगों के मेज़बान आपकी ज़मानत कर दें—या अगर आप होटल में ठहरे हों तो..."

अशोक ने कहा, "हम लोग होटल में नहीं ठहरे।"

"तो फिर जिनके यहाँ ठहरे हों, उनका पता बतला दें, मैं खबर करा दूँ और अगर उनके यहाँ टेलीफोन हो तो मैं टेलीफोन करके उन्हें बुलवा लूँ।"

अशोक चुप था। रामप्रकाश ने अशोक के कान में कहा, "ऑफिसवालों को फोन करवा दीजिए।"

"किसी हालत में नहीं—लालाजी तक खबर पहुँच जाएगी।"

"फिर क्या हो—कोई और मित्र या मुलाकाती ?"

"सब लालाजी को जानते हैं। उन तक खबर पहुँची, तो मेरी मुसीबत हो जाएगी।"

रामप्रकाश अब तेजी के साथ सोचने लगा। एकाएक उसे वीरेश्वर प्रताप की याद आई। उसने सार्जेंट आप्टे से कहा, "आप ताजमहल होटल में श्री वीरेश्वर प्रताप सिंह को फोन कर दीजिए। कह दीजिएगा कि दिल्ली के अशोक गुप्ता और रामप्रकाश हैं।"

सार्जेंट आप्टे ने ताजमहल होटल में श्री वीरेश्वर प्राप से फोन मिलाया। वीरेश्वर प्रताप डिनर खाकर कमरे में लेटे हुए एक जासूसी उपन्यास पढ़ रहे थे। उन्होंने रिसीवर उठाकर पूछा, "हलो, कौन है ?"

"मैं वी.टी. के रेलवे थाने से बोल रहा हूँ, सार्जेंट आप्टे। यहाँ दो आदमी हवालात में बन्द हैं दिल्ली के—अशोक गुप्ता और रामप्रकाश। दोपहर को पीकर प्लेटफॉर्म पर आपस में मार-पीट कर रहे थे।"

वीरेश्वर प्रताप चौंक उठे, "क्या कहा ! अशोक गुप्ता और रामप्रकाश ? क्या उन्हें फोन दे सकते हो ?"

आप्टे ने रामप्रकाश को फोन दे दिया। रामप्रकाश बोला, "युवराज, बड़ी मुसीबत में फंस गए हैं हम लोग—कोई ज़मानत करनेवाला चाहिए, नहीं तो रात

हवालात में बितानी पड़ेगी।"

"मैं अभी आया, पन्द्रह मिनट के अन्दर।" और वीरेश्वर प्रताप जल्दी से कपड़े पहनकर रवाना हो गए।

सार्जेंट आप्टे को जब वीरेश्वर प्रताप का कार्ड मिला, तब वह चौंक उठा, "आप श्रीमान !–इस समय आपको दौड़कर आने की क्या आवश्यकता थी, मुझे फोन कर दिया होता।"

"खाना खाकर ही उठा था, सोचा, कि कुछ घूम ही आऊँ। फिर ये लोग अपने खास मित्र हैं, इनको लेने के लिए भी आना पड़ा। अरे अशोकजी, आपका मुँह तो बेतरह उतरा हुआ है–क्या खाना-वाना अभी तक नहीं खाया ?"

"अभी-अभी तो सोकर उठे हैं श्रीमान्। दोपहर ढाई बजे से जो सोए हैं, तो साढ़े दस बजे नींद टूटी। मैं अभी यही कह रहा था कि सरकारी खाना तो इन लोगों को पसन्द न आएगा–अपने पैसों से जो खाना चाहें वह मँगवा सकते हैं।"

वीरेश्वर प्रताप मुस्कराया, "खैर कोई बात नहीं, खाना ये लोग मेरे साथ खाएँगे। अब इन लोगों को छोड़ दीजिए।"

सार्जेंट आप्टे सकपकाया, "लेकिन श्रीमान् ! इन लोगों की ज़मानत करनी होगी–मैं इन लोगों को ढाई-ढाई सौ की ज़मानत पर छोड़ने को तैयार हूँ।"

अशोक ने पर्स निकालकर सौ-सौ रुपये के पाँच नोट निकाले, "यह पाँच सौ हैं–जमा कर लीजिए, ज़मानत हो गई।"

"मैं रुपये नहीं ले सकता–ज़मानत चाहिए, ज़मानत ! कोई आदमी ज़ामिन हो कि कल सुबह मैजिस्ट्रेट की अदालत में ये दोनों हाज़िर होंगे ?"

अशोक ने पूछा, "मैजिस्ट्रेट की अदालत में क्यों हाज़िर होंगे ?"

"इसलिए कि आप लोग शराब पीकर प्लेटफॉर्म पर बलवा कर रहे थे।"

अशोक ने कहा, "बलवा हम लोगों ने कभी नहीं किया–हाँ, आपस में थोड़ी-सी मारपीट अवश्य हो गई थी। रही पीने की बात–तो मैं तो कभी पीता ही नहीं–इसका सबूत दे सकता हूँ।"

वीरेश्वर प्रताप ने पूछा, "सार्जेंट, किसने इन लोगों को और कहाँ शराब पीते देखा है?"

अब आप्टे के सकपकाने की बारी थी, "श्रीमान्, इनके मुँह से शराब की बदबू आ रही थी और ये लोग बेहोश थे।"

"किसी डॉक्टर ने एक्ज़ामिन किया था इन्हें, या इनके मुँह की बदबू और इनकी बेहोशी तुम लोगों की कल्पना की चीज़ें हैं ?"

सार्जेंट आप्टे को अनुभव हुआ कि इसमें उसकी चूक हो गई। डॉक्टरी परीक्षा करवा लेनी चाहिए थी उसे। कुछ सोचकर उसने कहा, "दो बजे दोपहर को ये लोग यहाँ आए और इस वक्त होश आया है इन्हें।"

अशोक ने कहा, "छत्तीस घंटे से मैं सोया नहीं। आज ग्यारह बजे प्लेन से आए हैं हम लोग–इसका सबूत मौजूद है। खाना खाने के बाद गहरी नींद आ जाना

स्वाभाविक है।"

अशोक के स्वर में अब बला की तेज़ी और आत्मविश्वास आ गए थे। सार्जेंट आप्टे की अक्ल गुम ! उसका चेहरा उतर गया था। वीरेश्वर प्रताप ने आप्टे की घबराहट को ताड़ लिया, "कोई बात नहीं सार्जेंट, इतनी गहरी नींद में ये लोग लुट नहीं गए–इसका श्रेय तुमको। इन लोगों को हवालात में बन्द करके तुमने इनकी रक्षा की। ये पाँच सौ रुपये तुम्हें पुरस्कार के रूप में है। चलिए आप लोग।"

सार्जेंट आप्टे ने रूखाई के साथ कहा, "मैं रिश्वत और बख़्शीश नहीं लेता। कल सुबह यह मामला मैं कोर्ट में पेश करूँगा–गो कि मैं जानता हूँ कि मेरी गलती की वजह से ये छूट जाएँगे। आप इनकी ज़मानत कर दें।"

अब वीरेश्वर प्रताप को भी रूखा बनना पड़ा, "अच्छी बात है, ज़मानत किए देता हूँ, लेकिन तुम जानते ही हो कि ये छूट जाएँगे और फिर भी तुम अदालत में हम लोगों को परेशान करना चाहते हो ! दूसरे भी तुमको बुरी तरह परेशान कर सकते हैं, इतना याद रखना।" यह कहकर वीरेश्वर प्रताप ने अपना फाउंटेन पेन निकाला।

सार्जेंट आप्टे को यह ताड़ते देर न लगी कि उसका पाला ज़बर्दस्त बिगड़े दिलों से पड़ा है, उसने ज़रा हिचकते हुए कहा, "अच्छी बात है, मैं इन लोगों को छोड़ देता हूँ। अब आप लोग जाइए यहाँ से।"

वीरेश्वर प्रताप अशोक और रामप्रकाश के साथ रेलवे थाने के बाहर निकला।

रास्ते में रामप्रकाश ने वीरेश्वर प्रताप को सब किस्सा बतलाया। मीना और अन्नपूर्णा तथा ज़ख्मी के गायब होने की बात सुनकर वीरेश्वर प्रताप चिन्तित हो गया। उसने कहा, "सुबह मैं सेंट्रल रेलवे के जनरल मैनेजर को फोन करके पता लगवाऊँगा–इस वक्त तुम लोग मेरे साथ चलो। मेर कमरे के बगलवाला कमरा खाली है–शायद कुछ खाने को भी मिल जाए।"

तीनों ताजमहल होटल पहुँचे। रामप्रकाश और अशोक को कमरा दिलवाकर जैसे ही वीरेश्वर प्रताप लेटे, वैसे ही टेलीफोन की घंटी बजी, "भुसावल से ट्रंककाल है आपका।"

[20]

ग्रांड ट्रंक एक्सप्रेस जब उसकी आँखों से ओझल हो गई, तब ज़ख्मी को होश आया। वह प्लेटफॉर्म के सिरे पर खड़ा था। उसने मुड़कर देखा, प्लेटफॉर्म खाली था, बीचोंबीच उसका असबाब रक्खा था और असबाब के पास एक कुली खड़ा था। जख्मी सिर झुकाए लौटा। असबाब के पास आकर वह रुका। उसका अटैचीकेस और उसका दरी-तकिया वाला बंडल लेकर कुली ने उससे पूछा, "कहाँ चलना है साहब ?"

"जहन्नुम में !" ज़ख्मी ने दाँत किचकिचाते हुए उत्तर दिया। "इस वर्धा में तो जहन्नुम नाम का कोई मुहल्ला हमको नहीं पता, सेठ। बाहर ताँगे पर बैठ जाओ, वह जानता होगा।"

ज़ख्मी ने उत्तर दिया, "वह यहाँ वर्धा में नहीं है। अच्छा, यहाँ से बम्बई को कौन-सी गाड़ी जाएगी और कब ?"

"बस, एक घंटे में बम्बई जानेवाली डाकगाड़ी आती होगी।" कुली ने कहा, "हम उस पर चढ़ा देगा सेठ...हमारा पूरा पैसा वह सेठ दे गया है। यहीं गाड़ी आएगा। हम जाता है। तुम्हारा असबाब वेटिंगरूम में रक्खे देता है। गाड़ी आने के पहले हम आ जाएगा।" और कुली ज़ख्मी का सामान फर्स्ट क्लास वेटिंगरूम में रखकर चला गया।

वेटिंगरूमवाली आरामकुर्सी पर बैठकर ज़ख्मी ने ठंडी आह खींची और अपनी जेब में जो कुछ माल था, उसे निकालकर सामने वाली मेज़ पर रक्खा। इसके बाद उसने अपना माल गिना—एक-एक रुपये के दो नोट और एकन्नी-दुअन्नी के रूप के ग्यारह आने पैसे। ज़ख्मी ने रकम उठाकर अपनी जेब के हवाले की। अब उसको भूख लग रही थी।

एक प्याला चाय के साथ एक बंद उसने जैसे-तैसे अपने गले के नीचे उतारा। अब उसकी जेब में कुल दो रुपये सात आने बचे थे। बम्बई का रास्ता उसे इन दो रुपये सात आने में तय करना था। और बम्बई पहुँचकर तो मसला हल। ताजमहल होटल में उसके आका मौजूद ही हैं।

इसी समय कुली ने वेटिंगरूम में प्रवेश करके ज़ख्मी को सचेत किया, "डाकगाड़ी आ रही है सेठ, चलो।"

ज़ख्मी कुली के पीछे-पीछे प्लेटफॉर्म पर आया, और उधर डाकगाड़ी प्लेटफॉर्म पर रुकी। कुली ने गाड़ी का चक्कर लगाकर कहा, "फर्स्ट क्लास तो भरा है, सेकंड में सवार हो जाओ सेठ, गाड़ी छूटने का वक्त हो रहा है।"

सेकंड क्लास में बैठने की ही नहीं, ज़ख्मी को ऊपर बर्थ पर सोने की जगह मिल गई। ज़ख्मी ने अपना बिस्तर बिछाया, अटैचीकेस अपने सिरहाने रक्खा और चुपचाप लेट गया। गाड़ी वर्धा से छूट गई।

इधर गाड़ी चली और उधर ज़ख्मी की विचारधारा चली—मीना और अन्नपूर्णा... ये दोनों शैदा और रामास्वामी के साथ मद्रास की ओर चली जा रही होंगी। और इन दोनों की देखभाल करनेवाला कोई नहीं। उसका जी घबराने लगा...अगर इन दोनों पर कोई मुसीबत आ पड़ी, तो वह कहीं का न रहेगा !

उसकी आँखों में आँसू आ गए, 'अय बदबख्त ! तुझे क्या सूझी कि तू इन फिल्मवालों के चक्कर में फिर से पड़ा ! मेरे आका युवराज क्या कहेंगे...वह मुझे किसी भी हालत में मुआफ न करेंगे और उन दो बेचारियों का क्या हुआ होगा ? किन मुसीबतों में फँसा दिया है उन्हें तूने। वह शैदा तो खैर जैसा है वैसा है, लेकिन वह रामास्वामी

बड़ा पाजी आदमी मालूम होता है, साथ ही बड़ा जबर। कितनी ज़बर्दस्ती के साथ उसने उतारा है मुझे ! हाय, और उन लोगों ने भी नहीं रोका उसे...गाड़ी चल चुकी थी, न होता ज़ंजीर खींचकर गाड़ी रुकवा सकती थीं। चुप रहीं। ओह ! औरतों की बाबत कोई कुछ नहीं कह सकता।'

अब ज़ख्मी को मीना और अन्नपूर्णा पर भी क्रोध हो आया। ज़ख्मी ने बीड़ी सुलगाई–'मैंने यह न सोचा था कि वे इस तरह दगा दे जाएँगी। ज़ख्मी...आगे से इन भोली-भाली सूरतों पर एतबार न करना ! इनका कोई भरोसा नहीं। हाय रे नादान, तू आज तक कुछ नहीं सीख पाया।'

ज़ख्मी की आँखों से नींद गायब हो गई। एक अजीब तरह की उलझन उसने अपने अन्दर अनुभव की। उस समय काफी रात बीत चुकी थी। वह ऊपरवाली बर्थ पर से नीचे उतर आया।

गाड़ी बदनेरा जंक्शन से छूटी ही थी कि ज़ख्मी का दिल धक् से हो गया। एक टिकट-चेकर ने कम्पार्टमेंट में प्रवेश किया। उसकी शक्ल देखते ही ज़ख्मी तेज़ी से ऊपर वाली बर्थ पर पहुँचा और उसने सिर से पैर तक ऊनी चादर लपेट ली।

टिकट-चेकर दूसरे मुसाफिरों के टिकट देखता हुआ ज़ख्मी के पास पहुँचा। ज़ख्मी ने करवट लेकर मुँह दूसरी ओर कर लिया। टिकट-चेकर ने कहा, "टिकट दिखाओ !"

ज़ख्मी ने टिकट चेकर को कोई उत्तर नहीं दिया।

टिकट-चेकर ने ज़ख्मी को हिलाया-डुलाया; लेकिन ज़ख्मी ने मानो उठने से इनकार कर दिया हो। अब उसने झल्लाकर उसकी चादर ज़बर्दस्ती हटाई, "टिकट !"

ज़ख्मी ने आँखें मलते हुए थोड़ी देर तक टिकट-चेकर को देखा, "तुम कौन हो, और क्या चाहते हो ?"

"टिकट दिखाओ।" चेकर ने कहा।

"कैसा टिकट ?" ज़ख्मी ने पूछा।

"रेल का टिकट...समझे ! जो सफर कर रहे हो उसका टिकट !"

चेकर ने कहा।

ज़ख्मी ने कहा, "अहाहा ! तो हुजूर रेलबई के इंस्पेक्टर साहेब हैं ? सलाम करता हूँ। अर्ज किया है :

टिकट कटा था, मगर हमने कर दिया वापस,
अभी तो आया है, सेहरा में मेरा दीवाना।"

टिकट-चेकर ने आँखें तरेरकर कहा, "तुम साईंजी है, गाना गाकर हिन्दुस्तान का सफर मुफ़्त में करना चाहता है, लेकिन हम हैं धमधड़े। वर्धा से बम्बई का किराया निकालो।" यह कहकर उसने अपनी रसीद की कापी निकाली।

ज़ख्मी को अब फिर से नीचे उतरना पड़ा। उसने कहा, "हुजूर, लुट गया हूँ, मिट गया हूँ, बरबाद हो गया हूँ।...रहम खाइए, पास में पैसा होता, तो टिकट न ले लिया

होता। अर्ज़ किया है :

जुनूँ में गुम हूँ मैं, हेराँ हूँ और परीशाँ हूँ,
मैं बन गया हूँ यहाँ अपना एक अफसाना।

धमधड़े बोला, "ए साईं ! यो गाने-वाने से कोई काम नहीं चलेगा, पैसा निकालो, नहीं तो जेल जाना पड़ेगा। समझता है तुम ? आ गया ग़ज़ल-वज़ल याद करके, दुनिया को ठगता फिरता है।"

ज़ख्मी को कहना पड़ा, "हुजूर क्या जनसंघी हैं ?...मैं हिन्दू हूँ, कश्मीरी बिरहमान, मैं साईं नहीं हूँ। ज़रा ठीक तौर से इनसान को पहचानने की कोशिश कीजिए।"

"ए, तुम हमें सिखाता है ! हमारे पास बखत नहीं है, पैसा निकालता है कि नहीं ?"

ज़ख्मी को अब क्रोध आ गया, "पैसा किस मरदूद के पास है ! पैसा होता तो बिना टिकट सफर करता ? कह तो दिया कि दुनिया का सताया हुआ हूँ !"

धमधड़े ने ज़ख्मी को कोई उत्तर नहीं दिया। वह टिकट चेक करता हुआ आगे निकल गया। उसके जाते ही ज़ख्मी ने सन्तोष की साँस ली। नीचे बैठे-बैठे उसने बीड़ी सुलगाई।

भुसावल स्टेशन पर गाड़ी रुकते ही धमधड़े ने रेलवे-पुलिस के एक कांस्टेबल को बुलाया, "इस आदमी के पास टिकट नहीं है...चार्ज देने से इनकार करता है। इसको गिरफ्तार कर लो।"

ज़ख्मी के होश-हवाश गायब ! कांस्टेबल ने ज़ख्मी का हाथ पकड़ा, "अपना सामान उठाओ और थाने चलो।"

रेलवे-थाना स्टेशन में ही था। मीर अली तकी या मीर साहब—जैसा उनके मित्र उन्हें कहते थे—इतमीनान के साथ हुक्का पी रहे थे और प्लेटफॉर्म की चहल-पहल देख रहे थे। धमधड़े और कांस्टेबल के साथ ज़ख्मी को आता देखकर मीर साहब ने अजीब तरह से मुँह बनाया। "चले आते हैं गिरफ्तार हो-होकर। अजी वहीं रफा-दफा कर लें सो नहीं, अब एक और रिपोर्ट लिखिए..खानापूरी कीजिए, मुकदमा तैयार कीजिए। आजिज़ आ गया हूँ इस धमधड़े से। हर रोज़ एक या दो आदमियों को हवालात में ठूँस जाता है। जैसे यह रेलगाड़ी इसके बाप की मिल्कियत है। अरे, बिना टिकट सफर करते हैं तो करने दो...नहीं पैसा है तो टिकट कहाँ से लें ? लेकिन, हज़रत को लोगों को गिरफ्तार करने में मज़ा आता है।"

धमधड़े अब मीर साहब के पास आ गया, "मीर साहब ! आज इस साईं को पकड़ा है। कपड़ा तो फकीरी नहीं है, कुछ ऊँचे दर्जे का साईं है। खूब गाकर ग़ज़ल पढ़ता है। नागपुर से आ रहा है सेकंड क्लास में। लिखो..."

"अजी लिखेंगे नहीं तो जाएँगे कहाँ; लेकिन धमधड़े साहब ! बड़ा अज़ाब लूट रहे हो। इन गरीबों और फकीरों को सताकर तुम्हें क्या मिल जाएगा ? फकीर के पास कैसा पैसा...इन्हें ज़बर्दस्ती जेल भेजना हुआ।"

ज़ख्मी को फकीर कहा जाना बहुत अखरा। उसने कहा :

"फकीर हूँ भी, नहीं भी हूँ—क्या कहूँ ऐ दोस्त
बसी हुई मेरी दुनिया ओ, दिल है वीराना।"

मीर साहब ने कलम रख दी, "अख्खाह ! तो आप शायर हैं ? मैं यही कहूँ कि साईं हो नहीं सकते...मुनहनी से आदमी भला कहीं साईं बनते हैं, फिर अवामी भी नहीं हैं। खानदानी आदमी दीखते हैं। बैठिए !"

ज़ख्मी ने झुककर मीर साहब को सलाम किया, "हुजूर, अर्ज़ किया है :

बहिश्त से मैं निकाला गया फरिश्ता हूँ
बनाने आया हूँ दुनिया को एक बुतखाना।"

मीर साहब उछलकर उठ खड़े हुए, "क्या तेवर हैं...क्या अन्दाज़ हैं ! अहाहा ! अजी धमधड़े साहब, आप एक पहुँचे हुए शायर को पकड़ लाए हैं। छोड़िए भी इन्हें, मुसीबत के मारे मालूम होते हैं।"

धमधड़े मुस्कराया, "छोड़ तो हम अपने बाप को नहीं सकता...रिपोर्ट लिखो मीर साहब।"

मीर साहब के मुँह से एक दबी हुई आह निकल गई, "ज़ालिम हो धमधड़े, खुदा तुम्हें समझेगा।" और इस बार उसने ज़ख्मी से कहा, "हजरत, आप भी किस मरदूद के पल्ले पड़ गए, कुछ जेब में रुपया-वुपिया हो, निकालिए, इससे जान नहीं छूटेगी।"

ज़ख्मी ने जेब से दो रुपया सात आने निकाले, "जी, कुल जमा, इतना है यह, परदेस में। बम्बई में होता तो हज़ारों जमा कर देता, लेकिन किस्मत का मारा हूँ। यहाँ किससे मदद लूँ ?"

मीर साहब ने कुछ सोचकर कहा, "बम्बई में कौन है आपका, कोई मातबर और बड़ा आदमी है ?"

"जी हाँ, मेरे आका युवराज, वीरेश्वर प्रताप सिंह हैं, ताजमहल होटल में रहते हैं। यशनगर के वलीअहद थे। अब इस वक्त फरांस में सफीर के सिकत्तर साहब हैं। उन तक अगर खबर पहुँच जाए, तो जितना आप कहें वह जमा हो जाए।"

मीर साहब मुस्कराए, "सुना धमधड़े ! अभी बम्बई ट्रंक-काल करके पूछता हूँ। क्यों किसी शरीफ आदमी को सताया जाए।"

और उसी समय भुसावल से बम्बई के ताजमहल होटल को ट्रंक काल मिलाया गया।

वीरेश्वर प्रताप ने टेलीफोन से रिसीवर उठाकर सुना, "भुसावल से दिलवरकिशन ज़ख्मी का फोन है। बिना टिकट सफर करते हुए गिरफ्तार किए गए हैं। नागपुर से बम्बई का सेकंड क्लास का किराया और पिनालटी सत्तर रुपये होते हैं। आप यह रुपया अदा कर सकते हैं, तो उन्हें बम्बई भेज दिया जाए।"

वीरेश्वर प्रताप ने कहा, "अरे, ज़ख्मी को गिरफ्तार किया है ! एकदम बम्बई भेज दो। हो सके तो फर्स्ट क्लास में...कहाँ है वह...पास में...तो उन्हें फोन देना।"

ज़ख्मी ने फोन लिया। वीरेश्वर प्रताप ने कहा, "तुम नागपुर कैसे पहुँचे, और मीना और अन्नपूर्णा कहाँ है ? यहाँ उन्हें ढूँढ़ने अशोक और रामप्रकाश आए हैं।"

ज़ख्मी फूट पड़ा, "हुज़ूर, बड़ा गज़ब हो गया ! वे दोनों गुंडों के हाथ पड़ गईं। इस वक्त ग्रांड ट्रंक एक्सप्रेस में मद्रास जा रही होंगी। बड़े शातिर बदमाश हैं वे दोनों। एक तो फिल्म का प्रोड्यूसर है रामस्वामी चेट्टियार और दूसरा एक फिल्म डाइरेक्टर रामकिशन शैदा है। मुझे जबर्दस्ती वर्धा स्टेशन पर उतार दिया और मीना और अन्नपूर्णा को लेकर रवाना हो गए। रामास्वामी के नाम से दिल्ली से एक कम्पार्टमेण्ट रिज़र्व है...हुज़ूर, हो सके तो उन्हें बताइए ! बड़ी मुसीबत में हैं वे बेचारियाँ।"

"अरे ! इतना सब हो गया ! खैर, तुम बम्बई आओ, मैं इन सबका इन्तजाम करता हूँ।"

वीरेश्वर प्रताप के सामने एक विकट समस्या खड़ी हो गई। वह तेज़ी के साथ सोचने लगा। एकाएक उसे मिस्टर चन्द्रा की याद आ गई। मिस्टर चन्द्रा सेंट्रल रेलवे के जनरल मैनेजर और जयदेव भारती के घनिष्ठ मित्र थे। जयदेव भारती के यहाँ ही वीरेश्वर प्रताप की मिस्टर चन्द्रा से मुलाकात हुई थी। उसने आव देखा न ताव, मिस्टर चन्द्रा को फोन मिलाया।

यह भाग्य की बात थी कि मिस्टर चन्द्रा उस समय तक सोए नहीं थे। फोन की घंटी सुनकर उन्होंने मन-ही-मन कहा, 'इतनी रात के समय क्या कहीं कोई एक्सीडेंट हो गया है ?' और उन्होंने टेलीफोन का रिसीवर उठाया।

"हलो...मैं वीरेश्वर प्रताप सिंह बोल रहा हूँ, ताजमहल होटल से।"

चन्द्रा ने कुछ नाराज़ होते हुए कहा, "वीरेश्वर प्रताप ? मैं तुम्हें नहीं पहचानता। और इतनी रात में तुम्हें मेरे यहाँ टेलीफोन करने का क्या अधिकार है ?"

"जी...मैं वीरेश्वर प्रताप यशनगर का हूँ। श्री जयदेव भारती के यहाँ आपसे मिला था। बड़ी मुसीबत आ पड़ी है, नहीं तो फोन न करता। बात यह है कि श्री जयदेव भारती की लड़की मीना भारती खतरे में है।" और वीरेश्वर प्रताप ने चन्द्रा को सारी स्थिति समझाई।

मामला जयदेव भारती की लड़की मीना का था। मीना को चन्द्रा बहुत मानते थे...दिल्ली में चन्द्रा जयदेव भारती के यहाँ ठहरते थे और मीना से प्रभावित थे। उन्होंने उसी समय टेलीफोन खटखटाया। ग्रांड ट्रंक एक्सप्रेस में मीना और अन्नपूर्णा को ढूँढ़ने की ताकीद कर दी गई। यह भी कह दिया कि इन दोनों को ग्रांड ट्रंक एक्सप्रेस से उतारकर बम्बई भेज दिया जाए...उनके घर पर।

फोन करके चन्द्रा ने वीरेश्वर प्रताप से फोन मिलाया, "घंटे दो घंटे में खबर मिलती है, तब बतलाऊँगा।"

एक घंटे के अन्दर ही चन्द्रा को फोन मिला, "वे दोनों औरतें और उनके साथ दो आदमी बल्हारशा में गिरफ्तार किए गए हैं। गोलियाँ चली थीं। रामास्वामी मद्रास का करोड़पति व्यापारी है...रामकृष्ण शैदा बम्बई का प्रसिद्ध डाइरेक्टर है...सीरियस मामला है।"

चन्द्रा ने घबराकर कहा, "है ! क्या केस रजिस्टर हो गया ?"

"जी नहीं, अभी तो दोनों तरफ से एलीगेशन्स और काउंटर एलीगेशन्स हो रहे हैं।"

"मामले को ड्राप करवा दो। इसमें कहीं कोई गलतफहमी मालूम होती है।" चन्द्रा ने कहा, "इन दोनों लड़कियों को किसी ट्रेन से नागपुर भिजवा दो, वहाँ से दिन के प्लेन से बम्बई भेज देना। समझे ?"

दूसरे दिन शाम के समय ज़ख्मी विक्टोरिया टर्मिनस पर उतरा। ज़ख्मी का स्वागत करने को एक भीड़ एकत्रित थी वहाँ।...उस भीड़ को देखकर जैसे ज़ख्मी की आँखों को विश्वास नहीं हुआ। वीरेश्वर प्रताप, मीना, अन्नपूर्णा और उनके पीछे अशोक और रामप्रकाश।

ज़ख्मी ने गाड़ी से उतरते हुए कहा, "हुज़ूर मैं सुपना तो नहीं देख रहा...ये दोनों तो कल रात मद्रास के लिए चली, थीं, और आज शाम को बम्बई। या खुदा, क्या करिश्मे हैं तेरे ! आप हैं न बीवीजी और आप ही हैं न रानीजी। हाय रे बदबख्त ज़ख्मी !... लाख-लाख शुक्र कर उस परवरदिगार का, जो अपने बन्दों पर इस क़दर रहम करता है; लेकिन बीबीजी...वह रामास्वामी कहाँ है ? और कहाँ है वह शैदा ? अरे...अशोक गुप्ता साहब और रामप्रकाश साहब भी यहाँ मौजूद हैं ? यह ख्वाब तो नहीं मेरे आका ?"

वीरेश्वर प्रताप ज़ोर से हँस पड़ा, "नहीं ज़ख्मी साहब, यह ख्वाब नहीं है। सब लोग यहाँ मौजूद हैं, आप इतमीनान रखिए। चलिए, आप का चार्ज दे दूँ, फिर होटल चलें हम लोग।"

ज़ख्मी ने बढ़कर वीरेश्वर प्रताप का हाथ अपने दोनों हाथों से पकड़ लिया, "मेरे आका ! आपकी रहमतों का मैं कितना शुक्रगुज़ार हूँ। आपकी ही वजह से हम सब मुसीबतों से निजात पा सके।"

और अन्नपूर्णा ने बढ़कर कहा, "बेचारे ज़ख्मी ! वास्तव में हम लोगों की बड़ी मदद की। ओह युवराज, तुम कितने अच्छे हो...कितने अच्छे हो ! मैंने तुम्हें गलत समझा।"

मीना ने ज़ख्मी की पीठ पर हाथ रखा, "ओह ज़ख्मी साहब ! बड़े खराब आदमी थे वह लोग। वह तो आंटी साथ में थे...ब्रेवो आंटी ! वह रामास्वामी भी याद रखेगा तुम्हें। अब जीवन में वह इस तरह का शोहदापन फिर कभी न करेगा।"

रामप्रकाश और अशोक चुपचाप खड़े यह सब देख रहे थे। ज़ख्मी ने इन लोगों की तरफ मुड़कर कहा, "अहा हा ! आप लोग अच्छे आ गए यहाँ। मैं बाज़ आया बाबा ! मेरे मालिक व आका यहाँ आ गए हैं, इनकी खिदमत में मैं ज़िन्दगी गुज़ार दूँ। ये दोनों बीबीयाँ...इन्हें आप लोग सँभालिए ! मुझे वर्धा पर उस बदमाश ने ज़बर्दस्ती गाड़ी से उतार दिया। अरे साहब, ये जंजीर खींचकर गाड़ी रुकवा सकती थीं—लेकिन मुझ गरीब को अकेला, बेसहारा छोड़कर दोनों चल दी।"

अशोक अभी तक अपने को दबाए खड़ा था, एकाएक वह भड़क उठा, "यह सब तुम्हारा पाजीपन है ! तुमने ही इन दोनों को बरगलाकर मुसीबत में डाला। मुझे आश्चर्य

है कि युवराज इस तरह के आदमियों को अपने मुँह क्यों लगाते हैं।"

वीरेश्वर प्रताप ने अशोक के कन्धे पर हाथ रखकर कहा, "कोई बात नहीं, ज़ख्मी शायर आदमी हैं, इस तरह इनकी बात का बुरा न मानना चाहिए। क्यों रानीजी ?" वीरेश्वर प्रताप ने अन्नपूर्णा को देखा।

"बेचारे ज़ख्मी ! इसमें ज़ख्मी का कोई कसूर नहीं है, मुसीबत की जड़ तुम हो अशोक !" अन्नपूर्णा ने उत्तर दिया।

[21]

"मैं कल दिल्ली जा रहा हूँ मीना।" अशोक ने कहा।

"अच्छी बात है। पापा और मम्मी से कह देना कि मैं बड़ी अच्छी तरह हूँ।" मीना ने उत्तर दिया।

"क्यों, मैंने तुम्हारी सीट बुक करा ली है...तुम कल नहीं चल रहीं क्या ?" अशोक ने पूछा।

"तुम मेरी सीट बुक करानेवाले कौन होते हो ? जब मेरी तबीयत होगी, तब जाऊँगी।"

अशोक थोड़ी देर तक चुपचाप मीना को देखता रहा, फिर उसने एक ठंडी साँस लेकर कहा, "मीना ! तुम बहुत बड़ा धोखा खाओगी, वीरेश्वर प्रताप सिंह से। इस आदमी का कोई ठिकाना नहीं...छँटा हुआ बदमाश है।"

"कम-से-कम वह हवालात में तो नहीं बन्द हुआ शराब पीकर !" मीना ने उसी शान्त भाव से कहा।

अशोक तड़प उठा, "और हावालात में जो तुम और बुआजी बन्द कर दी गईं, सो ? मैं फिर कहता हूँ मीना, तुम मेरे साथ चलो। वीरेश्वर प्रताप सिंह पर विश्वास मत करो। बिलकुल मत करो। मुझे यह आदमी ज़रा भी पसन्द नहीं।"

मीना उठ खड़ी हुई, "अशोक ! इस तरह की बातें करके तुम अपने अन्दर का छोटापन ही प्रकट कर रहे हो। मैं युदराज वीरेश्वर प्रताप के विरुद्ध एक भी शब्द नहीं सुनना चाहती। अगर उन्होंने रात को मिस्टर चन्द्रा को फोन न किया होता, तो मेरी और मेरी ही नहीं अन्नपूर्णा आंटी, पापा की...हम सबों की बड़ी बेइज़्ज़ती हो गई होती। अभी मैं बम्बई में रहना चाहती हूँ...तुम चले जाओ।"

अशोक की आँखें भर आईं, "मीना, सच-सच बताओ, क्या तुम युवराज से प्रेम करने लगी हो !"

"अभी तो नहीं, लेकिन तुम्हारी हरकतों की वजह से अगर मैं युवराज से प्रेम करने लग जाऊँ, तो इसमें कोई आश्चर्य न होगा।"

"मीना ! अगर तुमने युवराज से प्रेम किया तो मैं आत्महत्या कर लूँगा, इतना समझ लेना। मैं सब कुछ सहन कर सकता हूँ; लेकिन प्रेम में निराशा मैं नहीं सह सकता।" और अशोक कमरे के बाहर चला गया।

मीना चुपचाप थोड़ी देर तक बैठी सोचती रही। वीरेश्वर प्रताप के, अशोक के और अपने सम्बन्ध में। इतने में उसे सुनाई पड़ा, "नमस्ते बीबीजी !" और इसके बाद ही ज़ख्मी ने उसके कमरे में प्रवेश किया।

"बड़ी उदास दिख रही हैं बीबीजी ! क्या बात है ? कुछ अशोक गुप्ता साहब से कहा-सुनी हो गई है क्या ? अभी रास्ते में मिले थे, बड़े झल्लाए हुए थे। मेरे सलाम का जवाब तक नहीं दिया उन्होंने।"

"हाँ, ज़ख्मी साहब ! मुझसे कल दिल्ली वापस चलने को कह रहे थे।"

"तो आपने इनकार कर दिया होगा—मैं जानता हूँ बीबीजी ! बड़ी प्यारी जगह है यह बम्बई। आखिर जाने की ऐसी जल्दी भी क्या है ? और अशोक गुप्ता साहब बजात खुद इतने दिलचस्प आदमी नहीं कि उन्हें खुश करने के लिए कोई बम्बई छोड़कर चला जाए।"

ज़ख्मी की बात का मीना के पास कोई उत्तर नहीं था। उसने पूछा, "ज़ख्मी साहब ! आपका क्या प्रोग्राम है ? कब तक यहाँ रहने का विचार है ?"

"अभी प्रोग्राम क्या बताऊँ हुज़ूर, और विचार तो बड़े आदमियों के हुआ करते हैं। सलामत रहें हमारे युवराज, अपनी छोटी-सी ज़िन्दगी मज़े में कट जाएगी। बीबीजी, यह युवराज भी बड़े प्यारे आदमी हैं। मैं कहता हूँ, अगर आप हीरोइन और युवराज हीरो बनकर एक पिक्चर बना डालें, तो आप लोग दुनिया को लूट लें। क्या जोड़ी रहेगी आप दोनों का...अहा-हा !"

ज़ख्मी की बात मीना को अच्छी लगी, "सच ज़ख्मी साहब ! आपने युवराज से कोई बात की है इस सम्बन्ध में ?"

"जी हाँ हुज़ूर—और यकीन मानिए, युवराज यह सुनकर उछल पड़े। बोले—मीना को राज़ी करो, मैं तैयार। और ज़्यादा बातचीत नहीं हो सकी। वह अन्नपूर्णा रानीजी—वहाँ आईं और हाथ पकड़कर उन्हें अपने साथ ले गईं, तो मैं यहाँ चला आया।"

"आंटी युवराज को अपने साथ ले गईं ! वह तो रामप्रकाश के साथ घूमने गई थीं !"

"जी ! प्रकाश को तो उन्होंने कुछ लाने को भेज दिया, इसके बाद युवराज को साथ ले गईं। युवराज ने चलते-चलते मेरे कान में यह ज़रूर कह दिया था कि वह आधा घंटा में वापस लौटते हैं।"

इधर ये बातें हो रही थीं, उधर वीरेश्वर प्रताप से अन्नपूर्णा कह रही थी, "बेचारा अशोक—कल वह मीना के साथ दिल्ली जा रहा है। मुझसे चलने को बोला, तो मैंने कहा कि मैं युवराज को अकेले छोड़कर नहीं जा सकती !—तुम कितने अच्छे हो युवराज कितने अच्छे हो।"

वीरेश्वर प्रताप मन-ही-मन मुस्कराया, "और रामप्रकाश ! वह भी जा रहा है या नहीं ?"

"ओह रामप्रकाश !" अन्नपूर्णा चौंक उठी, "मैंने उससे तो कोई बात की ही नहीं। अशोक ने भी उसके जाने का कोई ज़िक्र नहीं किया—बेचारा प्रकाश ! बड़ा सीधा और नेक लड़का है। उसे भी जाना चाहिए, लेकिन उससे मुझे बड़ी सहायता मिलती है। एक तरह से मेरा सब काम-काज वही सँभालता है।"

"तो उसके जाने पर आपका काम-काज कौन सँभालेगा ?" वीरेश्वर प्रताप ने पूछा।

"ओह, छोड़ो भी उसकी बात—मैं अपना काम खुद सँभाल सकती हूँ—अपना ही नहीं, दूसरों का भी काम सँभाल सकती हूँ।" और यह कहते-कहते अन्नपूर्णा ने वीरेश्वर प्रताप का हाथ पकड़ लिया।

वीरेश्वर प्रताप ने अन्नपूर्णा को गौर से देखा ! तीस वर्ष की एक अधेड़-सी और, मुँह पर झुर्रियाँ पड़नी शुरू हो रही थीं; लेकिन उस रूखे और मुरझाए मुख पर एक उल्लास खेल रहा था, आँखों में एक प्रकार की चमक आ गई थी, अन्नपूर्णा ऐसी बुरी भी नहीं लग रही थी। उसने अन्नपूर्णा का हाथ दबाते हुए कहा, "अन्नपूर्णा, आप बड़ी अच्छी हैं। कितनी सुन्दरी दिख रही हैं आप !"

अन्नपूर्णा ने शरमाकर आँखें नीची कर लीं, लेकिन उसके मुख से न जाने क्यों निकल पड़ा, "क्या मीना से भी सुन्दर ?"

वीरेश्वर प्रताप ने मुँह बनाकर कहा, "मीना ! मीना सुन्दर कही जा सकती है; लेकिन आधुनिक कसौटी पर सुन्दर नहीं उतरेगी। मैं चित्रकार हूँ, मुझसे पूछिए—और मैं कहूँगा कि आपकी सुन्दरता अपने ढंग की अनोखी है, एक तीखापन लिए हुए, एक तरह का जीवन लिए हुए !"

अन्नपूर्णा के हृदय की गति अब बहुत तेज़ हो गई थी—उसका समस्त शरीर एक रोमांच और पुलक से भर गया था। उसने वीरेश्वर प्रताप का हाथ दबाते हुए कहा, "युवराज ! मैं तुम्हारी रहूँगी !—सदा-सदा के लिए तुम्हारी रहूँगी; लेकिन तुम मुझे धोखा न देना युवराज ! मैं भाईजी को लिखे देती हूँ। मैं तुम्हारे साथ देश-विदेश घूमूँगी, दुनिया देखूँगी और युवराज—बेचारे युवराज !" और उसने देखा कि अन्नपूर्णा के होठ उसके होठों के निकट आते जा रहे हैं।

वीरेश्वर प्रताप ने अपने सिर को एक झटका दिया, "अन्नपूर्णाजी ! अब होटल लौट चला जाए ! कई लोग वहाँ आनेवाले हैं। यहाँ बड़ी देर हो गई !"

"होने भी दो युवराज—इसकी चिन्ता क्या ? हम लोग अपने भविष्य का प्लान बना लें।"

"नहीं चलना चाहिए। और अभी भविष्य के प्लान की जल्दी ही क्या है ! आप सोच-समझ लें। देखिए, मैं आवारा किस्म का आदमी हूँ, मेरा कोई ठिकाना नहीं। आप क्यों अपने को मुसीबत में डाल रही है। ?"

"ओह युवराज— ! तुम कितने महान हो, कितने उदार हो ! तुम्हारा प्रेम पाकर मैं धन्य हो गई। अब सोचने-विचारने की कोई ज़रूरत नहीं। मैं आज ही भाई साहब का

पत्र लिखे देती हूँ।"

"अभी इतनी जल्दी नहीं अन्नपूर्णाजी, चलिए, अब चला जाए।" और वीरेश्वर प्रताप बल लगाकर उठ खड़ा हुआ। अन्नपूर्णा को भी उठना पड़ा।

होटल लौटते ही वीरेश्वर प्रताप मीना के कमरे में पहुँचा। मीना चुपचाप उदास बैठी थी। ज़ख्मी बगल में बैठा कह रहा था, "बीबीजी, युवराज आपसे बेहद मुहब्बत करते हैं, आप जानती नहीं। वह बेचारे मजबूरन अन्नपूर्णा रानी के साथ गए, और मुझे आपके पास भेज गए कि आपका मन बहलाऊँ। लीजिए, वह खुद ही आ गए ! हज़ूर, इन नन्हें-मुन्ने दिलों के साथ इस तरह खेलना अच्छा नहीं होता। अब आप इन्हें मनाइए। मैं लाउंज में चलकर बैठता हूँ। और हुज़ूर, बीबीजी हीरोइन बनने पर राज़ी हो गई हैं, आप हीरो बनेंगे। वह गाने लिखूँगा कि तबीयत खुश हो जाएगी। तीन डुएट तैयार किए हैं—आप दोनों गाएँगे। तहलका मच जाएगा हुज़ूर, तहलका !" और ज़ख्मी मुस्कराता हुआ चला गया।

मीना कुछ मान किए बैठी थी। वीरेश्वर प्रताप को मनाना पड़ा। "मेरी प्यारी मीना, मुझपर नाराज़ हो ! मैं सच कहता हूँ, मुझे अन्नपूर्णाजी ज़बर्दस्ती साथ ले गईं, बड़ी मुश्किल से उनसे पीछा छुड़ाकर आया हूँ। मेरी तरफ देखो, मेरी मीना रानी !" और वीरेश्वर प्रताप ने मीना की ठोड़ी पकड़कर उसका मुँह ऊपर उठाया।

मीना के मुख पर मुस्कराहट आ गई, "आप बड़े वैसे हैं युवराज ! मैं आपकी प्रतीक्षा कर रही थी—ज़ख्मी ने खबर दी कि अन्नपूर्णा आंटी के साथ चले गए। वह तो आप पर पागल हो रही हैं।"

"हाँ मीना ! उन्होंने मुझसे शादी करना तै कर लिया है।" वीरेश्वर प्रताप ने मुस्कराते हुए कहा।

मीना चीख उठी, "युवराज !" और ऐसा लगा, मानो मीना बेहोश होनेवाली है।

वीरेश्वर प्रताप ने मीना को सँभाला, ""लेकिन मैं कैसे उन सबों से शादी कर सकता हूँ, जो मुझसे शादी करना चाहती हों। मीना, मैं भला अन्नपूर्णा से शादी कर सकता हूँ—इससे तो गले में फाँसी लगा लेना अच्छा होगा। मीना, तुम मेरे हृदय की भावना को नहीं जानतीं।"

मीना ने अपने को सँभाल लिया। कुछ देर तक वह वीरेश्वर प्रताप को मौन देखती रही, फिर उसने कहा, "सच कहते हो युवराज, कि तुम अन्नपूर्णा आंटी से प्रेम नहीं करते...बोलो, सच कहते हो ?"

"बिलकुल सच कहता हूँ...भगवान के नाम पर सच कहता हूँ। अब उठो, हँसो, मुस्कराओ।"

"मैं ज़रा कपड़े बदल लूँ...कैसी दिखने लगी हूँ ?"

वीरेश्वर प्रताप ने मीना का हाथ पकड़कर उठाया, "बिलकुल परी की तरह। ओह मीना, तुम स्वयं इतनी सुन्दर हो कि देखनेवालों की आँखें झप जाएँ। चलो, लाउंज में बैठें चलकर, कुछ चाय-वाय पी जाए; और अन्नपूर्णा की बात दिल से निकाल दो। मैं

केवल तुमसे प्रेम कर सकता हूँ।"

मीना दबे स्वर में बोली, "युवराज ! तुम सच कह रहे हो ?"

वीरेश्वर प्रताप ने कहा, "मैं झूठ नहीं कहता मीना रानी, लेकिन, लेकिन...मैं तुम्हारे योग्य नहीं हूँ। जनम-जनम का आवारा और बेकार। मेरे साथ तुम्हारा जीवन नष्ट हो जाएगा। मीना ! तुम सुखी रहो...मुझे इसमें सुख है। मेरे जीवन में प्रेम नहीं है, केवल एक तरह की मृगतृष्णा है। आज तक मैंने प्रेम नहीं किया और इसलिए मैंने कहा कि मैं केवल तुमसे प्रेम कर सकता हूँ। यह सकना...यहीं सारी मुसीबत उठ खड़ी होती है मीना रानी।"

मीना ने उदास भाव से कहा, "युवराज ! मैं तुम्हें अभी तक नहीं समझ सकी।"

"मैं भी अपने को अभी तक नहीं समझ सका मीना रानी ! मैं क्या चाहता हूँ... मैं यह नहीं जानता; मैं क्या नहीं चाहता, यह भी मैं नहीं जानता। लेकिन छोड़ो भी, इस सबकी चिन्ता ही बेकार है। ज़िन्दगी जिस तरह सामने आती है, उसी रूप में उसे स्वीकार करो। सोचना-विचारना बेकार और फिर मैं तो यह समझता हूँ कि प्रेम किया नहीं जाता, हो जाया करता है। और इस स्वयं हो जाने वाले प्रेम को पहचानने में काफी समय लगा करता है, इसलिए दिलों के मामले में जल्दबाज़ी नहीं करनी चाहिए।"

मीना ने वीरेश्वर का हाथ पकड़कर कहा, "मैं उन बातों को ज़रा भी नहीं समझती युवराज, लेकिन इतना जानती हूँ कि तुम मुझे बहुत अच्छे लगते हो, सबसे ज़्यादा अच्छे लगते हो। पता नहीं, यह कौन-सी भावना है; पता नहीं कि क्या यही अवस्था प्रेम होती है !" वीरेश्वर प्रताप ने इस बार मीना का चेहरा गौर से देखा। मुख पर वही तन्मयता, आँखों में वही चमक, जो उसने कुछ पहले अन्नपूर्णा में देखी थी, इस समय मीना में मौजूद थी। वीरेश्वर प्रताप ने जल्दी से कहा, "अब चलना चाहिए...चलो मीना रानी।"

लाउंज में अशोक, रामप्रकाश और दिलवरकिशन ज़ख्मी बैठे थे। अशोक कह रहा था, "मैं तो कल नहीं जा रहा हूँ। मैं पापा से ट्रंक पर बातें करके स्थिति स्पष्ट कर देना चाहता हूँ। मीना आग से खेल रही है...पापा का यहाँ आना आवश्यक है...वही मीना को बचा सकते हैं।"

ज़ख्मी बोला, "हुज़ूर, यह गज़ब न कर दीजिएगा...मामला बिगड़ जाएगा। ये मुहब्बत की बातें तो आपसी बातें हैं, इस तरह से वालदैन को इन बातों में घसीटना बिलकुल गलत होगा। फिर मेरा ख़याल है कि युवराज अन्नपूर्णाजी से शादी करेंगे। देखिए न, दोनों किस क़दर एक-दूसरे के नज़दीक हैं।"

रामप्रकाश तड़प उठा, "रानीजी से युवराज किसी हालत में शादी नहीं करने पाएँगे। अशोक...लालाजी को फोन करके उन्हें तो इस खतरे से आगाह कर दो। ज़ख्मी साहब ठीक कहते हैं। अन्नपूर्णा रानी का दिमाग ही खराब कर दिया है इस शख़्स ने।

अशोक ने निराश भाव से सिर हिलाते हुए कहा, "नहीं प्रकाश...खतरा मीना को है, बुआजी को नहीं है। देखते नहीं, बुआजी की इतनी उम्र हो गई है, बूढ़ी होने लगी हैं, भला उनसे वीरेश्वर प्रताप विवाह कर सकते हैं !" और यह कहते-कहते अशोक चौंक

उठा। उसने देखा कि अन्नपूर्णा के हाथ में उनका कान है और अन्नपूर्णा कह रही हैं, "मैं बूढ़ी हो गई...मेरी इतनी उम्र हो गई...मुझसे विवाह कोई नहीं कर सकता है...तुम्हारा यह ख़याल है ! तो तो सुनो...मैं युवराज वीरेश्वर प्रताप से विवाह कर रही हूँ...कान खोल कर सुन लो।"

और अन्नपूर्णा अशोक का कान छोड़कर बगल की कुर्सी पर बैठ गई। अन्नपूर्णा की इस बात से वहाँ बैठे सभी लोग चौंक पड़े। इतने में मीना के साथ वीरेश्वर प्रताप ने लाउंज में प्रवेश किया।

जब ये दोनों इन लोगों की मेज़ पर आए तो इन्होंने देखा कि वहाँ का वातावरण कुछ अजीब तरह से सहमा हुआ और घुटन से भरा हुआ था। एक तरह की डरावनी निस्तब्धता वहाँ छाई हुई थी। वीरेश्वर प्रताप ने आते ही कहा, "अरे ! आप सब लोग चुप क्यों हैं ? क्या बात है ?"

वीरेश्वर प्रताप की बात का किसी ने कोई उत्तर नहीं दिया। अब मीना बोली, "क्या कोई अप्रिय घटना हो गई है यहाँ पर ! आखिर हम लोग भी तो सुनें।"

लेकिन जैसे कोई आदमी बोलने के लिए तैयार न था। हारकर ज़ख्मी को बोलना पड़ा, "हुज़ूर, यह अशोक गुप्ता साहब दिल्ली ट्रंककाल कर रहे हैं। मीना बीबी के वालिद को बुलाने के लिए।"

ज़ख्मी की बात सुनते ही मीना भड़क उठी, "क्यों अशोक ? पापा को ज़रूर बुला लो यहाँ पूरा निर्णय हो जाए। मैं तुमसे प्रेम नहीं करती...तुमसे प्रेम कर भी नहीं सकती... मैं यहाँ बम्बई में रहूँगी..."

अशोक बोल उठा, "युवराज के साथ ?"

"हाँ, युवराज के साथ। इसमें किसी को क्या आपत्ति हो सकती है !"

एकाएक अन्नपूर्णा का तीखा स्वर सुनाई पड़ा, "मुझे इस पर आपत्ति है—बहुत बड़ी आपत्ति है। युवराज पर मेरा एकमात्र अधिकार है मीना !"

अन्नपूर्णा की इस बात से मीना चौंक पड़ी, "तुम्हारा एकमात्र अधिकर है युवराज पर ! किसने तुम्हें यह अधिकार दिया है, ज़रा मैं भी तो सुनूँ ?" कह कहकर मीना बैठ गई।

अन्नपूर्णा बोली, "युवराज से ही क्यों नहीं पूछ लेतीं कि किसने मुझे यह अधिकार दिया है ! तुम्हें यह मालूम होना चाहिए कि युवराज मेरे हैं। बोलो न युवराज—इस लड़की का भ्रम दूर कर दो।"

वीरेश्वर प्रताप ने लड़खड़ाते हुए कहा, "अन्नपूर्णाजी, अभी आपसे मेरी कोई बात तय हुई तो नहीं ! प्रेम और विवाह के मामलों में इतनी जल्दबाज़ी ठीक नहीं !"

"सुना तुमने आंटी ! युवराज पापा से मेरे सम्बन्ध में बात करना चाहते हैं। अशोक पापा को बुलाकर ठीक ही कर रहे हैं—यहीं सब ठीक हो जाएगा।"

ज़ख्मी बोला, "मुबारक हो बीबीजी—मुबारक हो ! अहा हा ! अर्ज़ किया है :

युवराज—मेरे आका में कितनी बुलन्दी है,
जो आएँ मुकाबिल में वो तो सभी बौने हैं।"

वीरेश्वर प्रताप ने ज़ख्मी को डाँटा, "यह हँसी-मज़ाक का समय नहीं है ज़ख्मी साहब ! मीना रानी, आपसे भी मेरी यही विनय है कि ठंडे दिमाग से सब बातों को सोचिए—समझिए !"

मीना और अन्नपूर्णा एक-दूसरी को घोर शत्रुता की दृष्टि से देख रही थीं। अशोक और रामप्रकाश आश्चर्यचकित और चित्रलिखित-से बैठे इन दोनों को देख रहे थे। ज़ख्मी वीरेश्वर प्रताप का मुख देख रहा था और वीरेश्वर प्रताप मुस्करा रहा था।

एकाएक वीरेश्वर प्रताप बाहर के दरवाज़े की ओर तेज़ी के साथ भागा। ज़ख्मी ने कहा, "हुजूर, यह मैदान छोड़ने का मौका नहीं है, फैसला करना होगा।"—लेकिन वीरेश्वर प्रताप जैसे ज़ख्मी की बात सुनने के मूड में न था। रास्ते में मेज़ और कुर्सियों के रूप में जो बाधाएँ आ रही थीं, उन्हें दूर करता हुआ, वह बाहर के दरवाज़े की ओर भाग रहा था। और इन लोगों ने देखा, एक गोरी-सी—विदेशी लड़की किसी विदेशी भाषा में चिल्लाते हुए वीरेश्वर प्रताप का पीछा कर रही है। वीरेश्वर प्रताप के दरवाज़े पर पहुँचते-पहुँचते वह लड़की दरवाज़े तक पहुँच गई और उसने वीरेश्वर प्रताप की कलाई पकड़ ली ! इसके बाद वह वीरेश्वर प्रताप को मेज़ पर खींच लाई।

करीब पन्द्रह मिनट तक वह लड़की फ्रेंच भाषा में वीरेश्वर को गाली देती रही। इसके बाद वीरेश्वर प्रताप ने इन लोगों से कहा, "मुझे क्षमा कीजिएगा, यह मेरी मंगेतर लिली है—फ्रांस से मुझे ढूँढ़ती हुई आई है।"

लिली ने टूटी-फूटी अंग्रेज़ी में कहा, "मुझे क्षमा कीजिएगा। यह बड़ा आवारा और शोहदा है।" और उसने मीना और अन्नपूर्णा को देखते हुए कहा, "आप लोगों से भी यह प्रेम का खिलवाड़ कर रहा होगा—बदमाश कहीं का ?"

एकाएक मीना का हाथ अशोक के हाथ से मिला, "आज रात को दिल्ली के लिए कोई गाड़ी है क्या ?"

और अन्नपूर्णा ने रामप्रकाश का हाथ पकड़ा, "बेचारे प्रकाश ! आज रात प्लेन से दिल्ली चलना है।"

दिलवरकिशन ज़ख्मी ने उठते हुए कहा, "हुज़ूर, अर्ज़ किया है :

किस-किस पै हँसे ज़ख्मी—किस-किस पै यहाँ रोवे,
सब अपने खिलाड़ी हैं—सब अपने खिलौने हैं।"

●●●